LUDWIG ACHIM'S VON ARNIM

SÄMTLICHE WERKE

BAND XVII

Elibron Classics
www.elibron.com

Elibron Classics series.

ISBN 0-543-82372-5 (paperback)
ISBN 0-543-82371-7 (hardcover)

This Elibron Classics Replica Edition is an unabridged facsimile
of the edition published in 1846 by Expedition des v. Arnimschen Verlags,
Berlin.

Ludwig Achim's von Arnim

sämmtliche Werke.

Siebzehnter Band.

Gedruckt auf Kosten des Herausgebers.

Berlin,
Expedition des v. Arnimschen Verlags.
1846.

Des Knaben Wunderhorn

Alte deutsche Lieder

gesammelt von

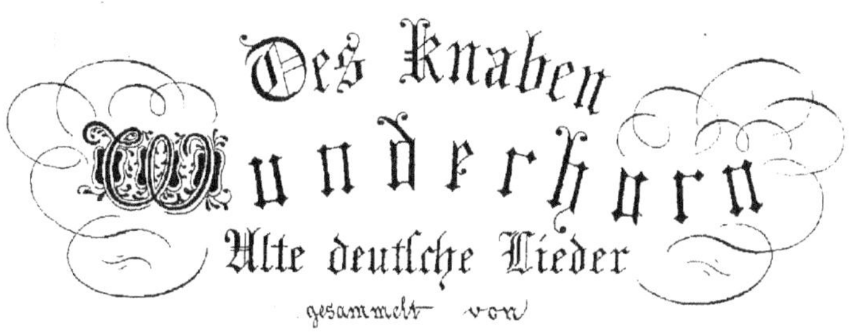

Achim v. Arnim u. Clemens Brentano

Neue Ausgabe

III.

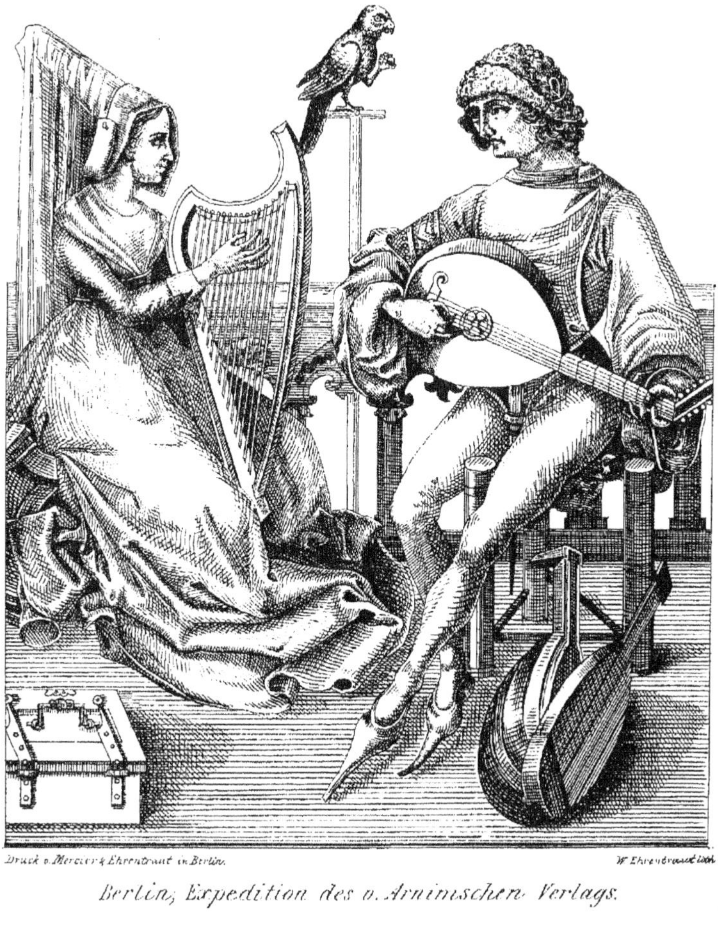

Druck v. Mercier & Ehrentraut in Berlin.

W. Ehrentraut lith.

Berlin; Expedition des v. Arnimschen Verlags.

Des Knaben

Wunderhorn.

Alte deutsche Lieder.

gesammelt von

L. A. v. Arnim und Clemens Brentano.

Dritter Band.

Gedruckt auf Kosten des Herausgebers.

Berlin,
Expedition des v. Arnimschen Verlags.
1846.

Inhalt.

Seite

Seite

Kinderlieder.

Seite

Des Knaben
Wunderhorn.

Alte deutsche Lieder

gesammelt von

L. A. v. Arnim und Clemens Brentano.

Dritter Band.

Liebesklagen des Mädchens.

1.

Nach meiner Lieb viel hundert Knaben trachten,
Allein der, den ich lieb, will mein nicht achten,
Ach weh mir armen Maid, vor Leid muß ich verschmachten.
Jeder begehrt zu mir sich zu verpflichten,
Allein der, den ich lieb, thut mich vernichten,
Ach weh mir armen Maid, was soll ich dann anrichten.
All andre thun mir Gutes viel verjehen,
Allein der, den ich lieb, mag mich nicht sehen,
Ach weh mir armen Maid, wie muß mir dann geschehen.
Von allen keiner mag mir widerstreben,
Allein der, den ich lieb, will sich nicht geben,
Ach weh mir armen Maid, was soll mir dann das Leben.

2.

Ich wollt, daß der verhindert mich
An meinem Glück, sollt halten sich
Ein Jahr nach meinem Willen,
Ich wollt ihm gar in kurzer Zeit all seinen Hochmuth stillen.

Ich wollt, daß der mein jetzund spott,
Ein Jahr sollt halten mein Gebot,
Er würd dermassen büssen,
Daß ihm gewiß in Tagen kurz seines Lebens sollt verdriessen.

3.

Ich bin gen Baden zogen,
Zu löschen meine Brunst,
So find ich mich betrogen,
Denn es ist gar umsunst,
Wer kann das Feuer kennen,
Das mir mein Herz thut brennen!
Ich thu mich vielmals wäschen
Mit Wasser kalt und heiß,
Und kann doch nicht erlöschen,
Ja mein kein Rath mehr weiß,
Kann nicht das Feuer kennen,
Das mir im Herz thut brennen.

4.

Wenn ich den ganzen Tag
Geführt hab meine Klag,
So giebts mir noch zu schaffen
Bei Nacht, wann ich soll schlafen.
Ein Traum mit großem Schrecken
Thut mich gar oft aufwecken.

Im Schlaf seh ich den Schein
Des Allerliebsten mein,
Mit einem starken Bogen,
Darauf viel Pfeil gezogen,
Damit will er mich heben
Aus diesem schweren Leben.
Zu solchem Schreckgesicht
Kann ich stillschweigen nicht,
Ich schrei mit lauter Stimmen:
„O Knabe laß dein Grimmen,
Nicht wollst, weil ich thu schlafen,
Jezt brauchen deine Waffen.“

5.

Ach hartes Herz, laß dich doch eins erweichen,
Laß mich zu deiner Huld doch noch gereichen;
Wen sollt doch nicht erbarmen,
Daß ich muß als erarmen.
Ach starker Fels, laß dich doch eins bewegen,
Thu dein gewohnte Härt eins von dir legen;
Wen sollt doch nicht erbarmen,
Daß ich muß als erarmen.
Ach veste Burg, laß dich doch eins gewinnen,
Ach reicher Brunn, laß mich nicht gar verbrinnen;
Wen sollt doch nicht erbarmen,
Daß ich muß als erarmen.

6.

Wer sehen will zween lebendige Brunnen,
Der soll mein zwei betrübte Augen sehen,
Die mir vor Weinen schier sind ausgerunnen.
Wer sehen will viel groß und tiefe Wunden,
Der soll mein sehr verwundtes Herz besehen,
So hat mich Lieb verwundt im tiefsten Grunde.

7.

Mit Weinen thu ich meine Zeit vertreiben,
Kein Mensch auf Erd den Jammer kann beschreiben,
Den ich erduld bei Nacht und auch bei Tage,
Und red ich nicht, so tödtet mich die Plage.
Die Augen mein, vertrocknet tiefe Brunnen,
Durch Weinen sind so gänzlich ausgerunnen,
Daß ich deswegen muß gar bald verschmachten
Beim vollen Brunnen, wo wir nächtlich wachten.

8.

Der süße Schlaf, der sonst stillt alles wohl,
Kann stillen nicht mein Herz mit Trauren voll,
Das schafft allein, der mich erfreuen soll.
Kein Speis, kein Trank mir Lust noch Nahrung giebt,
Kein Kurzweil mehr mein traurig Herze liebt,
Das schafft allein, der so mein Herz betrübt.
Gesellschaft ich nicht mehr besuchen mag,
Ganz einig sitz in Unmuth Nacht und Tag,
Das schafft allein, den ich im Herzen trag.

9.

Recht wie ein Leichnam wandle ich umher
Zu seiner Thüre Nachts und seufze schwer
Aus meiner Brust, an Trost und Wohlsein leer.
Mein Athem stöhnet wie ein Fichtenwald,
Ein Unglückszeichen mein Gesang erschallt,
Daß alle Nachbarn sich ergrimmen bald.
Sie lärmen, nicht zu hören all mein Weh,
Sie nehmen Umweg, daß mich keiner seh,
Jezt fürcht ich nichts, war scheu sonst wie ein Reh.
Wie von dem Ast im Traum ein Vogel fällt,
So flattre ich des Nachts, so ungesellt;
Ein Unglücksvogel nimmermehr gefällt!
Was soll draus werden? fraget alle Welt.
Was ist die Welt? Wer schuf sie unbestellt?
Die schuf allein, die mich so sehr entstellt.
Ich freu mich, wie mein Fleisch so schwinden thut,
Mein festes Land zerreißt der Strom vom Blut,
Der aus dem Herzen kommt und niemals ruht.
O meine Thränen, keiner schätzet euch,
Ihr seid den Himmelsgaben darin gleich;
An allem bin ich arm, in euch so reich.

Abendstern.

(Mündlich.)

Schlaf nur ein, geliebtes Leben,
Schlaf, ich will ja gern zufrieden sein,
Deine lieben Augen geben
Dennoch deinem Diener hellen Schein.
Hast du dich verschlossen,
Will ich unverdrossen
Liebend doch vor deiner Thüre stehn;
Daß sie Liebe quäle,
Jauchzet meine Seele,
Darf ich liebend doch an deiner Thüre stehn.

Schlaf nur ein, dein Sternenschimmer
Läßt mich nie zu meinem Bette gehn,
Meine müden Augen sehn dich immer,
Bis sie vor den deinen untergehn,
Wie die Blätter fallen,
Also werd ich fallen,
Unter deinem Fuße rauschen hin,
Mild bist du den Armen,
Trage mir Erbarmen,
Unter deinem Fuße rausch ich hin.

Schlaf nur ein, und heiß mich wachend gehen,
Herz und Seele bleibet doch bei dir,
Will mir mit dem Tag die Sonne untergehen,
Ist ein Liebeshimmel doch in mir,

Denn da seh ich immer
Deiner Sterne Schimmer,
Wie sie flüchtig auf mein Herze gehn,
Säh ich dich doch morgen,
Ließ ich alle Sorgen
Also flüchtig durch mein Herze gehn.

Der Fürstentochter Tod.

(Procopii Aestivale p. 246.)

Es fuhr gen Acker ein grober Baur,
Arbeitet wacker im Schweiß so sau'r,
Im Frühling, Märzen, Mai, April,
Im Felde standen der Blümlein viel,
Die ihn anlachten in der Still.

Er ließ sich solches bewegen nicht,
Mit seinem Pflug er sich drüber richt,
Er schnitt darein der wilde Mann,
Und griff an ihren Wurzeln an
Die schönen Blumen lobesan.

Die Blümlein neigten die Köpfe zart,
Sanken darnieder zu Boden hart,
Ich sie anschaute sinniglich,
Von Herzen sie erbarmten mich,
Hätt sie wohl gern errettet ich.

Auf unsres Fürsten sein Wiesen grün
Da that ein holdselig Blümlein blühn,

Das war sein liebstes Töchterlein,
Zwölfjährig, edel, hübsch und fein,
Ein Herzenstrost den Ältern sein.

Da kam der grimmige Tod daher,
Trabanten, Garden, nichts achtet er,
Frei trat er in die Burg hinein,
Schlug grausam ins Frauenzimmer drein,
Und traf das Fürstliche Fräulein allein.

Nun kommt zum Saale ihr Christenleut,
Nun gehet ins Feld mit bitterem Leid,
Zwei Blumen stehn auf einem Feld,
Die eine frisch, die andre welk,
Rath't, welche länger sich erhält.

Da kommt gegangen ein Wandersmann,
Der trägt Verlangen zu greifen an
Der Blumen eine mit Gewalt,
Die Hand darnach er ausstreckt bald,
Nimmt, die am besten ihm gefallt.

Die halbverwelkte will er nicht,
Die frische ihm in die Augen sticht,
Er läßt die alt und nimmt die neu,
Thut dran gar recht bei meiner Treu,
Ich machets auch so ohne Scheu.

Ach was hilft ein Blümelein.

(Mündlich.)

Sterben ist eine harte Buß,
Weiß wohl daß ich sterben muß,
Und ein Röslein rosenroth
Pflanzt mein Schatz nach meinem Tod.
Wenn ich mal gestorben bin,
Wo begrabt man mich denn hin?
Schau nur in den Kirchhof nein,
Da wird noch ein Pläzlein sein!
Wachsen schöne Blümlein drauf,
Geben dir ein schönen Straus.
Ach was hilft ein Röslein roth,
Wenn es blüht nach Liebes Tod!
Dort hinein, und nicht hinaus,
Trägt man mich ins Grabeshaus,
Habs gesehen in der Nacht,
Hats ein Traum mir kund gemacht.
Auf den Kirchhof wollt ich gehn,
Thät das Grab schon offen stehn,
Ach das Grab war schon gebaut,
Hab es traurig angeschaut.
War wohl sieben Klafter tief,
Drinnen lag ich schon und schlief,
Als die Glock hat ausgebraußt,
Gingen unsre Freund nach Haus.

Sterben ist ein harte Pein,
Wenns zwei Herzallerliebste sein,
Die des Todes Sichel scheidt,
Ach das ist das größte Leid.

Denn was hilft ein Blümelein,
Wenn es heißt ins Grab hinein;
Ach was hilft ein Röslein roth,
Wenn es blüht nach Liebes Tod.

Nachtlieder an die Braut.

(Mündlich.)

1.

Ach Schatz willst du schlafen gehn,
Schlafe wohl, schlafe wohl,
Schlafe wohl in guter Ruh,
Und thu deine schwarzbraune Äuglein zu,
Und ruh, und ruh, und ruh in sanfter Ruh.

Ach Schatz, wenn ich nur bei dir wär,
Allein, allein, allein,
Allein im Federbett,
Wir beide wollten vergnüget sein,
Und wollten gern allein beinander sein,
Ach wenn ich dich doch allein in meinen Armen hätt.

Die Geig, die führt einen sanften Ton,
Zeiget an, zeiget an,
Zeiget an du edle Kron,

Sie zeiget an du edle Kron,
Wie vielmal ich geklopfet schon,
Ich muß, ich muß, ich muß vergeblich stohn.
  Ach Schatz nimm dieses Liedlein an,
Es ist, es ist, es ist,
Es ist auf dich gericht,
Nimm nur dies schlechte Liedlein an,
Wie vielmal ich geklopfet an,
Gute Nacht, gute Nacht, gute Nacht mein Schatz.

2.

  Ach edler Schatz verzeih es mir,
Daß ich so spät bin kommen,
Die grosse Lieb aus Herzens Begier
Hat mich dazu gezwungen.
  Jezt liegt mein Schatz, mein edler Schatz
Gar sanft in seinem Bettchen,
Ei möcht ich ihn ganz inniglich
Mit meiner Musik wecken.
  Erweck ich sie, erschreck ich sie,
Es müß mich herzlich reuen,
Ach könnte ich doch bei ihr sein,
Und ruhn in ihren Armen.
  Sie hat zwei Cristallinisch Stein,
Auf Elfenbein auch Purpur,
Sollt ihr geschehn daran ein Leid,
So spräng mein Herz in Stücken.

Vision.

(Mündlich.)

Über den Kirchhof gieng ich allein,
Zu meines Liebchens Kämmerlein,
Und als ich wollt von dannen gehn,
Da hielt es mich, ich mußt da stehn.
Ein Seel stand traurig an eim Grab,
Und schrie mit heller Stimm hinab:
„Steh auf mein Leib, verantwort dich,
Dann ich bin hier, beschuldge dich."
Da hebet sich des Grabes Stein,
Und geht hervor ein weiß Gebein,
Der Leib steht auf gar bald und schnell,
Und geht dahin, spricht zu der Seel:
„Wer ist da draus, der mein begehrt,
Der mich da rufet aus der Erd,
Bist du es Seele, die vor Jahren
Aus meinem Leibe ist gefahren?"
Die Seel sprach: „Hab ich beten wöllen,
Da pflegtest du dich krank zu stellen,
Wenn ich anfieng das Abendgebet,
Da hast du dich gleich schlafen gelegt."
Der Leib sprach: „Ach ich schien nur faul,
Und gähnte, macht ein schiefes Maul,
Und war zum Niederknien verdrossen,
Denn ich hatt einen Bettgenossen."

„Ach weh! Ach weh," antwort die Seel,
„Daß ich gewesen dein Gesell,
Wovon die Ursach du allein
Darum leid ich die Höllenpein.
Im Thal Josaphat am Jüngsten Tag,
Da will ich führen grosse Klag,
Alsdann wird angehn auch dein Leid,
Du wirst brennen in Ewigkeit."
Da sprach der Leib: „Du seist verklagt,
Du warst die Frau, und ich die Magd,
Du trägst mit mir die Sündenlast,
Weil du mich bös geführet hast."
Die Seel wollt da noch wiedersprechen,
Da thät der Morgenstern anbrechen,
Sankt Petrus Vogel thät auch krähn,
Da waren beid nicht mehr zu sehn.
Ich aber schrieb dies Liedelein,
Und steckts an Liebchens Fensterlein,
„Ich war mit Leib und Seel zu Gast,
'S ist mir leid, wenn du auf mich gewartet hast."

Nicht Wiedersehn.

Nun ade mein allerherzliebster Schatz,
Jezt muß ich wohl scheiden von dir,
Bis auf den andern Sommer,
Dann komm ich wieder zu dir.

Und als der junge Knab heimkam,
Von seiner Liebsten fing er an,
Wo ist meine Herzallerliebste,
Die ich verlassen hab?

Auf dem Kirchhof liegt sie begraben,
Heut ists der dritte Tag,
Das Trauren und das Weinen
Hat sie zum Tod gebracht.

Jetzt will ich auf den Kirchhof gehen,
Will suchen meiner Liebsten Grab,
Will ihr alleweil rufen,
Bis daß sie mir Antwort giebt.

Ei du mein allerherzliebster Schatz,
Mach auf dein tiefes Grab,
Du hörst kein Glöcklein läuten,
Du hörst kein Vöglein pfeifen,
Du siehst weder Sonn noch Mond!

Hessisch.

Als ich kam zur Stube rein,
Da ist gut wohnen!
Ich hab so lang draußen gestanden,
Daß Gott erbarm!

Ich seh dies an deinem Hut,
Wie dein Hut tröpflen thut,
Von Regen ist er naß,
Von wegen meinem Schatz.

Ich gieng wohl über Berg und Thal,
Wär mir kein Weg zu schmal,
Zu meinem Schätzchen wollt ich gehn,
Alle Wochen siebenmal.

Dort steht ein schöner Lorbeerbaum,
Der steht schön da,
Und ein schöner Reutersbub,
Der steht mir an.

Herz mich ein wenig, küß mich ein wenig,
Hab mich ein wenig lieb,
Wenns auch regnet oder schneit,
Wenns unser Herz nur erfreut.

Heimlicher Liebe Pein.

Mein Schatz der ist auf die Wanderschaft hin,
Ich weiß aber nicht, was ich so traurig bin,
Vielleicht ist er todt, und liegt in guter Ruh,
Drum bring ich meine Zeit so traurig zu.

Als ich mit meim Schatz in die Kirch wollte gehn,
Viel falsche falsche Zungen unter der Thüre stehn,
Die eine redt dies, die andre redt das,
Das macht mir gar oft die Äugelein naß.

Die Distel und die Dornen, die stechen also sehr,
Die falschen falschen Zungen aber noch viel mehr,
Kein Feuer auf Erden auch brennet also heiß,
Als heimliche Liebe, die Niemand nicht weiß.

Ach herzlieber Schatz, ich bitte dich noch eins,
Du wollest auch bei meiner Begräbniß sein,
Bei meiner Begräbniß, bis ins kühle Grab,
Dieweil ich dich so treulich geliebet hab.

Ach Gott! was hat mein Vater und Mutter gethan,
Sie haben mich gezwungen zu einem ehrlichen Mann,
Zu einem ehrlichen Mann, den ich nicht geliebt,
Das macht mir ja mein Herz so betrübt.

Salomo sprich Recht.

Es waren einmal zwei Gespielen,
Sie giengen ins Feld spazieren.
Die eine die war so munter und wohl auf,
Die andre trauret sehre, ja sehre.
Wir beide haben einen Knaben so lieb,
Den können wir nicht theilen, ja theilen.
Ach Gespielin liebe meine,
Laß mir den Knaben alleine.
Ich will dir meinen Bruder geben,
Meines Vaters Gut zum Theile, ja Theile.
Ei deinen Bruder mag ich nicht,
Deines Vaters Gut das acht ich nicht.
Ich wollt nicht nehmen Silber und Gold,
Daß ich den Knaben lassen sollt, ja lassen sollt.

Liebesaugen.

Sobald du hebst die klaren Äugelein,
Freut sich Gestirn und auch der Sonnenschein,
Also gar sehr, du Liebeszier,
Sind sie geneiget dir.
Sobald du auch die Erde blickest an,
Ist sie erhizt, schickt Blümelein heran,
Wie sollt dann ich nicht herziglich,
Jungfrau auch lieben dich.
Und schließest du, o Herz, die Äugelein,
Da giebt der Stern der Venus großen Schein,
Wie ihrem Kind, wenn sie offen sind,
Die Fackel heftig brinnt,
Und hüllst du ein die hellen Äugelein,
Der Himmel traurig zieht die Sterne ein,
Die Erd ist kalt, Frau Venus alt,
Ohn Feuer Amor bald.

Ade zur guten Nacht.

(Fliegendes Blatt aus 1500.)

Der Mond, der steht am höchsten,
Die Sonn will untergehn,
Mein Feinslieb liegt in Nöthen,
Ach Gott, wie solls ihr gehn,

In Regen und in Wind,
Wo soll ich mich hinkehren,
Da ich mein Feinslieb find!
Mein Feinslieb wollt mich lehren,
Wie ich ihr dienen soll,
In Züchten und in Ehren,
Das weiß ich selbst gar wohl,
Und kann auch noch viel mehr,
Wer sich seins Buhlen rühmet,
Dem bringt es wenig Ehr.
Mancher geht zu seinem Buhlen
Bei lichtem Mondenschein,
Was giebt sie ihm zum Lohne?
Ein Rosenkränzelein,
Ist grüner als der Klee,
Ich muß mich von dir scheiden,
Thut meinem Herzen weh.
Ach Scheiden über Scheiden,
Wer hat dich doch erdacht,
Hast mir mein junges Herze
Aus Freud in Trauren bracht,
Dazu in Ungemach.
Dir ists schöns Lied gesungen,
Ade zu guter Nacht.

Liebes-Noten.

Wahres Lieben, süßes Leben,
Wo zwei Herzen eins nur sind,
Wie zwei Turteltäublein schweben,
Die ein treues Band verbind,
Wo die Lieb den Chor anstimmet,
Und die Treue giebt den Takt,
In dem Blut die Freude schwimmet,
Und der Puls auf Lauten schlagt.
Wo die Spröde muß pausiren,
Wenn die Lust ein Solo singt,
Wenn die Äuglein pizikiren,
Bis der Lieb ein Saite springt,
Wenn die Herzen konkordiren,
Und schön singen in dem Ton,
Wird der Mund auch sekundiren,
Und ein Kuß giebt ihm den Lohn.
Will ein Ton ins Kreuzlein steigen,
Will ein B wie Weh erschalln,
Mag aufs Herz der Finger zeigen,
Und Musik ganz leise halln,
Weil die Noten in zwei Herzen
Einfach stehen in der Terz,
Laß uns ganz piano scherzen,
Und allegro leiden Schmerz.

Schlummer unter Dornrosen.

Ich legte mich nieder ins grüne Gras,
Und lauert auf meinen Herzliebsten Schatz,
Ich lauert so lange bis mich es verdroß,
Da fielen zwei Röselein mir in den Schooß.
Die Röselein, die waren wie Blut so roth,
Jezt schläft ja mein Schatz oder er ist todt,
Er schläft ja nicht, er schlummert ja nur,
Es blinken seine Äuglein, es lächelt sein Mund,
Da ließ ich meine Augen herummer gehn,
Da sah ich mein Schätzlein bei einem andern stehn,
Bei einem andern stehn,
Das hab ich gesehn.

Dem Tode zum Trutz.

(Mündlich.)

Komm zu mir in Garten,
Komm zu mir ins Gras,
Sprich aus deinen Jammer,
Es bringt mir nicht Schmerz.
Geh hol mir den Mantel,
Geh hol mir den Stock,
Jezt muß ich von dannen,
Muß nehmen B'hüt Gott!
Und wenn schon bisweilen
Die Falschheit schlägt ein,

So muß ich halt denken,
Es muß also sein.
Und wenn schon bisweilen
Der Tod auch regiert —
Ach er hat mein Lieb mir
Von dannen geführt!
Mein allerfeinst Liebchen
War die schönst in der Sonn,
Verblendet die Sonne,
Verdunkelt den Mond.
Mein allerfeinst Liebchen,
Nimm mich in deinen Schooß,
Jezt will ich dich erst lieben,
Den Leuten zum Troz.
Den Leuten zum Possen,
Dem Tode zum Truz,
Will ich mein Schaz lieben,
Wenns mich gleich nichts nuzt.

Bivouack.

Habt ihr die Husaren gesehn,
Auf dem grünen Wieschen,
Hinterm gelben Veilchenstock,
Bei der Jungfer Lieschen.
Jungfer Lieschen, was ist das?
Auf der Wiese wächst das Gras,

Auf dem Acker wächst der Klee,
Mädchen trau kein'm Buben meh.
Hab einmal dem Buben getraut,
Hat mich sieben Jahr gereut,
Sieben Jahr ist noch nicht lang,
Reut mich wohl mein Lebenlang

Ei! Ei!

Ei Ei, wie scheint der Mond so hell,
Wie scheint er in der Nacht.
Hab ich am frühen Morgen
Meim Schatz ein Lied gemacht.
Ei Ei, wie scheint der Mond so hell,
Ei Ei, wo scheint er hin.
Mein Schatz hat alle Morgen
Ein andern Schatz im Sinn.
Ei Ei, wie scheint der Mond so hell,
Ei, Ei, wie scheint er hier.
Er scheint ja alle Morgen
Der Liebsten vor die Thür.
Ei Ei, wie scheint der Mond so hell,
Ei Jungfer, wann ists Tag?
Es geht ihr alle Morgen
Ein andrer Freier nach.

Einsiedler.

Dort droben auf dem Hügel,
Wo die Nachtigall singt,
Da tanzt der Einsiedel,
Daß die Kutt in die Höh springt.
Ei laßt ihn nur tanzen,
Ei laßt ihn nur sein,
Zu Nacht muß er beten
Und schlafen allein.
Dort drüben auf dem Hügel
Wos Füchsle rum lauft,
Da sitzt der Einsiedel,
Hat die Kutte verkauft.
Dort drunten im Thale
Geht er ins Wirthshaus,
Geh leih ihm dein Dirnel,
Das mein hat ein Rausch.
Ich geh nit aufs Bergle,
Ich geh nit ins Thal,
Ich leih ihm nits Dirnel,
Der Weg ist zu schmal.

Der Berggesell.

(1500—50.)

Wär ich ein wilder Falke,
So wollt ich mich schwingen auf,

Ich wollt mich nieder lassen,
Für eines reichen Bürgers Haus.
Darinn ist ein Mägdelein,
Madlena ist sie genannt,
So hab ich alle meine Tag
Kein schöners brauns Mägdlein erkannt.
An einem Montag es geschah,
An einem Montag früh,
Da sah man die schöne Madlena,
Zu dem Obern Thor ausgehn.
Da fragten sie die Zarten:
Madlena wo willt du hin?
In meines Vaters Garten,
Da ich nächten gewesen bin.
Und da sie in den Garten kam,
Wohl in den Garten einlief,
Da lag ein schöner junger G'sell,
Unter einer Linden und schlief.
Steh auf junger Geselle,
Steh auf, denn es ist Zeit,
Ich hör die Schlüssel klingen,
Mein Mütterlein ist nicht weit.
Hörst du die Schlüssel klingen,
Und ist dein Mütterlein nicht weit,
So zeuch mit mir von hinnen,
Wohl über die breite Heid.

Und da sie über die Heide kamen,
Wohl unter ein Linde was breit,
Da ward denselben zweien
Von Seiden ein Bett bereit.

Sie lagen beieinander,
Bis auf dritthalbe Stund,
Kehr dich brauns Mägdlein herum,
Beut mir dein'n roten Mund.

Du sagst mir viel von kehren,
Sagst mir von keiner Eh,
Ich fürcht ich hab verschlafen
Mein Treu und auch mein Ehr.

Fürchst du, du habst verschlafen
Dein Treu und auch dein Ehr,
Laß dichs Feinslieb nicht kümmern,
Ich nehm dich zu der Eh.

Wer ist der uns dies Liedlein sang,
Von neuen gesungen hat,
Das hat gethan ein Berggesell,
Auf Sanct Annenberg in der Stadt.

Er hats gar frei gesungen,
Bei Meth, bei kühlem Wein,
Darbei da sein gesessen
Drei zarte Jungfräulein.

Hat gesagt — bleibts nicht dabei.

(Mündlich.)

Mein Vater hat gesagt,
Ich soll das Kindlein wiegen,
Er will mir auf den Abend
Drei Gaggeleier sieden;
Siedt er mir drei,
Ißt er mir zwei,
Und ich mag nicht wiegen,
Um ein einziges Ei.

Mein Mutter hat gesagt,
Ich soll die Mägdlein verrathen,
Sie wollt mir auf den Abend
Drei Vögelein braten;
Brät sie mir drei,
Ißt sie mir zwei,
Um ein einziges Vöglein
Treib ich kein Verrätherei.

Mein Schätzlein hat gesagt,
Ich soll sein gedenken,
Er wöllt mir auf den Abend
Drei Küßlein auch schenken;
Schenkt er mir drei,
Bleibts nicht dabei,
Was kümmert michs Vöglein,
Was schiert mich das Ei.

Das schwere Körblein.

(Musikalisch Rosengärtlein.)

Sag mir o Mägdelein, was trägst im Körbelein
So schwer und dich bemühest?
Es ist ein Knäbelein, der hat das Herze mein
So oftmals sehr betrübet,
Drum muß er jetzt thun henken,
Im Korbe und sich kränken,
Bis daß er fällt hindurch.

Ich sprach: o Mägdelein, thu doch genädig sein,
Und nicht so grausam tobe,
Laß heraus das Knäbelein, und rett das Leben sein,
Es bringt dir sonst kein Lobe,
Wenn du ihn läßt verderben,
Und gar in Unmuth sterben,
Folg mir, ich rath es dir.

Billig wär es daß du, anziehest seine Schuh,
Und tretest an seine statt,
So wollt ich tragen dich, im Korbe säuberlich,
Daß dir widerführ kein Schad!
Hiemit nahm ich das Körbelein,
Und rettete das Knäbelein,
Setzt drein die Jungfrau fein.

Laß mir doch jetzt der Weil, und mit mir nicht so eil,
Sprach sie mit Ungemache,
Nein nein, sprach ich zu ihr, ich will nicht folgen dir,
Weil gut ist jetzt die Sache,

Und mußt also thun henken,
Im Korbe und dich kränken,
Bis du erlöset wirst.

Übersichtigkeit.

(1615.)

Schön wär ich gern, das bin ich nicht,
Fromm bin ich wohl, das hilft mir nicht;
Geld hilft mir wohl, das hab ich nicht,
Darum bin ich kein Buhler nicht.

Schönheit hilft mir wohl zur Buhlerei,
Schöne Gestalt macht stolz darbei;
Dich nicht verlaß auf schöne Gestalt,
Daß du nicht in Verfall kömmst bald.

Wenn ich schön wär, und hätt viel Geld,
Wär ich der beste in der Welt;
Dieweil ich aber solches nicht haben kann,
So muß ich im Elende bleiben stahn.

Frömmigkeit hat einen schlechten Platz,
Geld ist doch der Welt bester Schatz,
Frömmigkeit hilft nichts zur Buhlerei,
Darum mir dasselbig verboten sei.

Hätte ich solches alles drei,
So wär mir geholfen frei;
Geldswerth hilft noch wohl,
Liebe ein jeder, was er lieben soll.

Frömmigkeit hat einen rechten Schein,
Geldswerth ist auch wohl fein,
Schön Gestalt halt dich nur werth,
Dieweil du lebest auf dieser Erd.

Kennst die bewegliche Drei du noch nicht und der Viere Gebilde,
Wahrlich, so wollt es der Gott, findest du nimmer die Eins.

(Zur Beruhigung einer gewissen Kritik, die immer wissen muß, ob etwas wirklich alt sei, um zu fühlen, daß es schön sei, wird hier bemerkt, daß dieses Lied unverändert abgedruckt.)

Die 4 heilige 3 König mit ihrem Steara,
Der Casper, der Melchar, der Baltes, der Beara,
Sie seaga de' nagelnuia Steara,
Potz Blitz! 's wird g'wiß was Nuis draus weara.
Sie stiefla, sie waidle, sie fülla de Bauch,
Und springa, wie d' Schelma, zum Städtle hinaus.
Und do sie sain kuma fürs Herodes sei Thür,
Herodes der König trat selbsta herfür.
Ei, wo kömmt ihr her in so schneller Uyl?
Sizt any aufs Bänkli, und g'ruhet a Wuyl.
Mie könna nit gruahga, mie han nit de Wuyl.
Mie müasse hünt noch fünfhalba Müyl.
Ey woruma könnt' ir nit g'ruahga, es thut jo nit Nauth,
I will üch vor gea a Käß und a Brout.

Mer möaga kui Käs, mer möaga kui Brout,
Mer müssa gau gea, 's thut werli gau Nauth.
Ei möagat er kui Käs, so frässet e Dreck,
Un schärt i ins Teufels paar Daza a weg.
Und do mer sin kömme übers Städle hinaus,
Denka mer, blos es der Herodes da Hobel sein aus.
Und do mer sin komma ge Betlahai,
So find a mirs Kindli ä Mueters allai.
Und do mer im han brunge Butter, Nuß, und a Milach,
Hats Kindli klo bizli druf aini gschilacht.
Sankt Joseph nahm waidli die Wiege=Schnuar,
Und macht go dem Kindli a Gugel fuar.
Do stundes en Engeln hinter der Thür,
Und both es a Mümfeli Brout herfür. —
Jez sin mer halt gestorben, und leabe nimmai,
Und liega zua Kölla am Bodasai.

Lebewohl.

(Mündlich.)

Morgen muß ich weg von hier,
Und muß Abschied nehmen;
O du allerhöchste Zier,
Scheiden das bringt Grämen.
Da ich dich so treu geliebt,
Über alle Maaßen,
Soll ich dich verlassen.

Wenn

Wenn zwei gute Freunde sind,
Die einander kennen,
Sonn und Mond bewegen sich,
Ehe sie sich trennen.
Noch viel größer ist der Schmerz,
Wenn ein treu verliebtes Herz
In die Fremde ziehet.

Dort auf jener grünen Au
Steht mein jung frisch Leben,
Soll ich dann mein Lebelang
In der Fremde schweben?
Hab ich dir was Leids gethan,
Bitt dich, wolls vergessen,
Denn es geht zu Ende.

Küsset dir ein Lüftelein
Wangen oder Hände,
Denke daß es Seufzer sein,
Die ich zu dir sende,
Tausend schick ich täglich aus,
Die da wehen um dein Haus,
Weil ich dein gedenke.

Das wunderthätige Mannsbild.

(*** Galliarden von Rost. 2 Th. 1593.)

Die Tochter bat die Mutter schön,
Sie möchte in die Kirche gehn,

Die Bilder anzubeten,
Denn sie jetzt große Heiligkeit
Inbrünstig hätt betreten.
O Tochter das wär gar verrucht,
Die Schrift ein solches Thun verflucht,
Gottes Wort allein sollst hören;
Das kann dir geben Trost und Freud,
Die Bilder thun bethören.
Das Bild o liebste Mutter mein,
Das mich zieht in die Kirch hinein,
Ist nicht von Holz formieret;
Es ist ein schöner stolzer Knab,
Sein Leib gar wohl gezieret.
Solch lebend Bild die Kraft jetzt han,
Ziehn in die Kirch manch Frau und Mann,
Wenn sich die Augen drehen,
Das man also verstehen kann,
Manch Wunder ist geschehen.

O Himmel, was hab ich gethan.

Das Klosterleben ist eine harte Pein,
Weil ich ohn mein Liebchen muß sein;
Ich habe mich drein ergeben zur Zeit,
Den Orden ertrag ich mit Schmerz und mit Leid.
O Himmel, was hab ich gethan?
Die Liebe war schuldig daran.

Und komm ich am Morgen zur Kirche hinein,
So sing ich die Metten allein;
Und wenn ich das Gloria patri da sing,
So liegt mir mein Herzallerliebster im Sinn.
Ach Himmel, was hab ich gethan?
Die Liebe ist schuldig daran.

Des Mittags wenn ich zum Essen hin geh,
So find ich mein Tischlein allein;
Da eß ich mein Brod und trinke mein Wein,
Ach könnt ich bei meinem lieb Schätzelein sein.
O Himmel, was hab ich gethan?
Die Liebe ist schuldig daran.

Des Abends, wenn ich nun schlafen da geh,
So find ich mein Bettlein ja leer;
Da greif ich bald hin, da greif ich bald her,
Ach wenn ich bei meinem Herzliebsten doch wär!
Ach Himmel, was hab ich gethan?
Die Liebe ist schuldig daran.

Da kömmt ja mein Vater und Mutter auch her,
Sie beten wohl für sich allein;
Sie haben buntfarbige Röcklein auch an,
Und ich, ich muß in dem Kuttenrock stahn.
Ach Himmel, was hab ich gethan?
Die Liebe ist schuldig daran.

Die gute Sieben.

(Mündlich.)

Es war einmal ein junger Knab,
Der liebt sein Schätzlein sieben Jahr,
Wohl sieben Jahr und noch vielmehr,
Die Lieb die nahm kein Ende mehr.

Er liebte des Bauers Töchterlein,
Auf Erden konnte nichts Schönres sein;
Die Knaben gingen ihm um sein Haus:
„Ach Bauer geb uns dein Tochter heraus.“

„Ich geb die Tochter nicht heraus,
Ich geb ihr kein Geld, ich geb ihr kein Haus;
Ich kaufe ihr ein schwarzes Kleid,
Das soll sie tragen zur Kirch und zum Leid.“

Da reist der Knabe ins Niederland,
Da ward ihm sein Herzallerliebste krank;
Die Botschaft ihm kam krank auf den Tod,
Drei Tag und drei Nacht redt sie kein Wort.

Und als der Knab die Botschaft hört,
Daß sein Herzliebste so krank da wär;
Da ließ er gleich sein Hab und Gut
Und schaut, was sein Herzallerliebste thut.

Und als er in die Stub hinein kam,
Sein Herzallerliebste auf den Tod war krank:
„Seist du mir willkommen getreuer Schatz,
Der Tod will jetzt wohnen an deinem Platz.“

„Grüß Gott, grüß Gott liebs Schätzelein,
Was machst du hier im Bettelein?"
„Dank Gott, dank Gott, mein lieber Knab,
Mit mir wirds heißen fort ins Grab."
„Nicht so, nicht so mein Schätzelein,
Die Lieb und Treu muß länger sein;
Geht gschwind, geht gschwind und holt ein Licht,
Mein Schatz der stirbt, daß niemand sieht."
Was zog er aus seiner Tasche mit Fleiß?
Ein Äpfelein das war roth und weiß,
Er legts auf ihren weiß rothen Mund,
Schön Schätzl, bist krank, werd wieder gesund
Er wollt sie legen in seinen Arm,
Sie war nicht kalt, sie war nicht warm;
Sie thut ihm in seinen Arm verscheiden,
Sie thut eine reine Jungfrau bleiben.
Was zog er aus der Tasche fein?
Von Seide war es ein Tüchlein fein;
Er trocknet damit sein Auge und Händ,
Ach Gott wann nimmt mein Trauren ein End.
Er ließ sich machen ein schwarzes Kleid,
Er trugs wegen seiner Traurigkeit,
Wohl sieben Jahr und noch viel mehr,
Sein Trauren das nahm kein Ende mehr.

Spinnerlied.

(Mündlich.)

Spinn, Mägdlein, spinn!
So wachsen dir die Sinn,
Wachsen dir die gelbe Haar,
Kommen dir die kluge Jahr!
Ehr, Mägdlein, ehr
Die alte Spinnkunst sehr;
Adam hackt und Eva spann,
Zeigen uns die Tugend-Bahn.
Lieb, Mägdlein, lieb
Der Hanna ihren Trieb;
Wie sie mit der Spindel kann
Nähren ihren blinden Mann.
Preiß, Mägdlein, preiß
Der Mutter Gottes Fleiß;
Diese heilge Himmelskron
Spann ein Röcklein ihrem Sohn.
Sing, Mägdlein, sing,
Und sei fein guter Ding;
Fang dein Spinnen lustig an,
Mach ein frommes End daran.
Lern, Mägdlein, lern,
So hast du Glück und Stern;
Lerne bei dem Spinnen fort
Gottesfurcht und Gotteswort.

Glaub, Mägdlein, glaub,
Dein Leben sei nur Staub;
Daß du kömmst so schnell ins Grab,
Als dir bricht der Faden ab.
Lob, Mägdlein, lob,
Dem Schöpfer halte Prob;
Daß dir Glaub und Hoffnung wachs,
Wie dein Garn und wie dein Flachs.
Dank, Mägdlein, dank
Dem Herrn, daß du nicht krank,
Daß du kannst fein oft und viel
Treiben dieses Rockenspiel.
Dank, Mägdlein, dank.

Lied des Verfolgten im Thurm.

(Nach Schweizerliedern.)

Der Gefangne.

Die Gedanken sind frei,
Wer kann sie errathen;
Sie rauschen vorbei
Wie nächtliche Schatten.
Kein Mensch kann sie wissen,
Kein Jäger sie schießen;
Es bleibet dabei,
Die Gedanken sind frei.

Das Mädchen.

Im Sommer ist gut lustig sein,
Auf hohen wilden Haiden,
Dort findet man grün Plätzelein,
Mein Herzverliebtes Schätzelein,
Von dir mag ich nicht scheiden.

Der Gefangne.

Und sperrt man mich ein
Im finsteren Kerker,
Dies alles sind nur
Vergebliche Werke;
Denn meine Gedanken
Zerreißen die Schranken
Und Mauern inzwei,
Die Gedanken sind frei.

Das Mädchen.

Im Sommer ist gut lustig sein
Auf hohen wilden Bergen;
Man ist da ewig ganz allein,
Man hört da gar kein Kindergeschrei,
Die Luft mag einem da werden.

Der Gefangne.

So sei es wie es will,
Und wenn es sich schicket,

Nur alles in der Still;
Und was mich erquicket,
Mein Wunsch und Begehren
Niemand kanns mir wehren;
Es bleibet dabei,
Die Gedanken sind frei.

Das Mädchen.

Mein Schatz du singst so fröhlich hier,
Wies Vögelein in dem Grase;
Ich steh so traurig bei Kerkerthür,
Wär ich doch todt, wär ich bei dir,
Ach muß ich denn immer klagen.

Der Gefangne.

Und weil du so klagst,
Der Lieb ich entsage,
Und ist es gewagt,
So kanns mich nicht plagen,
So kann ich im Herzen
Stets lachen, bald scherzen;
Es bleibet dabei,
Die Gedanken sind frei.

Spinnerlied.

(Mündlich.)

Spinn, spinn, meine liebe Tochter,
Ich kauf dir ein paar Schuh.

Ja, ja meine liebe Mutter,
Auch Schnallen dazu;
Kann wahrlich nicht spinnen,
Von wegen meinem Finger,
Meine Finger thun weh.
  Spinn, spinn, meine liebe Tochter,
Ich kauf dir ein paar Strümpf.
Ja, ja meine liebe Mutter,
Schön Zwicklen darin;
Kann wahrlich nicht spinnen,
Von wegen meinem Finger,
Mein Finger thut weh.
  Spinn, spinn, meine liebe Tochter,
Ich kauf dir einen Mann.
Ja, ja meine liebe Mutter,
Der steht mir wohl an;
Kann wahrlich gut spinnen,
Von all meinen Fingern
Thut keiner mir weh.

Spruch vom Glück.

(Docens Miscellanen I. S. 282.)

  Ich sag, wems Glück wohl pfeifet,
Der mag wohl lustig tanzen,
Wems Glück zum Würfel greifet,
Gewinnt oft manche Schanzen,
Mit Freuden mag rumschwanzen.

Wems Glück das Hörnel bläßt,
Der fängt, wenn andre jagen,
Glück, wem das Feld du säest,
Der mag Getreid heim tragen,
Und niemand darf drum fragen.
Wems Glück ist Keller, Koch,
Der trinkt, wenn ihn thut dürsten,
Ißt, wenn ihn hungert noch,
Nach Glück oft gleich thut bürsten
Dem Bettler, wie den Fürsten.
Wenns Glück das Fähnlein schwingt,
Da giebts gut Beut und Kriegen,
Wenns Glück dem Buhler singt,
Da ist gut Kinder wiegen,
Galanisieren und Lieben.
Doch jeder ist der Schmidt
Des eignen Glücks allzeiten,
Wer wohl gebettet sich,
Der lieget auch in Freuden,
Ob man ihn gleich thut neiden.
Dein Glück flieht nicht vor dir,
Was dir auf Erd beschaffen,
Schau nur, wenns vor der Thür,
Daß dus nicht thust verschlafen,
Brauch Mittel, Zeit und Waffen.

Gimpelglück.

(Postiglionder Lieb. XXIII.)

Ich that einmal spazieren gehn,
Da hört ich also singen schön
Der Vöglein viel und mancherlei,
Ganz lieblich war ihr Melodei;
Da kam ich auch zu einem Nest,
Das war geziert aufs allerbest,
Konnt mich aber nicht richten drein,
Was doch dies für ein Nest möcht sein.

Nahm mir drum also wohl der Weil,
Ei da sah ich im Nest ein Eul,
Dieselb erzeigt sich schön geziert,
Groß und klein Vögelein sie vexiert,
Des muß ich mirs lachen in Still,
Dieweil deren warn vorhanden viel,
Und jeder wollt der Nächste sein,
Und durft doch keiner ins Nest hinein.

Endlich gar bald ich einen ersah,
Der zu dem Nest ging dreist und nah,
Und dieser flog geschwind hinein,
Ich dacht bei mir: Wer mag dies sein?
Daß es ohn Scheu der andern alle
Der Eulen also wohl that gefallen,
An Federn ich ihn gleich erkannt,
Daß er der Gimpel ward genannt.

Wie ihr nun weiter hören werdt
Vom Gimpel, der ist lobenswerth,
Drum will ich jetzt verhalten nicht
Sein Lob in diesem kleinen Gedicht:
Der Gimpel ist ein Vogel schon,
Der nächste bei den Eulen dran;
Kein andrer darf sich nahen frei
Hin zu dem Nest, wer es auch sei.
Du Gimpel aber magst nach Lust
Bei der Eule sein ganz wohl bewußt;
Drum ich forthin werd haben keine Ruh,
Bis daß ich ein Gimpel werd wie du;
Kein schönern Gimpel sah ich nie,
Denn dich jetzt gegenwärtig hie,
Von Art bist du ganz wohl geziert,
Gleichwie eim Gimpel sich gebührt.
Magst darum wohl ein Gimpel bleiben,
Denn dich wohl keiner wird vertreiben,
Dessen darfst dich doch fürchten nicht,
Denn dies wohl nimmermehr geschicht,
Ihr rechter Gimpl du bist allein,
Den sie vor andern liebt gemein,
Auch wegen deines süßen Gesangs
Bleibst du ein Gimpel dein Lebenlang.
Drum billig bist du lobenswerth,
Du bleibst ein Gimpel wohl heur als fehr,

Wie gern wollt ich ein Gimpel sein,
Damit ich dürft ins Nest hinein,
Ob dich schon veriert jedermann,
So laß nur Red vor Ohren gehn,
Gedenk in deinem Sinn allzeit,
Wer dir nichts geit laß dich ung'heit. (ungeschoren.)
So bleibst du recht ein Gimpl allein,
Und fleugst mit ihr wohl aus und ein,
Bei deiner liebsten Eulen zart,
Ein rechter Gimpel bist von Art;
Wünsch dir hiermit viel guter Nacht,
Zu Ehre sei dir dies Lied gemacht;
Drum lieber Gimpel sei nur verliebt,
Ich bin nicht bös und nicht betrübt.

Ich stand an einem Morgen.

(Hundert und funfzehn neue Lieder. Nürnberg 1544. Johann Ott Buchdrucker. Seite 73.)

Ich stand an einem Morgen
Heimlich an einem Ort,
Da hätt ich mich verborgen,
Ich hört klägliche Wort,
Von einem Fräulein hübsch und fein,
Sie sprach zu ihrem Buhler,
Es muß geschieden sein.
Herzlieb, ich hab vernommen,
Du willt von hinnen schier,

Wann willt du wieder kommen,
Das sollst du sagen mir.
„Merk mein Feinslieb, was ich dir sag,
„Mein Zukunst thust du fragen,
„Ich weiß weder Stund noch Tag."
Das Fräulein weinet sehre,
Ihr Herz war Trauren voll:
So gieb mir Weis und Lehre
Wie ich mich halten soll,
Für dich setz ich mein Hab und Gut,
Und willst du hier nun bleiben,
Ich verehr dich in Jahr und Tag."
Der Knab der sprach aus Muthe:
„Dein Willen ich wohl spür,
Verzehr ich dir dein Gute,
Ein Jahr ist bald dahin,
Dennoch müßt es geschieden sein,
Ich will dich zärtlich bitten,
Setz du dein Willen drein."
Das Fräulein das schreit Morde!
Mord über alles Leid:
„Mich kränken deine Worte,
Herzlieb nicht von mir scheid;
Für dich setz ich mein Gut und Ehr,
Und sollt ich mit dir ziehen,
Kein Weg ist mir zu fern."

Ich stand an einem Morgen.

Gassenhauer, Reuter- und Bergliedlein, christlich verändert durch H. Knauf. S. 28.

2.

Ich stand an einem Morgen
Heimlich an einem Ort,
Da hielt ich mich verborgen,
Ich hört klägliche Wort,
Von einem frommen Christen fein,
Er sprach zu Gott sein'm Herren:
„Muß denn gelitten sein?“

„Herr Gott ich hab vernommen,
Du willt mich lassen schier
In viel Anfechtung kommen,
Thut nicht gefallen mir.“
„Merk männlich auf, was ich dir sag,
Thu dich nicht hart beklagen,
Ein Christ muß haben Plag.“

Der fromm Christ weinet sehre,
Sein Herz war unmuthsvoll:
„So gieb mir Weis und Lehre,
Wie ich mich halten soll,
Der Glaub ist schwach und kalt in mir,
Mein Fleisch will mich verführen,
Daß ich soll weichen von dir.“

Gott sprach lachend zu Muthe:
„Dein Willen ich wohl spür,

Du

Du wollst wohl han das Gute,
Wenns dir nicht würde saur,
Wer aber will mit mir han Theil,
Muß alles fahren lassen,
Viel Glück ist ihm nicht feil."

Der fromme Christ schrie Morde,
Mord über alles Leid,
Mich schrecken deine Worte,
Herr Gott mach mich bereit,
Ich wollt doch alles tragen gern,
Die Weltlust gerne hassen,
Sie lassen von mir fern."

Gott sprach: ich thu dich züchten,
Hab nur ein' guten Muth,
Und thu mich allzeit fürchten,
Erkauft bist mit mein'm Blut;
Daran gedenk mit ganzem Fleiß,
All die ich fast thu lieben
Straf ich, das ist mein Weis."

Da kehrt Gott ihm den Rücken,
Er redt zu ihm nicht mehr,
Der arm Christ thät sich schmücken
In einem Winkel leer;
Er weinet aus der massen viel:
„Dem Herrn im Kreuz aushalten,
Das ist kein Kinderspiel."

3.

Ich stand an einem Morgen: mein wo?
Hat dich niemand gesehen? Warum?
Vor wem? von wem? wer war sie dann?
Ists vielleicht die breite Gretha gewesen?
Was hat sie dann gesagt? Glück zu,
Glück zu, Glück zu wohl auf die Reis.

Glück der Schlemmer.

(Blum und Ausbund allerhand auserlesene züchtiger Lieder. Deventer 1602. 12. Der Sammler ist Paul von der Älst. Mitgetheilt von H. H. Eschenburg.)

Es steht ein Baum in Österreich,
Der trägt Muskaten Blumen;
Die erste Blume, die er trug,
Die brach ein's Königs Tochter.

Darzu so kam ein Reiter gegangen,
Der freit des Königs Tochter;
Er freit sie länger denn sieben Jahr,
Er konnt sie nicht erfreien.

Laß ab, laß ab du junger Knab,
Du kannst mich nicht erfreien;
Ich bin viel besser geborn denn du,
Von Vater und auch von Mutter.

Bist du viel besser geborn, denn ich,
Von Vater und auch von Mutter,

So bin deines Vaters gedingter Knecht
Und schwing dem Rößlein sein Futter.
Bist du mein's Vaters gedingter Knecht,
Und schwingst dem Rößlein sein Futter,
So giebt dir mein Vater auch großen Lohn,
Damit laß dir genügen.
Den großen Lohn, den er mir giebt,
Der wird mir viel zu sauer;
Wenn andre zum Schlafkämmerlein gehn,
So muß ich zu der Scheuer.
Des Nachts wohl um die halbe Nacht,
Das Mägdlein begunnt zu trauren;
Sie nahm ihre Kleider untern Arm,
Und ging wohl zu der Scheuer.
Des Morgens da der Tag anbrach,
Die Mutter begunnt zu rufen;
Steh auf, steh auf, du gedingter Knecht,
Und gieb dem Roß das Futter.
Das Futter, das ich ihm geben will,
Das liegt in meinen Armen,
Nächten Abends war ich euer gedingter Knecht,
Euer Eidam bin ich worden.
Daß du mein Eidam worden bist,
Deß muß sich Gott erbarmen!
Ich hab' sie Rittern und Grafen versagt,
Dem Schlemmer ist sie worden!

Dem Schlemmer, dem sie worden ist,
Der kann sie wohl ernähren;
Er trinkt viel lieber den kühlen Wein,
Denn Wasser aus dem Brunnen.

Der uns dies neue Liedlein sang,
Er hat's gar wohl gesungen;
Er ist dreimal in Paris gewesen
Und immer wieder kommen.

Ländlich, sittlich.

(Abele künstliche Unordnung, IV. S. 412. — Alte Buchhändleranzeige von einem Classiker? —)

Ein schönes Jungfräulein, die von geschickten Sitten,
Wird in die Stadt geführt zu Markt auf einem Schlitten,
Der lieblich glänzt und prahlt mit Blumen, Laub und Kraut,
Der schönste Rosmarin beschmückt die junge Braut;
Die Pferde sind geputzt, und freudig ausgezieret
Mit Rosen überall, und der die Jungfrau führet,
Kommt grün bekrönt daher, er treibet nach Gebühr
Die stolzen Hengste fort, sie tanzen für und für.
Beim Schlitten gehn zu Fuß drei und noch vier Jungfrauen,
Die nimmer ihren Leib den groben Gästen trauen;
Die streuen Palmen aus und sonsten ander Kraut
Zur Ehr und süßen Lust der wunderschönen Braut.

So fährt der Schlitten her auf Palmen und Zeitlosen,
Und kehrt sich niemals um, als auf gestreuten Rosen,
So sitzt die junge Braut mit Blumen wohl bestreut,
Dies ist die höchste Ehr in ihrer jungen Zeit.
Fünf Meister wohl geübt, die Stimmen einzuzwingen,
In Flöten, Lautenklang, wenn sie aufs beste klingen,
Die spielen auf der Laut und sonst ein Instrument,
Auf welchen süßen Ton ein jeder kommt gerennt,
Ja alles Volk kommt frisch her zu den Schlitten springen,
Sie schöpfen Freud und Lust aus allen schönen Dingen.
Doch was dem lieben Volk am trefflichsten behagt,
Das ist das schöne Bild, das ist die junge Magd.
Wann dieser Zierrath nun ist auf den Markt gekommen
Und eine Menge Volks den Schauplatz eingenommen,
So tritt der Rufer auf hart bei der jungen Braut
Und fällt die Jungfrau an und ruft so überlaut:
Kommt her ihr jungen Leut, ihr frische junge Knaben,
Wer eine Labung sucht, das Bild das kann ihn laben.
Wer Schönheit sucht, der komm und biete Geld dafür,
Dies ist ein schönes Bild von recht erwünschter Zier,
Kommt hie und kauft das Bild, kommt, kommt ihr jungen Leute,
Hie ist ein Lilienherz, wohl, dem es wird zur Beute!

Sie ist ein Röselein, von keinem nicht gepflückt,
Von niemand angerührt, von keinem unterdrückt,
Sie ist ein rother Mund, sie ist ein ehrbar Wesen,
Sie ist ein schöner Schatz, von tausend auserlesen,
Sie ist ein treues Herz, sie ist ein junger Leib,
Sie ist für euer Lieb ein ehrlich Zeitvertreib,
Sie ist ein wackres Aug und Rosen gleiche Wangen,
Sie ist das schönste Haar, der Menschen Herz zu fangen,
Sie ist ein edel Pfand, das einem frischen Mann
Die ganze Lebenszeit zur Freude dienen kann.
Was ist ein schönes Weib mit lieblichen Geberden?
Es ist ein Paradies, ein Himmel auf der Erden,
Es ist ein Augentrost und eine stete Freud,
Es ist ein sanfter Ort und Port für junge Leut,
Was ist ein häßlich Weib? Ein Ungeheur im Hause,
Medusen=Schlangenhaupt, das immer lebt im Sause,
Wer solcher einmal sich hat ehelich verpflicht,
Wie klar die Sonn auch scheint, doch ist er ohne Licht.
So ruft der Rufer aus, die Jugend tritt entgegen,
Biet Geld, Geld über Geld, weil ihr daran gelegen,
Und wenn man dann zuletzt nicht höhern Vortheil spürt,
Wird dem, ders Meiste biet, die Jungfrau zugeführt.
Und dann ruft alles Volk: ein glücklich langes Leben
Muß Gott der neuen Braut und ihrem Liebsten geben,
Und solches siebenmal, ja endlich setzt sich auch
Der Käufer bei ihr auf nach ihres Lands Gebrauch,

Dann fahren sie zur Kirch und fangen an zu beten,
Wann dieses dann geschehn, so kommt er her getreten,
Umarmet sie, und wenn er sie nach Haus gebracht,
Genießt er drauf mit Lust, wornach er hat getracht.

Schlittenfahrt.

(Eingesandt.)

Daß uns der Winter nicht stät will sein,
Des trauren die Mädlein gar sehre,
Weil uns der Schnee nit bleiben will,
Und ander gut Gesellen mehre.
Heut ist trocken, morgen ist naß,
Da hat uns der Teufel den Winter herbracht;
Der Winter thut sich biegen,
Die Lerchen thun sich schmiegen,
Die Schlitten thun sie üben.

Ach feins mein Lieb, so sei mir hold,
Um Eins will ich dich bitten,
Kauf du mir ein gespiegeltes Roß,
Dazu ein gemalten Schlitten.
So fahren wir mit Schallen,
So fahren wir mit Schallen,
So fahren wir mit Schallen
Die Gäßlein allenthalben,
Feinslieb, laß dirs gefallen.

Ach feins mein Lieb, so spar mich nit,
Ich bin darzu gewachsen.

Nimm nur dein Müfflein in die Hand,
Ich schau dir über die Achsel,
Weiß zugeschneites Osterlamm,
Mein Rößlein rasselt mit dem Kamm,
So fahren wir mit Schallen
Die Gäßlein allenthalben,
Feinslieb, laß dirs gefallen.

Ach feins mein Lieb, nun spitz die Füß,
Wohl auf mit mir zum Tanze,
Zieh mir die Rädlein um und um
Mit deinem Schleppenschwanze;
Und schwenkst du mirs nit in die Sporn,
Setz ich ein Kranz dir auf die Ohr'n,
So fahren wir mit Schallen
Die Gäßlein allenthalben,
Feinslieb, laß dirs gefallen.

Ob einer käm, der murren wollt,
Wir wollen nichts drum geben,
Es muß vorbei gestochen sein,
Und kost es Leib und Leben,
So fahren wir über die Haide,
So fahren wir über die Haide,
So fahren wir über die Haide
Wohl manchem Mann zu Leide,
Feinslieb, ich muß mich scheiden.

Schön Dännerl.

(Fliegendes Blatt.)

Bin ich das schön Dännerl im Thal,
Schleuß Federn;
Da kommen die Jägerbursch all,
Wollens lernen.
Geht nur all ihr Gesellen,
Ihr könnt euch nicht anstellen:
Ich bin das schön Dännerl im Thal,
Und bleib das schön Dännerl allemal.
Bin ich das schön Dännerl im Thal,
Strick Bändlein;
Da kommen die Schreibersbuben,
All wollen tändeln.
Ich laß euch nicht tändeln
Mit meinem Vortuchbändlein. Ich bin ꝛc.
Bin ich das schön Dännerl im Thal,
Eß Zucker;
Da kommen die Schubladenbuben all,
Wollen kucken:
Geht, laßts euch vergehen,
Ich laß euch nichts sehen. Ich bin ꝛc.
Bin ich das schön Dännerl im Thal,
Strick Socken;
Da kommen die Gassenbuben all,
Wollen locken.

Geht, reist, ich mag nicht spielen,
Ihr seid mir zu viele. Ich bin rc.
Bin ich das schön Dännerl im Thal,
Thu gießen;
Da kommen die Schützenbursch all,
Wollen schießen.
Geht, lasset das nur bleiben,
Mein Blumen sind kein Scheiben. Ich bin rc.
Bin ich das schön Dännerl im Thal,
Thu lieben;
Da kommen Studentenbursch all
Mit den Hiebern.
Ja ja ihr meine Herren,
Ich will euch nicht aussperren.
Ich bin das schön Dännerl im Thal,
Und bleib das schön Dännerl allemal.

Bei Nacht sind alle Kühe schwarz.

Bei der Nacht ist so finster im Weg,
Man sieht weder Brücke noch Steg,
Weder Stock noch Stein,
Man stößt sich ans Bein,
Drum geh ich nicht gern allein.
Bei der Nacht ist meine Frau auch so schön,
Bei Nacht mag ich nicht mit ihr gehn,
Bei der Nacht so schön!

Kanns gar nicht verstehn,
Mag halters nicht mit ihr gehn.
  Und wann ich wieder heirathen thu,
So nehm ichs Laternel dazu;
Da sieht man beim Licht
Doch was einer kriegt,
Eine Wüste die mag ich mehr nicht.
  Und wenn ich ein Kindelein krieg,
So muß es so schön sein als ich,
Sonst g'hört es nicht mein,
Ich gehs halt nicht ein,
Es muß wie ich so schön sein.
  Bei der Nacht hat mich oft was gefreut,
Ich denk halt, 's giebt noch mehr so Leut,
Da schläft man in Ruh,
Und deckt sich brav zu,
Es geht, ich weiß selber nicht wuh!

Den dritten thu ich nicht nennen.

(Mündlich.)

Mein Bübli isch e Stricker,
Er strickt e manche Nacht,
Er strickt an einer Haube,
Haube, Haube,
Sisch noch nit ausgemacht.

Von Seiden isch die Haube,
Von Sammet isch die Schnur,
Bisch du ein wackres Mädle,
Mädle, Mädle,
Bind du dein Härle zu.

Ach nein, will sie nit binden,
Wills noch mehr fliegen lahn,
Bis ander Jahr im Sommer,
Sommer, Sommer,
Will zu dem Tanze gahn.

Mit Freuden zu dem Tanze,
Mit Trauren wieder heim,
So geht es jedem Mädle,
Mädle, Mädle,
Und nit nur mir allein.

Dort droben auf jenem Berge,
Da steht ein schönes Haus,
Da schauen alle Morgen,
Morgen, Morgen,
Drei schöne Herren raus.

Der Erst der ist mein Bruder,
Der Zweite geht mich an,
Den Dritten thu ich nicht nennen,
Nennen, nennen,
Der ist euch wohl bekannt.

Und unten an dem Berge,
Da geht eine rothe Kuh.

Wenn sie die Magd thut melken,
Melken, Melken,
Schaun ihr die Herren zu.
Sie thät die Milch verschütten,
Mit Wasser füllt sie zu:
Ach Mutter, liebe Mutter,
Mutter, Mutter,
Die Milch giebt unser Kuh.
Wir wollen die Kuh verkaufen,
So kommt der Gstank vom Haus;
So können hübsch die Herren,
Herren, Herren
Spazieren um unser Haus.
Und drüben an dem Berge,
Da stehn zwei Bäumelein,
Das eine trägt Muskate,
Muskate, Muskate,
Das zweit braun Nägelein.
Muskatennuß sind süße,
Braun Näglein die sind räß *),
Die geb ich meinem Liebchen,
Liebchen, Liebchen,
Daß es mich nicht vergeß.
Hab deiner nie vergessen,
Hab all Zeit an dich gdenkt;

*) Scharf.

Du liegst mir stets am Herzen,
Herzen, Herzen,
Wie d' Ros' am Stiele hängt.

Dort unten auf der Wiese,
Da geht ein Mühlen-Rad,
Das mahlet nichts als Liebe,
Liebe, Liebe,
Vom Abend bis zum Tag.

Das Mühlenrad isch brochen,
Die Lieb hat noch kein End;
Und wann zwei Liebchen scheiden,
Scheiden, scheiden,
So geben sie sich die Händ.

Ach Scheiden über Scheiden,
Isch gar ein bittres Kraut;
Wann ich wüßte, wo es wüchse,
Wüchse, wüchse,
Wollt graben Wurzel raus.

Grab raus, grab raus mit Freuden,
Und nimm sie mit dir heim;
Leg sie in dein Schlafkämmerlein,
Schlafkämmerlein,
So hast du Würzelein.

Bienenlied.

(Fliegendes Blatt.)

Ein Liedlein will ich singen
Vom Honigvögelein,
Die hin und her sich schwingen,
Wo bunte Blumen sein.
Das Völklein in dem Grünen,
Es schmauset auf der Weid,
Ich singe von den Bienen
Auf dieser freien Haid.

Der Winter hält gefangen
Das zarte Jungfernvolk,
Bis daß der Schnee vergangen,
Frost, Schauer, Nebelwolk.
Und wann die Weste stimmen
Nach linder Lenzen Art,
So machen sich die Immen
Auf ihre Blumenfahrt.

Sie ziehen mit der Trummel,
Der Stachel weist das Schwert;
Ihr Brummel und Gehummel
Hat niemand noch gefährdt.
Sie nehmen sonder Morden
Den zarten Blumenraub,
Und ihre Beut ist worden
Der Baum und Blüthen Laub.

Wie sie die Wachsburg bauen
Aus güldnem Pergament,
Kann niemand nicht beschauen,
Ja keines Künstlers Händ
Hat man so sehr bewundert,
Die Zimmerchen so gleich,
Sechseckigt ist gesondert
Das Honigkönigreich.

Man sieht sie friedlich leben
Ohn Eigennutz und Streit,
In steter Mühe weben
Zu Lenz und Winterszeit;
Sie pflegen einzutragen
Der Blumen Saft und Thau,
Und führen mit Behagen
Gesammt den Zuckerbau.

Die Schwalben.

Es fliegen zwei Schwalben ins Nachbar sein Haus,
Sie fliegen bald hoch und bald nieder;
Aufs Jahr da kommen sie wieder
Und suchen ihr voriges Haus.

Sie gehen jetzt fort ins neue Land
Und ziehen jetzt eilig hinüber;
Doch kommen sie wieder herüber,
Das ist einem jeden bekannt.

Und kommen sie wieder zu uns zurück,
Der Baur geht ihnen entgegen;
Sie bringen ihm viel mal den Segen,
Sie bringen ihm Wohlstand und Glück.

Ein Heller und ein Pfenning
Das ist ein kleiner Werth.

(Vier Baurenmädchen sammelten sonst mit diesem Liede von Haus zu Haus einiges Geld, um das Muttergottesbild, welches sie bei Prozessionen trugen, vorher auszuschmücken, in den rheinischen Dörfern Sponheim, Spabrück oder Geillesheim.)

Gott grüß euch all ihr Herren,
Und die darinnen sind;
Gott tröst' die betrübten Seelen,
Die in dem Fegfeuer sind.

Wir sind daher gegangen,
Wir sind daher gesandt;
Wir bettlen für die Krone,
Die noch steht in Himmelshand.

Für einen Schleier heischen wir
Und eine schöne Kron;
Zu Sponheim in der Kirche
Die Maria soll sie han.

Maria Königinne
Sie ist eine reine Magd,
Sie kann gar treulich bitten
Für unsre Missethat.

Ein Heller und ein Pfenning
Das ist ein kleiner Werth;
Maria Königinne
Ist aller Ehren werth.
Wir danken für die Gaben,
Die ihr uns habt gethan;
Gott wirds an euren Seelen
Euch zum Guten lassen stahn.

Von alten Liebesliedern.

(Venusblümlein von Ambrosius Metzger. Nürnberg 1612.)

Spazieren wollt ich reiten
Der Liebsten vor die Thür,
Sie blickt nach mir von weitem
Und sprach mit großen Freuden:
„Seht dort meines Herzens Zier,
Wie trabt er her zu mir.
Trab Rößlein trab,
Trab für und für."
Den Zaum den ließ ich schießen
Und sprengte hin zu ihr,
Ich thät sie freundlich grüßen
Und sprach mit Worten süß:
„Mein Schatz, mein höchste Zier,
Was macht ihr vor der Thür?
Trab Rößlein trab,
Trab her zu ihr."

Vom Rößlein mein ich sprange
Und band es an die Thür,
Thät freundlich sie umfangen,
Die Zeit ward uns nicht lange,
Im Garten gingen wir
Mit liebender Begier;
Trab Rößlein trab,
Trab leis herfür.

Wir setzten uns da nieder
Wohl in das grüne Gras.
Und sangen hin und wieder
Die alten Liebeslieder,
Bis uns die Äuglein naß
Wegen der Kläffer Haß.
Trab Rößlein trab,
Trab, trab fürbas.

Don Juan.

(Vergl. Büschings und von der Hagens Sammlung.)

Ich hatt nun mei Trutschel
Ins Herz nei geschlosse,
Sie hat mir geschworen,
Sie wöll mich net losse,
Da reit mir der Teufel
Den Schulzen sei Hans,
Der führt sie zum Tanz.

So gehts wenn die Mädcher
Zum Tanzboden gehn,
Da muß man bald immer
In Sorgen bei stehn,
Daß sie sich verliebe
In andere Knecht,
So Mädcher sind schlecht.

Es schmeckt mir kein Essen,
Es schmeckt mir kein Trinke,
Und wenn ich soll arbeit,
So möcht ich versinke;
Kurz wenn ich mei Trutschel
Net bald wieder seh,
So muß ich vergeh.

Und wenn ich gestorbe,
Ich lat mich begrabe,
Und lat mer vom Schriner
Zwei Bretcher abschabe,
Und lat mer zwei firige Herzer druf mahle.
Ich kann sie bezahle.

Und lat mer anstimme
Die Sterbegesänge:
„Da leit nu der Esel
Die Quer und die Länge,
Der allzeit gesteckt hat in Liebesaffäre,
Zu Erde muß wern."

Hölzerne Noth.

'S hätt sich mol ener zu mer welle küpple,
Häts Lädel n'in welle krüpple,
Un als er maint er stoht,
Heb ich de Hönd blümbe loth,
Dazu uf et Mist,
Dü Hönd der de bist,
Jetz westa was Gosategeh ist.

Er hätt mi au mol zum Tanz welle führe,
Hätt welle mit mer agire,
Er tanzt wie e Bär so toll,
Mer mänt er hätt sich g'soffe voll,
Der wüst Sapperlot,
Er tanzt wie er goht,
'S is glatt e hölzerne Noth.

Was wäre min Kamerade sahe
Wenn i so e Stumpe nehm?
Gieng i mit am über d'Gaß,
D' Lit hätte de größte Gespaß,
Mit er solche Crot,
'S wär e Schand un e Gespott.

Des Centauren Tanzlied.

(Christoph Demantius, sieben und siebenzig Tänze. Nürnberg. 1601.)

Schau gut Gesell, was führ ich allhier
Schau, was führe ich allhier?

Ein fein braun Mägdlein,
Guter Ding nach meinem Begier,
Wir wollen fein miteinander sein.
Drum sing mir bald ein kleines Tänzlein,
Ja ein kleines Tänzlein,
Ich will dirs lohnen
Und dir bringen das Jungfräulein,
Du mußt ihr aber wohl verschonen.
Gleich wie ein hurtig Rösselein trabt,
Ja ein Rösselein trabt,
Leis unbeschlagen,
Also dies Mägdlein zu Tanz gaht
Und springet, hüpfet ohn Verzagen.

Nachtanz.

Schau wie er trabt der wackre Gaul,
Auf scharfe Sporn thut er nit harren;
Stroh, Heu dient gar nit für sein Maul,
Bei ihm kann man das alles sparen.
Ein reichen Herrn muß es traun han,
Der es allzeit so wohl mag warten,
Der dies Rößlein fein zäumen kann,
Zu reiten es in seim Lustgarten.

Der Brunnen.

(Mitgetheilt von Frau von Patberg.)

Hab ein Brünnlein mal gesehen,
Draus thät fliessen lauter Gold,
Thäten dort drei Jungfern stehen,
Gar so schön und gar so hold.

Thäten all so zu mir sprechen:
Trinkst du aus dem Brünnelein,
Kriegt dich einer bei dem Kragen,
Wirft dich in den Brunnen n'ein.

Ihr schön Jungfern kühnlich glaubet,
Will den Durst nicht löschen hier,
Wenn die schönste mir erlaubet
Einen zwoten Kuß allhier.

Diese mit den schwarzen Augen
Küß ich gern, trau aber nicht;
Sie kann nur zum Zanken taugen,
Aber zu der Liebe nicht.

Diese mit den grauen Augen,
Diese falsche mag ich nicht;
Kann allein zum Roppen taugen,
Kratzt den Buhlen ins Gesicht.

Diese mit den blauen Augen,
Diese küß ich gar zu gern;
Diese kann zur Liebe taugen,
Diese gleicht dem Morgenstern.

Ein warmes Stüblein.

(Altes Musikbuch.)

Wann ich des Morgens früh aufstehe,
So ist mein Stüblein geheitzet,
So kommt mein Lieb und beut mir einen guten Morgen.
Ein guter Morgen ist bald dahin,
Gott geb meiner Lieb ein steten Sinn,
Dazu ein fröhlich Gemüthe.

Verlobung.

(Greflingers Rosen und Dörner, Hülsen und Körner. Hamburg 1655.)

Haben die Götter es also versehen,
Liebet euch lieblich, ich willige zu,
Wollet euch ehrlich und ehlich begehen,
Mehren und ehren in lieblicher Ruh.

Wiederhall.

(Musikalischer Zeitvertreiber. Nürnberg 1609. XLII.)

In diesem grünen Wald
Wir wollen fröhlich singen,
Hört wie es wiederhallt
Und fröhlich thut erklingen.
Ach wie ein Lieblichkeit
Und holdseliges Leben

Die schöne Sommerzeit
Und helle Sonn thut geben.
Dieweil die Vögel all
In Luft und Freuden schweben;
Voraus die Nachtigall
Ihr Stimmlein thut erheben.
Warum soll uns denn nicht
Der Sang aus uns erfreuen;
Hört Echo widerspricht
Und will uns überschreien.
Der Herr vom Himmelsthron
Woll seine Gnade geben,
Daß wir den Sommer schon
Öfter mit Freud erleben.

Der wohlgezogene Knecht.

Es gieng ein wohlgezogner Knecht
Wohl über die breite Aue,
Da sah er einen schönen Tanz
Von adlichen Jungfrauen;
Den Tanz den wollt er schauen.
Da sprach der wohlerzogne Knecht:
„Gott grüß euch Jungfraun alle!“
Da sprach das Fräulein Rosenthal:
„Daß dir ein Ohr abfalle,
Eh ich dir wohlgefalle.“

Da sprach der wohlerzogne Knecht:
„Ihr seid eine grobe Maide.“
Da sprach das Fräulein Rosenthal:
„Du bist hier auf der Weide
In deinem groben Kleide.“

Da sprach der wohlerzogne Knecht:
„Die Rosen immer stechen!“
Da sprach das Fräulein Rosenthal:
„Laß die zum Kranz mir stehen,
Dir Nesseln wohl anstehen.“

Da sangen die Jungfräulein all:
„Ja Nesseln mußt du schneidrn,
Die Rosen in dem Rosenthal
Die thust du nur abweiden,
Wir tanzen drin mit Freuden.“

Abschiedsklage.

(Bragur I. 170.)

Ach in Trauren muß ich leben,
Ach! wie hab ichs denn verschuldt?
Weil mirs hat mein Schatz aufgeben,
Muß ichs leiden mit Geduld.

Vater und Mutter die wollens nicht leiden,
Gelt mein Schatz, das weißt du wohl?
Du hast Recht in allen Sachen,
Kannst dein Glück noch besser machen,
Weil ich dich nicht kriegen soll.

Rosmarin und Lorbeerblätter
Verehr ich dir zu guter lezt,
Das soll sein das lezt Gedenken,
Weil du mich nochmals ergözt.

Es sind zwei Stern an dem Himmel,
Leuchten wie das klare Gold,
Der eine leucht zu meim Schätzchen,
Der andre durch das finstre Holz.

Sind wir oft beisammen gesessen
Manche schöne halbe Nacht,
Haben wir oft den Schlaf vergessen
Und mit Lieben zugebracht.

Morgens wenn ich früh aufstehe,
Ist mein Schatz schon aufgeputzt;
Schon mit Stiefeln, schon mit Sporen
Giebt er mir den Abschiedskuß!

Schön bin ich nicht.

(Schöne Lieder Henrici Finkeis. 1536.)

Schön bin ich nicht, mein höchster Hort,
Laß mich das nicht entgelten,
Lieb gilt für schön an manchem Ort,
Lieb soll vor aller Schönheit gelten.
Schön bin ich nicht, acht das gar klein,
Lieb thut all Ding bezwingen,
Lieb zwingt die Schönheit ganz allein,
Kann sie allein besingen:

„Ihr findet in Geschichten
Vom Fisch Delphin genannt,
Kein Netz hält ihn mit nichten
Und zieht ihn an das Land,
Allein durch lieblich Singen
Thut man ihn also zwingen,
Daß er kommt selbst ans Land.
Zum wunderbaren Zeichen
Auch die Waldvögelein
Ihr Herzelein erweichen
Einander insgemein,
Mit lieblichem Gesange,
Das währet alsolange,
Bis sie vereinigt sein.“

Himmelsboten zu Liebchens Himmelbett.

Der Mondschein der ist schon verblichen,
Die finstre Nacht ist hingeschlichen;
Steh auf du edle Morgenröth',
Zu dir all mein Vertrauen steht.
Phöbus ihr Vorbot wohlgeziert
Hat schon den Wagen angeschirrt;
Die Sonnenroß sind vorgespannt,
Der Zügel ruht in seiner Hand.
Ihr Vorbot, der Don Lucifer,
Schwebt allbereits am Himmel her,

Er hat die Wolken aufgeschlossen,
Die Erd mit seinem Thau begossen.
O fahrt vor ihr Schlafkämmerlein,
Weckt leis die süße Liebste mein;
Verkündet ihr, was ich euch sag,
Mein'n Dienst, mein'n Gruß, ein'n guten Tag.
Doch müßt ihr sie fein züchtig wecken,
Dabei mein heimliche Lieb entdecken;
Sollt sagen, wie ihr Diener wacht
So kummervoll die ganze Nacht.
Schaut an für mich die gelbe Haar,
Ihr Hälslein blank, ihr Äuglein klar;
Küßt ihr für mich den rothen Mund,
Und wenn sie's leid't die Brüstlein rund.

Armer Kinder Bettlerlied.

(Fliegendes Blatt.)

Es sungen drei Engel einen süßen Gesang,
Mit Freuden es im Himmel klang;
Sie jauchzten fröhlich auch dabei,
Daß Petrus sei von Sünden frei,
Von Sünden frei.
Denn als der Herr Jesus zu Tische saß,
Mit seinen zwölf Jüngern das Abendmahl aß,
So sprach der Herr Jesus: Was stehest du hier,
Wenn ich dich ansehe, so weinest du mir,
So weinest du mir.

Ach! sollt ich nicht weinen du gütiger Gott!
Ich hab übertreten die zehen Gebot;
Ich gehe und weine ja bitterlich,
Ach komm, erbarme dich über mich,
Ach über mich!

Hast du dann übertreten die zehen Gebot,
So fall auf die Knie und bete zu Gott,
Und bete zu Gott nur allezeit,
So wirst du erlangen die himmlische Freud,
Die himmlische Freud.

Die himmlische Freud ist eine selige Stadt,
Die himmlische Freud die kein End mehr hat;
Die himmlische Freude war Petro bereit,
Durch Jesum und allen zur Seligkeit,
Zur Seligkeit.

Abendsegen.

(Mündlich.)

Der Tag hat seinen Schmuck auf heute weggethan,
Es ziehet nun die Nacht die braunen Kleider an,
Und deckt die Welt in angenehmer Ruh
Mit ihren Schatten zu.

Wohlan ich suche nun auch meine Lagerstatt,
Worauf der müde Leib sich zu erquicken hat,
Und wo der Geist geruhig und vergnügt
In süßer Stille liegt.

Ein gut Gewissen wird mein Abendsegen sein,
Die Unschuld machet mich von aller Falschheit rein,
Mein Herz ist treu, wer anders von mir spricht,
Der kennet mich noch nicht.

So kleide dich nun aus, mein ungebundner Sinn,
Durch dich leg ich vergnügt die Sorgenkleider hin;
Die Brust ist frei, die Kummer und Verdruß
Bei andern quälen muß.

Ein froh Gemüthe soll mein saubres Nachtzeug sein,
In solchem schlaf ich sanft und ohne Schwermuth ein;
Und machte mir auch was Melancholei,
So schwebt sie doch vorbei.

Der Himmel wacht bei mir, sein Auge das mich kennt,
Muß mir die Lampe sein, die mir zum Troste brennt;
Und weil das Öl der Gnade nie gebricht,
Ach so verlöscht sie nicht.

Die süßre Hoffnung ist auf meinen Dienst bereit,
Die lauter Rosen mir zum Ruhebette streut;
Und die Geduld deckt mich mit Myrthen zu,
So schön ist meine Ruh.

Zum Schlafgesellen nehm ich die Vergnügung an,
Die drück ich an mein Herz, so fest ich immer kann,
Man schläft, wenn so ein Schatz in Armen liegt,
Unmöglich mißvergnügt.

Und treibt ihr Träume ja ein Sinnenspiel mit mir,
So stellt in süßer Ruh mir meine Freundin für;

Vielleicht wird das, was jetzt ein Schatten ist,
Noch in der That geküßt.
Nun dir befehl ich mich, du angenehme Nacht,
Und wenn das Morgengold am frühen Himmel lacht,
So werde doch dem Herzen das geschenkt,
Worauf es schlafend denkt.

Bildchen.

Auf dieser Welt hab ich keine Freud,
Ich hab einen Schatz und der ist weit,
Er ist so weit, er ist nicht hier,
Ach wenn ich bei meim Schätzchen wär!

Ich kann nicht sitzen und kann nicht stehn,
Ich muß zu meinem Schätzchen gehn;
Zu meinem Schatz da muß ich gehn,
Und sollt ich vor dem Fenster stehn.

„Wer ist denn draussen, wer klopfet an,
Der mich so leis aufwecken kann?"
„Es ist der Herzallerliebste dein,
Steh auf, steh auf und laß mich rein!"

„Ich steh nicht auf, laß dich nicht rein,
Bis meine Eltern zu Bette sein;
Wenn meine Eltern zu Bette sein,
So steh ich auf und laß dich rein."

„Was soll ich hier nun länger stehn,
Ich seh die Morgenröth aufgehn;

Die Morgenröth, zwei helle Stern,
Bei meinem Schatz da wär ich gern."

Da stand sie auf und ließ ihn ein,
Sie heißt ihn auch willkommen sein;
Sie reicht ihm die schneeweiße Hand,
Da fängt sie auch zu weinen an.

„Wein nicht, wein nicht mein Engelein!
Aufs Jahr sollst du mein eigen sein;
Mein eigen sollst du werden gewiß,
Sonst keine es auf Erden ist.

Ich zieh in Krieg auf grüne Haid,
Grüne Haid die liegt von hier so weit,
Allwo die schönen Trompeten blasen,
Da ist mein Haus von grünem Rasen.

Ein Bildchen laß ich malen mir,
Auf meinem Herzen trag ichs hier;
Darauf sollst du gemalet sein,
Daß ich niemal vergesse dein."

Liebeswünsche.

Auf dieser Welt hab ich kein Freud,
Ich hab ein Schatz und der ist weit;
Wenn ich nur mit ihm reden könnt,
So wär mein ganzes Herz gesund.

Frau Nachtigall, Frau Nachtigall!
Grüß meinen Schatz viel tausendmal;

Grüß ihn so hübsch, grüß ihn so fein,
Sag ihm, er soll mein eigen sein.

Und komm ich vor ein Goldschmidshaus
Der Goldschmid schaut zum Fenster raus;
Ach Goldschmid, liebster Goldschmid mein!
Schmied mir ein feines Ringelein.

Schmied's nicht zu groß, schmied's nicht zu klein,
Schmied's für ein schönes Fingerlein;
Auch schmied mir meinen Namen dran,
Es solls mein Herzallerliebster han.

Hätt ich ein Schlüssel von rothem Gold,
Mein Herz ich dir aufschliessen wollt,
Ein schönes Bild das ist darein,
Mein Schatz es muß dein eignes sein.

Wenn ich nur ein klein Waldvöglein wär,
So säß ich auf dem grünen Zweig;
Und wenn ich genug gepfiffen hätt,
Flög ich zu dir, mein Schatz, ins Reich.

Wenn ich zwei Taubenflügel hätt,
Wollt fliegen über die ganze Welt;
Wollt fliegen über Berg und Thal,
Hin wo mein Herzallerliebster wär.

Und wann ich endlich bei dir wär,
Und du redst dann kein Wort mit mir;
Müßt ich in Trauren wieder fort,
Adje mein Schatz, adje von dir.

Unseliger Kreislauf.

Wohl täglich will erscheinen
Die schöne Morgenröth;
Den Thau muß nieder weinen,
Die weiß bekleidet geht,
Luna ist sie genannt;
Schneeweiß thut sie uns leuchten,
Macht uns den Tag bekannt.

Und über ihr in Wonne
Phöbus mit Gold bekleid't,
Das ist die Liebessonne,
Die alle Welt erfreut;
Jedoch ihr klarer Schein
Soll mich nicht gar abwenden
Wohl von dem Trauren mein.

Hört auf ihr Sturmwind alle,
Die wehn vom Himmelsschild,
Mir ist in Sinn gefallen
Ein adeliches Bild;
Höflich und tugendreich,
Selbst Absalon muß weichen,
An Schönheit ihm nichts gleich.

Orpheus, der konnte zwingen
Die wilde Thier im Wald,
Sein Harfen und sein Singen
Lockt sie zusammen bald;

Das Wild in Fels und Stein
Hört wohl das tiefe Klagen
Und große Trauren mein.
  Süß Orpheus Saiten hallen,
Und bitter meine Stimm
In armer Lieb muß schallen;
O Venus, laß den Grimm
Durch Lieb des Buhlen dein,
Send meinem kranken Herzen
Doch bald der Hülfe Schein.
  In mir hört man stets schlagen
Ein unruhige Uhr,
Und jeder Schlag will klagen
Um spröde Schönheit nur;
Hoffnung die Uhr zieht auf,
So geht sie ewig, ewig
Den schmerzlich bittern Lauf.
  Es rennen alle Bronnen
Zusammen in das Meer,
Und sind sie hingeronnen,
So kehren sie daher;
So auch die Seufzer mein
Ziehn aus betrübtem Herzen
Und kehren wieder drein.
  Und sterbend schon in Leiden
Bitt ich dich auch allein,

Du wollst mein Herz ausschneiden
Und legen in einen Stein;
Damit anzeig ich blos,
Daß dich ein Stein geboren,
Und nicht des Weibes Schooß.
Für's andre lasse bauen
Ein Gitter ob dem Stein,
Daß jeder könne schauen
Das elend Herze mein,
Dem Amor vor der Zeit
Durch Lieb und heimlich Leiden
Genommen all sein Freud.
Zum dritten ich begehre,
Begleite mich ins Grab,
Ein Kränzlein mir verehre
Von bitterm Kraut Schabab;
Lebwohl dies Kraut bedeut,
Drum wird es auch wohl billig
An meinen Leib gestreut.
Zulezt ich noch begehre,
Daß du mir trauren sollt
In Veilbraun mir zur Ehre,
Der Farbe war ich hold;
Trug sie im Leben mein,
Veilbraun will nichts bedeuten,
Als Lieb und heimlich Pein.

In der wüsten Haide.

Allhier in dieser wüsten Haid
Wohnt keine Seele weit und breit,
Die wilden Thier allein,
Die seh ich selbst Mitleiden tragen,
Die Vögel traurig sein
Und mich mit schwacher Stimm beklagen;
Die kalten Brunnen stärker fließen,
Viel Thränen gleichfalls zu vergießen.

Nein, Wälder, Wiesen, Feld und Thal
Hör ich beklagen meinen Fall,
Sie fühlen meine Pein;
Die Schafe wollen nicht mehr weiden,
Du Delia allein
Wirst nicht bewegt durch meine Leiden,
Du Wonn und Zier der Schäferinnen,
Du strenge Fürstin meiner Sinnen.

Und laß ich diese grüne Welt,
Ist meine Treu doch fest gestellt,
Die Liebe mein zu dir
Hab ich an manchen Baum geschnitten,
Da liest man für und für,
Was ich für Angst und Pein erlitten;
So lang Arkadia wird stehen,
Soll auch mein Name nicht vergehen.

Es tritt Diana selber hin,
Mein Grab zu machen in dem Grün,
Die Göttin Flora geht,
Sich nach Violen umzuschauen,
Mein Leichstein ist erhöht,
Darein die Nymphen werden hauen:
„Hier hat den Geist dahin gegeben,
Den seine Liebste bracht ums Leben.“

Des guten Kerls Freierei.

Einstens da ich Lust bekam,
Mir zu freien eine Dam,
Und sie freundlich fragte,
Ob ich ihr auch wohl gefiel:
Wahrlich nicht besonder viel!
Sie gar spöttisch sagte.

Ich sprach wieder: bin ich nicht
Ein gut Kerle? gebt Bericht.
Drauf fragt sie mich wieder:
Was dann ein gut Kerle wär?
Ich sprach: Setzt euch unbeschwert
Etwas zu mir nieder.

Für das Erst so bin ich recht
Und von ehrlichem Geschlecht,
Hab auch aller Orten
Mich geübt von Jugend auf

Nach der Welt Gebrauch und Lauf,
Daß ich groß bin worden.
Habe auch nicht viel studiert,
Bin nicht schön von Leib geziert,
Auch nicht reich von Gelde;
Dennoch bin ich auch nicht dumm,
Blind, lahm, sprachlos oder krumm,
Sondern frisch zu Felde.
Zu der Kaufmannschaft und auch
Zu dem Handwerk ich nicht taug,
Sondern mich ernähre
Mit dem Degen und Pistol,
Und von meinen Feinden hol
Ich, was ich begehre.
Ich hör gern der Armen Bitt,
Hab ich was, so theil ich mit;
Ich spendir die Heller
Auf ein gut Pferd und Gewehr,
Schenkt mir Gott noch Etwas mehr,
Schick ichs nach dem Keller.
Auch lieb ich der Musik Klang,
Stimm gern ein in den Gesang
Wackerer Gesellen;
Ich verderb kein gut Gelag,
Bei der Burst mich lustig mach,
Pfleg mich frisch zu stellen.

Esse gern was Gutes auch,
Immer hab ich den Gebrauch,
Ein gut Kleid zu tragen.
Ich bin fromm, so lang ich kann,
Wo nicht, pfleg ich mich alsdann
Frisch herum zu schlagen.

Jedem laß ich seine Ehr,
Liebe junge Mädchen sehr,
Thu mich auch befleißen,
Weil ich nicht bin schön und fein,
Daß ich doch möcht freundlich sein,
Dienste zu erweisen.

Werbe auch um ihre Gunst,
Seh ich, daß es ist umsonst,
Ich darum nicht zürne;
Ist die Jungfer stolz von Sinn,
Laß ich sie und mach mich hin
Zu der Bauerndirne.

Weil ich, wie ich dafür halt,
Nicht zu jung bin, noch zu alt,
Will ich mich umschauen,
Daß ich nicht allein mehr schlaf,
Sondern mir zum Weib verschaff
Eine schön Jungfraue.

So ein gut Kerl bin ich nun,
Bitt, wollt mir zu wissen thun,

Wie ich euch gefalle;
Sonst sollt ihr versichert sein,
Ich will lieben euch allein
Für das andre alle.

Wollt ihr nun, so ist es klar,
Und wir werden bald ein Paar.
Drauf spricht sie gar sachte:
Ihr mögt mir nach allem Schein
Gar ein guter Kerle sein;
Schmunzelt drauf und lachte.

Als die Antwort ich bekam,
Ich sie in die Arme nahm,
Küßt sie eins und fragte:
Was der Abschied endlich wär.
Komme morgen wieder her,
Sie gar freundlich sagte.

Ich schwör so wahr, als ich bin
Ein gut Kerl und geb euch hin
Meine beiden Hände,
Daß wie ein gut Kerle ich
Euch will ganz beständiglich
Lieben bis ans Ende.

Wir verstehen sie nicht.

Ein Schneider hätt ein böses Weib,
Vorwitzig, stolz, doch fein von Leib,

Sehr eigenwillig, frech und steil,
Trug ihre Ehr auch ziemlich feil,
Stets ihrem Mann zuwider lebte,
In allem Guten widerstrebte;
Kein Ding er ihr befehlen kunnt,
Allzeit sie das unrecht verstund.
  Sie sollt ihm einstens bringen Wachs,
Da kam sie heim und brachte Flachs;
Noch einmal schickt er sie nach Zwirn,
Da brachte sie statt dessen Birn.
Sie sollte weisse Seide holen,
Sie brachte Saiten unbefohlen;
Sie sollt ihm holen eine Scheer,
Sie bracht daher viel Schweineschmeer.
  Er sprach einmal zu ihr mit Fleiß:
Mach eilends mir ein Eisen heiß;
Sie ließ ein Eisen machen bald,
Der Schmid brachts hin, da war es kalt.
Er sprach: ich hab zuvor gnug Eisen,
Ich hab kein neues machen heißen;
Mein Weib mich nimmer recht versteht,
Mit allem sie den Krebsgang geht.
  Einst sprach er: gieb mir her die Ell,
Da bracht sie ihm Lissabonisch Öl;
Mehr sagt er: dieses Kleid zertrenn,
Und sie verstand: das Kleid verbrenn.

Alsbald warf sie dasselb ins Feuer,
Das kam dem Schneider gar sehr theuer;
Er hieß sie bringen ander Tuch
Zum Kleid, sie aber bracht ein Buch.
Er hieß sie früher aufzustehn,
Zur Predigt in die Kirch zu gehn,
Die Kinder überbringen hin
Zur Schule, was zu lernen drin.
Die Kinder in die Kirch sie führte,
Sie aber in der Schul studierte;
Einst folgt er ihr nach auf dem Fuß,
Und sah was, das ihm bracht Verdruß.
Als sie zu Hause wieder kam,
Geschwind er die Flachshechel nahm,
Schlug ihr damit den Kopf und Leib.
O weh! was thust du, sprach das Weib.
Er sprach: Ich muß mich nur bemühen,
Den Flachs fein durch die Hechel ziehen;
Sie rief: o weh, weh meine Stirn!
Er sprach: ich speise dich mit Birn.
Sie rief: o weh, mein Rück und Seit!
Er sprach: wie klingt die Zittersait?
Sie schrie: schlag mich doch nicht so sehr,
Er sprach: das Leder darf viel Schmeer.
Sie bat: er sollt ihr Gnad erweisen,
Er sprach: ich schmied ein neues Eisen;

Sie schrie: o daß es Gott erbarm!
Er sprach: es ist noch nicht recht warm.
  Sie rief: ich geb auf meine Seel,
Er sprach: ich heil dich mit dem Öl;
Sie bat: vergieb mirs nur diesmal,
Er sagte: mir dies Kleid bezahl.
Sie sprach: die Schuld will ich bekennen,
Er sprach: das heißt mirs Kleid verbrennen;
Sie sprach: hört auf, ich schaff euch Tuch,
Er sprach: ich les' in deinem Buch.
  Sie sprach: erwürge mich nicht gar,
Er sprach: o nimm die Kirch fürwahr
Und lerne da, nicht in der Schul,
Sie sprach: ich hab da keinen Stuhl.
Er sprach: sollst du die Predigt hören,
So läßt du dich Studenten lehren;
Sie sprach: es soll nicht mehr geschehn,
Er sprach: ich kann dich nicht verstehn.
  Also ein böses Weib wohl kann
Bös machen einen frommen Mann;
Hat diese Frau durch Schläge sich
Bekehrt, das soll fast wundern mich.
Denn man schlägt wohl raus einen Teufel,
Sechs aber drein ohn allen Zweifel;
Doch die dem Mann nicht folget bald,
Die soll er schlagen warm und kalt.

Maushund.

(Musikalischer Zeitvertreiber. Nürnberg bei Kaufmann 1609.)

Ein Maushund kam gegangen
Von einem hohen Dach;
Der Kürschner wollt ihn fangen,
Zog ihn bald hinten nach.
Thät ihn beim Schwanz ergreifen,
Die Katz fing an zu pfeifen,
Pfuch, pfuch, pfuch, miau, mau mau.

Da sagt er zu der Katzen: Miau,
Mach kein Geschreien,
Magst mich erfreuen;
Allein dein Balg
Mir wohl gefallt,
Den wird es dich jetzt kosten,
Denn er ist ziemlich alt.

In ihren großen Nöthen
Sprach die Katz: Mau,
Der Kürschner will mich tödten,
Mau mau, er nahm mir einmal ein Kind,
Darzu ein langes Messer, damit er schindt.
Und wenn der Kürschner will tanzen,
So nimmt er die Katz beim Schwanzen.

Ein hübsch Lied, genannt der Striegel, gar lustig zu singen und zu lesen in des Lindenschmids Ton.

(Fliegendes Blatt, gedruckt zu Zürich, bei Augustin Fries. 1530.)

Zu Constanz saß ein Kaufmann reich,
Der hat ein Fräulein war wonnigleich,
Denn sie war hübsch und kluge,
Sie hatt' ein Doktor gar zu lieb,
Groß Lieb sie zammen trugen.

Die Liebe die war offenbar
Und währt gar noch wohl sieben Jahr,
Der Kaufmann ward ihr innen:
„Erfahr ich dann die rechte Mähr,
Du magst mir nit entrinnen.“

„O Fräulein, mir ist Botschaft kommen,
Ich darf mich auch nit länger säumen,
Muß reiten in fremde Lande;
Nun halt dich wohl und halt dich recht,
Daß wir nicht kommen zu Schande.

Nun halt dich wohl und halt dich recht,
Gedenk an unser beider Geschlecht,
Wir haben fromm Vater und Mutter,
Dazu ein kleines Schwesterlein,
Halt mirs in guter Hute.“

Er reit zum obern Thor hinaus,
Zum untern reit er wieder hinein zu Haus,

Des Abends also spate;
Er reit vor seiner Freunde Haus:
„Gebt mir ein guten Rathe."
„Ein guten Rath den geben wir,
Bleib hier bis an den Morgen früh,
Du hast ein eigen Hause;
Drinn hast du ein Badstüblein warm,
Da lebt der Doktor im Schmause."
Der Kaufmann trat fürs Schlossers Haus:
„Und bist du drin, so tritt heraus,
Ein Striegel gut ich möchte."
Er bracht daher wohl zehen Paar,
Es war ihm keiner rechte.
„Mach mir ein Striegel in einer Stund,
Ich geb dir drum ein baares Pfund,
Mach mir ihn scharf und härte;
Mach Zähn dran eines Fingers lang,
Ich hab zwei freche Pferde."
Der Schlosser dacht in seinem Muth:
Was meint er mit dem Striegel gut?
Er hub ihn an zu machen;
Manch Bürger vor sein Laden trat,
Und thät des Striegels lachen.
Der Kaufmann war ein weiser Mann,
Sein Sachen griff er weislich an,
Gieng ins Badstüblein warme,

Sein ehlich Fräulein fand er da
Dem Doktor in seim Arme.

Da er schritt in das Badstüblein,
War da bereit gut Brod und Wein
Mit andern guten Dingen;
Die zwei die saßen im Wasserbad,
Das Fräulein thät entrinnen.

Er striegelt den Doktor also hart
Von unten an bis auf den Bart,
Das Blut thät ihm abfließen;
„Hör auf mein lieber Kaufmann gut,
Laß mich mein Sünd hie büßen."

Es währt wohl auf ein halben Tag,
Man legt den Doktor in das Grab,
Das Rauchfaß thät man ihm bieten;
Ein Fräulein zu dem andern sprach:
Vor dem Striegel wolln wir uns hüten.

Dieß Lied ist gemacht mit hohem Fleiß,
Vorm Striegel hüt dich, bist du weis;
Daß dir nicht misselinge;
Es sangs ein freier Schreiber gut,
Vor Freud thät er aufspringen.

Ein Striegel für den Kritikus,
Der diesem Buch giebt falschen Kuß,
Der liegt bei meinem Zimmer;
Er ist gemacht mit hohem Fleiß,
Vorm Striegel hüt dich, bist du weis.

Neit du und der Teufel.

(Eingesandt.)

Der Schiffmann fährt zum Lande.
Wem läutet man so sehr?
Wem singt man also sanfte
Zu seiner letzten Ehr?
Die Jungfern sieht er heben
Wohl einen schönen Kranz,
Zum Sterben oder Leben,
Es war ein schwerer Gang.
Der Gang der war so schwere
Zu seiner Liebsten Haus;
Ob sie gestorben wäre,
Oder eins andern Braut.
Er fand sie auf dem Kämmerlein,
Da sie die Haar aufbund.
„Gott grüß dich, o mein Engelein,
Daß ich dich seh gesund.“
„Ich hab mir lassen sagen,
Du nähmst den Bändersknab;
So gieb du mir die Treuheit,
Die ich dir geben hab.“
„Ich weiß von keiner Treuheit,
Ich weiß von keinem Geld;
Der Reiter soll mich holen,
Wenn ich von Treuheit weiß.“

Da stehts an bis den dritten Tag,
Als da die Hochzeit war,
Da kam ein stolzer Reiter,
Der setzt sich oben an.
„Nun eßt und trinkt ihr Jungfern,
Ich kann nicht fröhlich sein."
Trompeten und Schalmeyen
Die gehen insgemein.
Das erste, das er thäte,
Den Tanz wohl mit der Braut;
Er schwenkt sie dreimal r'umme,
Damit zur Thür' hinaus.
Sie kamen über ein' Haide,
Ein Land, es war wohl breit.
Der Hals war ihr zerbrochen,
Die Seel war eigen sein.

Ob sie von sonder — von sonderlichem Brod esse?

(Christoph Demantius Tänze. Nürnberg 1601.)

Nun freue dich mein Herzelein, der Sommer,
Der Sommer der bricht an;
Weiche alle Traurigkeit,
Und kehr wieder Fröhlichkeit
Mir und dir ohn Unterlahn.
Die Haide grünt und trägt nun so schöne
So schöne Blümelein,

Und von diesen Blümlein allen
Thust du mir gar wohlgefallen,
Ach zart liebes Jungfräulein!
Schau ich dich an, du däuchst mir viel schöner,
Viel schöner noch jetzund,
Als zuvor, wo kömmt dies her?
Sag mirs, das ist mein Begehr,
Lieblein zart zu jeder Stund!
Ißt du etwa mein Liebchen von sonder —
Von sonderlichem Brod?
Oder macht es dein Gebet,
Daß dir alles wohl ansteht?
Auch bist so weiß und roth.

Schlesisches Gebirgshirtenlied.

(Hagen und Büschings Volkslieder.)

Ich ging ins Väters Gärtela,
Ich läht mich nider ä schlief;
Da träumte mir ä Träumila,
As schneit es über mich.
Un do ich nu erwachte,
Do wär es aber nich,
So wärens rutha Rufelä,
Die blühta über mich.
Ich brähch mir anes äbe
Zu anen Ehrenkranz;

Ich nähms der Liebsta mitte
Zu anen Ehrentanz.
An do der Tanz im Besta war,
Do war däs Giga aus,
Do soll ich m'r nu mein Schatz heimsühre,
An hähs kein ehga Haus.
A Häusla will ich mir baua
Von Ruhs an Rosmarin;
An will mirs wohl bestecka
Mit ruthan Ruislanschien.
Un wenn ich's nu war fert'g han,
Beschar mir Gott was 'nein,
Das ich zu jauhr känn spreche:
Das Häusla das ist mein!

Die hohe Unterhändlerin.

(Büschings und van der Hagens Volkslieder. S. 89.)

„Schwing' dich auf, Frau Nachtigall, geschwinde,
Vor meines Liebsten Fensterlein dich finde;
Sing' ihm das Lied, welches ohn Beschweren
Wir erdacht, mein'm Schatz zu Ruhm und Ehren."
„„Ich komm' her von eurer Schönen, Zarten,
Welche mich aus ihrem Rosengarten
Sendet zu euch sammt einem Kranz geringe,
Den ich euch von ihrentwegen bringe.""
„„Glück und Heil sie wünscht von Herzensgrunde
Ihrem Schatz zu jeder Zeit und Stunde,

Ihr zartes Herze ist gar sehr besessen,
Sie kann ihres Liebsten nicht vergessen.““
„„Je länger, je lieber heißt ein Blümelein,
Daraus hat sie gemacht das Ehrenkränzelein,
Augentrost ist darunter gemenget,
Vergißmeinnicht mit eingesprenget.““
„„Auch ist so viel Ehrenpreiß darinnen,
So werdet ihr des Wohlgemuthes innen;
Der Kranzbügel ist mit Ehren gewunden,
Ein treues Herzelein hat ihn gebunden.““
„„Merkt noch mehr, was sie mir hat befohlen,
Das sag' ich euch ganz frei und unverhohlen:
Ohn' Antwort soll ich nicht wieder kommen,
Darum merkt wohl, was ihr von mir vernommen.““ —
„Fleißig hab' ich dein' Botschaft verstanden,
Antwort soll auch sein bei mir vorhanden;
Schwing' dich auf mit deinem zarten Gefieder
Und grüße mir mein tausend Herzelein wieder.“
„Nichts liebers hätte sie mir können schicken,
Dadurch sie thät mein junges Herz erquicken,
Als das Kränzelein mit den schönen Blumen,
Die man sonsten selten thut bekommen.“
„Ein Demant, ein Stein gar hart und theuer,
Welchen doch verzehren kann das Feuer,
Ist kaum meinem Herzen zu vergleichen,
Doch thät es das Kränzelein erweichen.“

„Von mir sag' dem allerschönsten Herzen
Eitel Freud' und Wonn' ohn' alle Schmerzen;
Thu ihr für das Geschenk großen Dank sagen:
Fröhlich bin ich, weil sie mir ist gewogen.?"
„Sprich, ich will ihr'r wieder nicht vergessen,
Ob ich mich gleich nicht kann hoch vermessen!
Schwing dich auf, sag' ihrem rothen Mund:
Gute Nacht, Glück, Heil zu aller Stund."

Der Abschied im Korbe.

(Mündlich.)

Er. Wo gehst du hin Stolze,
Was hab ich dir gethan,
Daß du vorbei thust gehen,
Und schaust mich gar nicht an?
Du schlägst die Äuglein nieder
Und schaust nicht zu mir her,
Wie wenn ich deines Gleichen
Niemals gewesen wär.
Sie. Der Abschied ist geschrieben,
Das Körblein ist gemacht;
Wärst du bei mir geblieben,
Hätt ich dich nicht veracht.
Er. Nimm du das Körblein mit nach Haus
Und leg den Abschied nein;

Hinführo aber lasse brav
Das falsche Lieben sein.

Steile Liebe.

S'ist mir auch kein Nacht so finster,
S'ist mir auch kein Weg so weit;
Wenn ich zu mein Schätzlein gehe,
Sehen mich die bösen Leut.
Regnets, schneits und geht der Wind,
Wenn mein Schatz nur vors Fenster käm;
Steh nur auf, mach auf fein bald,
Bei der Nacht ists draus gar kalt.
Wenn die Sonn so schön aus Gebirg aneglanzt,
Und das Gemsel auf der Höh umme tanzt;
O du schöne Morgenröth!
Wenn ich dich allzeit bei mir hätt!
Schatz, du bist mein und ich bin dein,
Wir sind ja zwei Verliebterlein;
Von dir kann ich nit mehr lassen,
Ach bis ich komme ins kühle Grab!
Das Dinterle (Dirndele) fängt zu weinen an:
Ach Buberle, was haben wir gethan?
Wir wollen wieder gehn nacher Haus,
Wollen gern stehen alles aus.

Druck und Gegendruck.

(Musikalisches Rosengärtlein. Nürnberg 1612.)

Schön klar einstmal die Sonne
Leuchtet mit ihrem Schein,
Als ich nach Herzens Wonne
Spazieren gieng allein,
In grünen Wald am Morgen,
Darin fand ich verborgen
Ein schöns Jungfräulein voll Sorgen;
Drum fragt ich es bald in Geheim,
Auf wen sie wartet hier allein.

Sie sprach: ich liebt im Herzen
Ein Jüngling tugendvoll;
Er aber thät nur scherzen
Und lohnte mir nit wohl,
Drum will ich hier verderben.
Ich sprach: Ihr sollt nit sterben,
Laßt mich euer Gunst erwerben,
Und drückt mich an ihr Herz hinan,
Daß mir vor Lieb das mein zersprang.

Petersilie.

Was hab ich meinem Schätzlein zu Leide gethan?
Es geht wohl bei mir her und sieht mich nicht an;
Es schlägt seine Augen wohl unter sich
Und sieht einen andern Schatz wohl lieber als mich.

Petersilie, das edle grüne Kraut!
Was hab ich meinem Schätzelein so vieles vertraut;
Vieles Vertrauen thut selten gut,
So wünsch ich meinem Schätzelein alles Guts.
Alles Guts und noch vielmehr,
Ach wenn ich nur ein Stündelein bei meinem Schätzgen wär;
Ein Viertelstündchen, zwei und drei,
Damit ich mit meinem Schatz zufrieden sei.

Das St. Hubertuslied.

Im grünen Wald bin ich gewesen,
Sah ich es ein Hirschelein stehn;
Das Hirschlein das wollt ich erschiessen,
O Wunder, was hab ich gesehn.
Es thut mir die Flinte versagen,
Ein Kreuz thut das Hirschlein tragen,
Stolzierend auf seinem Gewicht,
Die Gnade zum Sünder wohl spricht.
Da thät ich zur Erden hinsinken
Wohl auf meine bogene Knie;
Thät mir es entgegen blinken,
Ein silbernes Kreuzlein schneeweiß.
Jezt thu ich kein Hirschlein mehr schießen,
Will lieber in's Kloster mich schließen;
Dem grünen Wald sag ich gut Nacht,
Die Gnade hat alles gemacht!

Unbeschreibliche Freude.

(Mündlich.)

Wer ist denn draussen und klopfet an,
Der mich so leise wecken kann?
„Das ist der Herzallerliebste dein,
Steh auf und laß mich zu dir ein.“
Das Mädchen stand auf und ließ ihn ein,
Mit seinem schneeweißen Hemdelein,
Mit seinen schneeweissen Beinen,
Das Mädchen fing an zu weinen.
„Ach weine nicht, du Liebste mein,
Aufs Jahr sollt du mein eigen sein;
Mein eigen sollt du werden,
O Liebe auf grüner Erden!“
„Ich wollt daß alle Felder wären Papier,
Und alle Studenten schrieben hier;
Sie schrieben ja hier die liebe lange Nacht,
Sie schrieben uns beiden die Liebe doch nicht ab.“

Schweizerlied.

(Lauberl Diminutiv von Laubi, Stier, Gitzeli Geißlein.)

Mi's Bübli is wohl änetem Rhin,
I wollt' ä klini Wile bi ihm si;
Lauberl, lauberl, liri lauberl,
Lauberl, lauberl, litum da.

Mi's Bübli kauf mir ä buchsigs Löffeli,
Giri, Giri, Gitzeli,
Lauberl, lauberl, liri lauberl,
Lauberl, lauberl, litum da.

Buchsigs Löffeli ohne Stiel:
Der schmutzigen Sennen giebt es viel,
Lauberl, lauberl, liri lauberl,
Lauberl, lauberl, litum da.

Mi Mueter ist a Schwitzeri,
Giri, giri Gitzeli;
Lauberl, lauberl, liri lauberl,
Lauberl, lauberl, litum da.

Mi Vater ist a Appenzeller,
Hat weder Win noch Most im Keller;
Lauberl, lauberl, liri lauberl,
Lauberl, lauberl, litum da.

Mi Vater hat a rothen Stier,
Ist mir lieber weder diese all vier;
Lauberl, lauberl, liri lauberl,
Lauberl, lauberl, litum da.

Wollte Gott.

(Ein Bremberger. Gedruckt zu Zürich aus 1500.)

Meiner Frauen rother Mund
Der brennt recht scharlachfarb;

Er brennt recht wie eine rothe Ros'
In ihrer ersten Blüth.
Er brennt recht wie der roth Rubin
In Goldes Farb;
Er brennt recht wie ein heiße Kohl,
Liegt in des Feuers Glut.
Ihr Hälslein weiß, ihr schwarze Äuglein klar,
Darzu trägt sie ein goldfarb krauses Haar;
Ihr werther Leib ist weißer als kein Hermelin,
Kein Meister lebt auf dieser Erd,
Der mirs malen könnt so fein.
Wollt Gott, wär ich ein lauter Spiegelglas!
Daß sich die allerschönste Frau
All Morgen vor mir pflanzieret;
Wollt Gott, wär ich ein seiden Hemdlein weiß!
Daß mich die allerschönste Frau
An ihrem Leibe trüge.
Wollt Gott, wär ich ein roth Goldringelein!
Daß mich die allerschönste Frau
An ihre Händlein zwinge;
Wollt Gott, wär ich ein Eichhorn traun,
Und spräng auf ihren Schooß,
Von rechter Liebe sie mich in ihr Ärmlein schloß.
Sie küßt mich an mein rosenfarbes Mündlein,
Das nehm ich für des Kaisers Gut,
Sollt ich drum desto ärmer sein.

Die Welt geht im Springen.

(Simon Dach. — In Albert's Arien, I. S. 16.)

Die Sonne rennt mit Prangen
Durch ihre Frühlingsbahn
Und lacht mit ihren Wangen
Den runden Weltkreis an.

Der Himmel kömmt zur Erden,
Erwärmt und macht sie naß;
Drum muß sie schwanger werden,
Gebieret Laub und Gras.

Der Westwind läßt sich hören,
Die Flora, seine Braut,
Aus Liebe zu verehren
Mit Blumen, Gras und Kraut.

Die Vögel kommen nisten
Aus fremden Ländern her
Und hängen nach den Lüften,
Die Schiffe gehn ins Meer.

Der Schäfer hebt zu singen
Von seiner Phillis an;
Die Welt geht wie im Springen,
Es freut sich, was nur kann.

Drum wer anjetzt zum Lieben
Ein gutes Mittel hat,
Der flieh' es aufzuschieben
Und folge gutem Rath;

Weil alles, was sich reget,
Indem es sich verliebt
Und sich zu Gleichem leget,
Hierzu uns Anlaß giebt.

Leztes Toilettengeschenk.

Zart Äugelin zu winken
Die Mägdlein jetzund han;
Ihr Angesicht zu schminken
Groß Fleiß sie legen an.

Ihr Haupt thun sie beladen
Mit Gold und Perlen schon;
Und sollten sie's bezahlen,
Sie brächten nichts davon.

Sie müssen sein geschmücket,
Daß es nur hab groß Schein;
Ob sie schon Armuth drücket,
Geborget muß es sein.

Daß man sie doch lieb habe,
(Wenn ja solchs hülfe nicht,)
So gebens selbst aus Gaben,
Wie man erfährt und sicht.

Wenn sie den Knaben haben,
Und jeder bezahlt will sein:
Muß viel zum Juden traben,
Was vor gab großen Schein.

Aus dem Odenwald.

Es steht ein Baum im Odenwald,
Der hat viel grüne Äst;
Da bin ich schon viel tausendmal
Bei meinem Schatz gewest.

Da sitzt ein schöner Vogel drauf,
Der pfeift gar wunderschön;
Ich und mein Schätzlein lauern auf,
Wenn wir mitnander gehn.

Der Vogel sitzt in seiner Ruh
Wohl auf dem höchsten Zweig;
Und schauen wir dem Vogel zu,
So pfeift er allsogleich.

Der Vogel sitzt in seinem Nest
Wohl auf dem grünen Baum;
Ach Schätzel bin ich bei dir g'west,
Oder ist es nur ein Traum?

Und als ich wiedrum kam zu dir,
Gehauen war der Baum;
Ein andrer Liebster steht bei ihr,
O du verfluchter Traum!

Der Baum der steht im Odenwald,
Und ich bin in der Schweiz;
Da liegt der Schnee und ist so kalt,
Mein Herz es mir zerreißt.

Erinnerung beim Wein.

Es dunkelt auf jenem Berge,
Nach Hause wollen wir gehen;
Den Wein den wollen wir trinken,
Den wir gewohnet sein.

Ich hör ein Hirschlein rauschen,
Wohl rauschen durch den Wald;
Ich hör ein feines Lieb klagen,
Es hätt' die Ehr verlorn.

Hast du deine Ehr verloren,
Hab ich die meine noch;
So gehen wir miteinander
Und tragen die Kränzelein.

Ein Kränzelein von Rosen,
Ein Kränzelein von Klee;
Zu Straßburg auf der Brucke
Da liegt ein tiefer Schnee.

Wenn der Schnee thut schmelzen,
So lauft das Wasser in See;
Darauf bin ich gesessen
Und gefahren bis hieher.

Und dies und das und das ist mein.

Heute wollen wir Haber mähn,
Morgen wollen wir binden:

Wo ist denn die Liebste mein?
Wo soll ich sie finden?
Gestern Abend sah ich sie
Unter einer Linden;
Ich gedacht in meinem Sinn,
Ich will sie schon finden.
Was führ ich dann an meiner Hand?
Das ganze Hausgesinde —
Und dies und das, und das ist mein,
Das soll meine Liebste sein.

Tanzreime.

Aufe ist nit abe, 's ist aber we'ger wahr,
Wann ich meinen Schatz am Tag nit seh
Und in der Nacht nit bei ihm steh,
Mein ich, es sei ein Jahr.

Zu dir bin ich gangen
Durch Regen und Wind;
Zu dir geh ich nit mehr,
Du gehst mit nem Kind.

Geh mir nit über mein Äckerle,
Geh mir nicht über mein Wies';
Oder ich prügel dich wegerle,
Oder ich prügel dich g'wiß.

Und die Blätter sind grün,
Und die Rosen sind roth;

Und die lutherschen Buben
Sind gut in der Noth.
Und wenn der Mond hell scheint,
Und 's platzregnen thut,
Und die Fremden nit kommen,
Sind die Heimischen gut.
Mein Daumen, mein Finger,
Mein Ellebogo,
Mein Sinn und Gedanke
Sind zu Sigmaringo.
Herüber, hinüber,
Ich hoff mir ein Glück;
Hab kürzlich ein Boten
Bei Sickingen geschickt.
Der Bote ist kommen,
Was hat er gebracht?
Ein Ringle am Finger,
Ein Schnupftuch im Sack.

(Ast's Zeitschrift für Wissenschaft und Kunst. I. S. 93.)

Die Kirschen sind zeitig,
Die Weichseln sind braun;
Hat jede einen Buben,
Muß auch um einen schaun.
Du schöner Kuckuk,
Wo singest denn du?

Du singest im Walde,
Verführest mich balde.
  Bin ich oft mit meinem Schätzchen
In den Wald hineingegangen,
Und die Vöglein haben gesungen
Nach meinem Verlangen.
  Wann ich jetzt oft allein
In den Wald hinaus geh,
So thuts mir im Herzen
Tief drinnen so weh.
  Dort laß ich mein Kühlein
Am liebsten fressen,
Wo ich oft bin des Abends
Bei meinem Bübchen gesessen.
  Ein schöns, ein schön Häuschen,
Ein schön, ein schöns Bett,
Ein schöns, ein schöns Bübchen,
Sonst heirath ich nicht.

  Klein bin ich, klein bleib ich,
Drum werd ich veracht;
Jetzt will ich studieren,
Will werden ein Pfaff.
  Was willst du studieren,
Und willst ein Pfaff sein?
Man giebt dir ins Kloster
Kein Weibchen hinein.

Silberner Degen,
Ein goldener Knopf;
Die Mädle sind traurig,
Franzosen sind fort!

Über dem Wald, über dem Wald,
Hats nen schönen Reifen;
Dem Mädle sind die Ohren kalt,
Die Buben wollens greifen.

'S mein sein und 's dein sein
Und's zu dir liego,
Das bringt mich sechs Jahr lang
Ins Soldatelebo.
Sechs Jahr und drei Monat,
Dann ist mein Zeit aus;
Nach kömmt es mein Schätzle
Und führt mich nach Haus.

Ich weiß nicht wo's Vöglein ist,
Ich weiß nicht wo's pfeift;
Hinterm kleinen Lädelein,
Schätzlein wo leist?
Es sitzt ja das Vögelein
Nicht allweil im Nest,
Schwingt seine Flügelein,
Hüpft auf die Äst.

Wo ich gelegen bin,
Darf ich wohl sagen:
Hinterm grün Nägeleinstock
Zwischen zwei Knaben.

Er. Du Dienerl, du nett's,
Du liegst mir im Herz;
Du kömmst mir nicht raus,
Bis die Liebe ist aus.

Sie. Aus ist sie mit dir,
Im ganzen Revier;
Wenn die Donau eintrocknet,
Dann heirathen wir.

Er. Sie trocknet nit ein,
Bleibt alleweil naß;
Jetzt muß ich halt schauen
Um ein anderen Schatz.

Wann mein Schatz Hochzeit macht,
Hab ich einen traurigen Tag:
Geh ich in mein Kämmerlein,
Wein um meinen Schatz.

Blümlein blau, verdorre nicht,
Du stehst auf grüner Haide;
Des Abends, wenn ich schlafen geh,
So denk ich an das Lieben.

O du mein liebes Hergottle,
Was han i der denn thaun;
Daß du mir an mein lebelang,
Net willst heirathen laun.
Jetzt will i nimmer betta,
Will net in Kirche gaun;
Geb acht, i kann de nötha,
Du wirst me heira laun.

Adam und Eva habens Lieben erdacht,
Ich und mein Schätzle habens auch so gemacht.

Mein Gott und mein Herr,
Wie fällt mirs so schwer;
Kein Vater, kein Mutter nit mehr,
Kein lieb Schätzele mehr!

Wegen eim Schätzele trauern,
Das wär mir ein Schand;
Kehr mich nur herummer,
Geb der andern die Hand.

In der Kirch da ist ein Tritt,
Wo man zwei Lieben zusammen giebt.

Hab ein Ringlein am Finger,
Dadurch seh ich nur;
Da seh ich mein Schätzle
Seine falsche Natur.

Aus ist es mit dir,
Mein Haus hat kein Thür;

Mein Thür hat kein Schloß,
Von dir bin ich los.
  Dort drüben am Rhein
Da liegen drei Stein,
Dort führt mir ein Andrer
Mein Schätzele heim!
Führt er mir sie heim,
So ist mir es recht;
So ist er der Meister,
Und ich bin der Knecht.

  Mein Schätzle ist Nunn,
Mach mich nit lachun;
Die Lieb ist brochun,
Kanns nimmer machun.
  Schatzlein freu dich, juchze,
Das Abscheiden thut weh;
Die Liebe thut wanken,
Wie ein Schiff auf der See.
  Daß im Wald finster ist,
Das machen die Birken;
Daß mich mein Schatz nicht mag,
Das kann ich merken.
  Daß im Wald finster ist,
Das machen die Äst;
Daß mich mein Schatz nit mag,
Das glaub ich fest.

Ich hab geheirat, ich hab gehaust,
Hab einen Mann wie eine Faust;
Hab ein Herz wie eine Nuß,
Ist keine Freud und keine Lust.

Hab Holzäpfel gehaspelt,
Kein Zaunstecken, kein Spitz,
Bin oft zu meim Schatz gangen,
Hats kein Mensch gewüßt.
Klein bin ich, das weiß ich,
Groß mag ich nit wern,
Ein Schätzel muß ich haben
Wie ein Haßelnußkern.
Ich hab ein schöns Schätzlein,
Wenns nur auch so bleibt,
Stells naus in Krautgarten,
Daß es die Vögel vertreibt!

Mein Schätzle ist hübsch,
Aber reich ist es nit;
Was nützt mir der Reichthum,
Das Geld küß ich nit.
Schön bin ich nit, reich bin ich wohl,
Geld hab ich auch a ganz Beuterl voll;
Gehn mer noch drei Batze ab,
Daß ich grad zwölf Kreutzer hab.

'S Kranzerle weg,
Und 's Häuberle her!
Jungfrau gewest,
Und nimmermehr.

(Aus der Polizei-Fama.)

Aufs Gässel bin ich gangen,
Aufs Gässel geh ich noch;
Der Scherg will mich fangen,
Ei hätt er mich doch.
Wie soll er mich denn fangen?
Bei Tag geh ich nit;
Bei der Nacht is stockfinster,
Da sieht er mich nit.

So und so so geht der Wind,
So und so pfeift er;
Und wenn ich mein Schätzle säh,
Wär mirs gleich viel leichter.
So lieb als mir mein Leben ist,
So lieb ist mir mein Schatz,
Und wenn er auch gestorben ist,
So lieb ich doch den Platz.
Das Liederl ist gesungen,
Der Kreutzer ist gewunnen,
Und wer mir ihn nit geit,
Dem singe ich auf Beut.

Es ist ein Mädel hier,
Es hat ein Gulden vier;
Hat ein spitzigs Mäule,
Ein Näsle als wie ein Säule,
Zwei Augen als wie ein Stier,
Trotz allen Mädchen hier.
Jetzt ist mein Liedel aus,
Es beißt mich noch eine Laus;
Ich bin so keck und nehm sie,
Und nehm ein Messer und schind sie;
Und stech ihr beide Augen aus,
Jetzt hasts meine liebe Laus.

Schwimmen zwei Fischle im Wasser herum,
Strecken die Schwänzerl in die Höh;
Liegt es mein Schatzerl im Federbett,
Thut ihm sein Köpfle so weh.
Komm ich bei Mitternacht,
Wird mir gleich aufgemacht;
Habem sein Köpfle vollgeschwätzt,
Hab' ihms voll gelacht!

In dem schätzbaren Tyroler Sammler Insbruck 1807. II. Bd. finden sich von S. 57—96 allerlei Tyroler Tanzreime abgedruckt mit Erläuterungen, die Sprache liegt der unsern sehr fern, und bedarf daher dieser Erläuterungen sehr; und doch liegt der größte Reiz gerade in dieser Sprache. Dies wäre zu weitläuftig geworden für den Umfang unsres Buchs; Freunde dieser Liedergattung verweisen wir daher auf jenes Buch selbst.

Bei der Schusterrechnung zu singen.

Sechsmal hab ich sie angetroffen,
Siebenmal bin ich fehlgeloffen
Auf der Haide hin und her,
„Nein mein Bue, es geschieht nicht mehr."
Sechs paar Schuh und sieben paar Sohlen
Hab' ich von wegen meiner Sennerin verloffen,
Auf der Haide hin und her!
„Nein mein Bue, es geschieht nicht mehr!"

Der Gruß.

Mir ist ein roth Goldringelein
Auf meinen Fuß gefallen;
So darf ichs doch nicht heben auf,
Die Leut die sehens alle.
Mit Lust tret ich an diesen Tanz,
Ich hoff, mir wird ein schöner Kranz
Von einem schön Jungfräulein,
Darum will ich ihr eigen sein;
So tret ich hin auf einen Stein,
Gott grüß dich zart Jungfräulein;
Und grüß euch Gott allsammt gleich,
Sie sein arm oder reich.
Gott grüß euch alle als gemein,
Dazu auch die klein,

So ich grüß die ein, die andre nicht:
So wär ich kein Rechter, die andre spricht.

Weihnachtlied.

(Mündlich.)

O du mein Mopper, wo willt du hinaus,
Ich kann dir nicht erzählen
Meine güldene Klaus:
Laß klinken, laß klanken,
Laß all herunter schwanken;
Ich weiß nicht, soll ich hüten
Ochs oder Schaf,
Oder soll ich essen
Einen Käs und ein Brod.
Bei Ochsen und bei Schafen
Kann man nicht schlafen,
Da thut es sich eröffnen
Das himmlische Thor,
Da kugeln die Engel
Ganz haufenweis hervor.

Gute Lehre.

Grad Herz brich nicht,
Lieb mich und sags nicht,
Liebst du mich,
Wie ich dich,
Bleibt die Lieb beständiglich.

Schönste Rose fall nicht ab,
Bis ich komm und brech dich ab;
Wenn mich schon die Dornen stechen,
Will ich doch die Ros' abbrechen.
Wer die Rosen will abbrechen,
Muß nicht achten der Dornen Stechen;
Rosendornen stechen sehr,
Falsche Liebe noch viel mehr!

Mailied.

Im Maien, im Maien ists lieblich und schön,
Da finden sich viel Kurzweil und Wonn';
Frau Nachtigall singet,
Die Lerche sich schwinget
Über Berg und über Thal.
Die Pforten der Erde die schließen sich auf
Und lassen so manches Blümlein herauf,
Als Lilien und Rosen,
Violen, Zeitlosen,
Cypressen und auch Nägelein.
In solchen wohlriechenden Blümlein zart
Spaziert eine Jungfrau von edeler Art;
Sie windet und bindet
Gar zierlich und fein
Ihrem Herzallerliebsten ein Kränzelein.

Da herzt man, da scherzt man, da freuet man sich,
Da singt man, da springt man, da ist man fröhlich;
Da klaget ein Liebchen
Dem andern sein' Noth,
Da küßt man so manches Mündlein roth.

Ach Scheiden, ach Scheiden, du schneidendes Schwert,
Du hast mir mein junges frisch Herzlein verkehrt.
Wiederkommen macht,
Daß man Scheiden nicht acht't;
Ade, zu tausend guter Nacht.

Im Maien, im Maien da freuet man sich,
Da singt man, da springt man, da ist man fröhlich,
Da kommet so manches
Liebchen zusammen;
Ade, in tausend Gottes Namen!

Schweizerisch Kriegsgebet.

Laßt üs abermal betta
Für üsra Stadt und Flecka,
Für üsre Küh und Geissa,
Für üsre Wittwa und Weißa,
Für üsre Roß und Rinder,
Für üsre Weib und Kinder,
Für üsre Henna und Hahna,
Für üsre Kessel und Pfanna,
Für üsre Gäns und Endta,

Für üsre Oberst und Regenta,
An insonderheit für üsre liebi Schwitz,
Wenn der blutig Krieg wett ko,
Wett alls nä, so wetten wir üs treuli wehra,
Und ihn niena dura loh,
Au den Find gar ztod schloh,
Und dann singa:
„Eia Viktoria! der Find ischt ko, hett alles gno,
Hett Fenster i gschlaga, hets Blie drus graba,
Hett Kugla drus goßa und dBaura erschossa;
Eia Viktoria! nu ischts us, geht wiedri na Hus.“

Des Hirten Einsamkeit.

(Alpenlied.)

Isch äbi ä Mensch uf Erde, Simeliberg,
Un Fräneli ab de Kuggisberg
Un Sibethals Jäggeli änne de Berg,
Isch äbi ä Mensch uf Erde,
Daß y mag by em sy.

An mag der my nit werde, Simeliberg,
Un Franeli u. s. w.
Un Sibethals u. s. w.
Us Kummer sterben y.

In mines Buhiis Garte, Simeliberg u. s. w.
Da stan zwei Bäumeli.

Das eine treit Muskate, Simeliberg u. s. w.
Das andre Nägeli.

Mus-

Muskate die sind süßi, Simeliberg u. s. w.
Die Nägeli schmecke räß.
Dort äne in der Tiefi, Simeliberg u. s. w.
Da stand ä Mühlirad.
Das Mühlirad isch broche, Simeliberg u. s. w.
Die Liebi hat än End.

Emmenthaler Kühreigen.

Knabe.

Mys Lieb' isch gar wyt inne,
Dort inne uf der steinige Fluh;
Wenn i scho zun ihm wetti,
O so reute mi di Schuh!

Meitscheni.

La du di dSchuh nit reuen,
Leg du dine Bantöffeli a;
We du si de hest broche,
So chast ja de angeri ha.

Knabe.

I ma nit i der Wuche
Uf d Fluh zu mynem Schätzeli ga,
Es gitt ja so ne Fyrtig,
Wo ni zum Schätzeli cha!

Meitscheni.

My Schatz cha gar gut hornen,
Er tha di Meyhli alli gar wohl;
Er hornt mer alli Morgen,
O wenn i ga melche soll.

Knabe.

Mys Lieb' trybt über d' Gasse,
Gar s'lusigs schönes Trüppeli Veh!
O i ha gar längi Zyti,
Wenn is de so nimme cha g'sah!

Meitscheni.

Wenn i de soll ga melche,
So steyt mer de mys Kühli nit recht;
Da stellen i d's Kühle näbe mi,
Und gaugle mit dem Knecht.

Knabe.

O d's Kühli wey mer verkause,
U d's Kalbeli wey mer de no b'ha;
Wenn früh de d'Meitscheni melche,
O han i de no zu der gah.

Schweizerisch.

Sisch no nit lang daß gregnet hätt,
Die Laübli tröpfle no,

I hab e mohl e Schazli ghätt,
I wott, i hätt es no.
Jez isch er gange go wandere,
I wünsch em Löcher in d'Schuh,
Jez hab i wieder en andere,
Gott gäb mer Glück dazu.
S'isch no nit lang, daß er g'heirat hätt,
S'isch gar e kurzi Zyt;
Si Röckli ist em loderich,
Si Strümpfli sin em z'wyt.

Schreibstunde.

(Drei weltliche neue Lieder im J. 1642.)

Es hat ein Bauer ein Töchterlein,
Daß es doch thäte den Willen sein;
Er bot ihr Silber und rothes Gold,
Daß sie ihn lieb hätt und heirathen sollt
Gar öffentlich.
Als ein Studente das hat erhört,
Er seinem Haus den Rücken kehrt;
Kam vor der Jungfrauen ihre Thür
Und klopft mit seinem Finger dafür
Gar heimlich.
Die Jungfrau im Arm auf dem Bette lag
Und zum Studenten ganz leise sprach:

Ist jemand draussen, begehret mein,
Der zieh das Schnürlein und komm herein
Gar heimlich.

Als das der Bauer doch hat gehört,
Dem Hause sein er den Rücken kehrt,
Und kam vor der Jungfrauen Thür,
Er klopft mit seinem Stiefel dafür
Gar öffentlich.

Die Jungfrau war in Freuden wach
Und zu dem Bauern da lachend sprach:
Ist jemand da, der begehrt hinein,
Der such sich ein ander Jungfräulein
Gar heimlich.

Wer ists, der heut uns dies Liedlein sang?
Ein freier Studente ist er genannt;
Er lehrt der Jungfrau Lesen und Schreiben,
Braucht dazu weder Feder noch Kreiden,
Gar heimlich.

Und wenn das Mädchen erst schreiben kann,
Dann reist er wieder, wird Doktor dann,
Und sitzt bei Büchern und bei dem Wein,
Ihr Brieflein tröstet ihn doch allein
Gar heimlich.

Erdtoffeln mit Rippenstückchen.

Einsmals ein Mägdlein, frisch und jung,
Gieng aufrecht wie ein Hirsch im Sprung;

Und von einem Jüngling, den sie kannt,
Ihre Äuglein klar durchaus nicht wandt.
Der Jüngling schalt und sprach zu ihr,
Wie ihr mit nichten dies gebühr,
Sondern sie sollt ganz züchtiglich
Die Äuglein schlagen unter sich.
Sie sprach gar bald: Mit nichten das,
Dies Anschaun ich nit unterlaß;
Zur Erd zu schauen dir gebührt,
Weil aus der Erd dein Ursprung rührt.
Des Mannes Ripp mein Ursprung ist,
Die such ich auch ohn Falsch und List,
Und daß solch Ripp in Zucht und Ehr
Mit mir vereint werd, ich begehr.

Der verwandelte Einsiedler.

(Mündlich.)

Da droben aufm Hügel,
Wo die Nachtigall singt,
Da tanzt der Einsiedel,
Daß die Kutt in die Höh springt.

Der Knabe.

Ei laßt ihn nur tanzen,
Ei laßt ihn nur sein;
Zu Nacht muß er beten
Und schlafen allein.

Da droben aufm Hügel,
Wo's Füchslein drauf lauft,
Da sitzt der Einsiedel,
Hat d' Kutte verkauft.

Der Knabe.

Da droben aufm Hügel
Wo die Nachtigall singt,
Da ist es mein Schätzel,
Mein allerliebst Kind.

Das Mädchen.

Der Einsiedel auf dem Zitterbaum,
Der schaute wo der Tag her kam.

Der Knabe.

Der Tag der kommt vom Morgenstern,
Bei meinem Liebchen bin ich gern.

Espenzweigelein.

(Forsters frische Liedlein.)

Hätt mir ein Espenzweigelein
Gebogen zu der Erden;
Den liebsten Bulen, den ich hab,
Der ist mir leider allzuferne.
Er ist mir doch zu ferne nicht,
Bei ihm hab ich geschlafen;

Von rothem Gold ein Fingerlein
Hab ich in seinem Bett gelassen.
Und da ichs da gelassen hab,
Will ichs auch wieder bekommen;
Und thun, als ob ichs bei mir hätt,
Und wär mir keinmal genommen.
Ja zwischen Berg und tiefe Thal
Da geht ein enge Straße:
Wer seinen Buhl nicht haben will,
Der soll ihn allzeit fahren lassen.
Scheid dich nit Herzensdöckelein,
Von dir will ich nit weichen;
Hab Andre lieber nit als mich,
Im Reich findt man nit dein's Gleichen.

Kurzweil.

(Mündlich.)

Ich weiß nicht, was ich meinem Schätzchen verhieß,
Daß sie den Riegel wohl hinter sich stieß,
Wohl hinter sich in die Ecke,
Dann schlich ich zu ihr ins Bettchen.
Die zwei die liegen die halbe Nacht,
Bis daß das Glöcklein zwölfe schlagt:
Steh auf braunes Mädchen zum Laden,
Schau ob es noch nicht will tagen.
Sie gab dem Laden einen Stoß,
Da scheint ihr der helle Mond in den Schoos:

Bleibt liegen gut Ritterlein stille,
Es taget nach unserm Willen.

Die zwei die liegen die ganze Nacht,
Bis daß das Glöcklein Sechse schlagt:
Steh auf braunes Mädchen zum Laden,
Schau ob es noch nicht will tagen.

Sie gab dem Laden einen Stoß,
Da scheint ihr die helle Sonn in den Schoos:
Steh auf gut Ritterlein balde,
Die Sonn steht überm Walde.

Ei scheint die Sonn, und ich bin noch hier,
O Gott! wie wirds ergehen mir;
Ich hab mich gestern Abend vermessen,
Bin's letztemal bei dir gewesen.

Das Mädchen war so hurtig und eil,
Ließ den Knaben herunter am Seil,
Sie meint, er wäre schon drunnen,
Da lag er im kühlen Brunnen.

Es stand wohl an dreiviertel Jahr,
Da Braußinde ein Kind gebahr;
Wir wollen taufen Häuschen den Jungen,
Sein Vater ertrunken im Brunnen.

Schnelle Entwickelung.

(Nach dem Jenaer Codex.)

Ein junger Mann nahm sich ein Weib,
Holdselig und gar fein von Leib.

Dem Weib er übersah gar viel,
Schwieg ihr in allen Dingen still.
Also gewinnt das Weib den Mann,
Daß er nicht mehr zu Wein gehn kann.
Muß der Gesellen auch ablassen,
Darf nur mit ihr allein noch spassen.
Doch einsmal seht, da gieng er aus,
Kam ohngefähr vors Schenkwirthshaus.
Gesellen sein darinnen sassen,
Recht fröhlich tranken, sangen, assen.
Sie thäten ihm gar balde winken,
Der ein stand auf, bot ihm zu trinken.
Er schüttelte den Kopf und lachte,
Die Leute große Augen machten.
Der ein führt ihn hinein geschwind,
Er sitzt bei ihnen wie ein Kind.
Es war sein Herz ihm noch so schwer,
Hub an zu seufzen gar zu sehr.
Wie er ans Heimweh nur gedacht,
Der Frau Gesundheit ward gebracht.
Er tranks hinein, er trank es aus,
Und dachte gar nicht mehr nach Haus.
Sein Glas das rückt er immer vor,
Und war der lauteste im Chor.
Doch die Gesellen giengen eben,
Zwei mußten ihn nach Hause heben.

Recht mit Gewalt sie mußten schleppen,
Er stürzt hinauf die schmalen Treppen.
Das Weib mit Angst kam angegangen,
Ein Unglück, meint sie, wär ergangen.
Sie hat die ganze Nacht gewacht
Und im Gebet an ihn gedacht.
Da ist er hart sie angegangen,
Mit Schlägen hat er sie empfangen.
Was ist für Lehr daraus geflossen?
Nicht jede Eh ist im Himmel geschlossen.

Kurzweil.

(Aus H. v. Stromers Familienbuche v. J. 1581.)

Ich hab mir ein Maidlein auserwählt,
Dasselbig mir im Herzen wohlgefällt;
Von Ehren ist sie hoch zu loben,
Mein junges Herz
In Schimpf und Scherz
Muß gar bei ihr vertoben.

Dasselbig Maidlein das ist mein,
Soll mir also gesinnet sein;
Mein Herz ist traurig volle
Wieder hinum,
Das Maidlein frum
Mich herzlich trösten solle.

Am Abend, wenn ich soll schlafen gehn,
Nachdem so wird sie's wohl verstehn,

Nehm ich sie freundlich an meinen Arm,
An meinen Leib
Sie als mein Weib,
Ich als ihr lieber Mann.
Und wenn denn solches als geschicht,
So zweifelt mir mit nichten nicht,
Gott wird seinen Segen dazu geben,
Drauf daß uns komm
Ein Kindlein fromm
In solchem ehlichen Leben.
Wird solches Kind ein Maidelein,
So soll Elß sein Name sein,
Gleich wie man mein liebes Weib thut nennen,
Daß durch die Tauf
Sein Sünd ersauf,
Drauf daß es Gott erkenne.
Bescheert mir Gott ein werthen Sohn,
Bin ich mehr erfreuet von;
Also in solcher Gestalte,
Sein Nam christlich,
Heissen wie ich,
Mit Namen Jorg Grünenwalde.

Sonnenblicke.

(Mündlich.)

Der Sommer und der Sonnenschein
Ganz lieblich mir das Herze mein

Erquicken und erfreuen,
Daß ich mit Lust im grünen Gras
Mag springen an dem Reihen.
Des lacht die Allerliebste mein,
Wollt Gott, ich sollt heut bei ihr sein
In Züchten und in Ehren;
Das wär meins Herzens größte Freud,
Darauf darf ich wohl schwören.
Demselben wackren Mägdelein
Schickt neulich ich ein Kränzelein,
Mit rothem Gold umwunden;
Dabei sie mein gedenken sollt
Zu hunderttausend Stunden.
Ich ritt durch einen grünen Wald,
Da sangen die Vöglein wohlgestalt,
Frau Nachtigall mit ihnen;
Nun singt ihr klein Waldvögelein
Um meines Buhlen willen.

Ehestand.

(Procopii decalogate conjugale II T. p. 469.)

Ich gieng spazieren in ein Feld
Ohne Sünde;
Mich umzusehen in der Welt,
Wie es stünde.
Es war an einem Sonntag gut
Nach dem Essen,

Mein Leid, das mich so quälen thut,
Zu vergessen.
Mit Gedanken thät ich zanken,
Thät ich zanken.
Sehr tief gedacht ich hin und her,
Wo ich auswollt;
Mir selbst wußt nicht zu rathen mehr,
Was ich thun sollt.
Allein zu bleiben mich verdroß
Mit der Weile;
Zum Heirathen die Lust war groß
In der Eile.
Wollt schier wagen ja zu sagen,
Ja zu sagen.
Und sieh, ein Jüngling trat herfür,
Wohlbekleidet;
Er grüßt mich freundlich in Gebühr,
Mich begleitet.
An Händen trug er güldne Ring,
Die ihn zierten;
Auch noch mehr andre köstlich Ding
Ihn berührten.
An dem allen hätt Gefallen,
Hätt Gefallen.
Bei neben ward ich auch gewahr,
Daß der Jüngling
Ein schweres Joch trug immerdar,

Das ihm anhing.
An Füßen hätt er Ketten stark,
Stahl und Eisen;
Das schmerzt ihn bis auf Bein und Mark,
Konnt aufreissen.
Ottern, Schlangen auch dran hangen,
Auch dran hangen.

Da ich nun ward mit ihm bekannt,
Ich ihn fragte:
Jüngling wer bist? Wie wirst genannt?
Er mir sagte:
Ich bin der Ehstand dieser Welt,
Also heiß ich;
So mancher tapfre, kühne Held
Um mich reißt sich.
Zum Heirathen thu ich laden,
Thu ich laden.

Dann ich ihn erst recht schaute an
Mit Verwundern;
Gedacht: Sollt denn ich freier Mann
Gleich jezunder
Beladen mich mit solchem Joch,
Und verbinden?
Ich wills wohl lassen bleiben noch,
Kanns nicht finden;
Will mich drinnen bas besinnen,
Bas besinnen.

Todesahnung einer Wöchnerin.

Mein Auge wankt,
Am Mond erkrankt,
Er möchte mir beispringen,
Mir drohn des Todes Klingen.
Muß Sichelschein
Den Zirkel rund
Zur Todesfackel füllen,
Ich bild mirs ein,
Ich sterb zur Stund;
Helft weinen ihr Gespielen!
Vergönnt es mir,
Das Grün hinfür
Allhier noch anzuschauen
Auf Bergen, Thal und Auen;
Was Laub und Blüth
Ins Auge trägt
An Buchen, Eichen, Tannen,
Und was nur hie
Der Frühling pflegt
Für Teppich aufzuspannen.
Die Wasserflüß
Bezeugen dies,
Die rauschend weiter fließen,
Die Büsche grün begiessen;
Nie stehn sie still,

Sind ohne Ruh,
Die Reis' mir anzudeuten;
Wenn ich erfüllt
Mein Werk dazu
Nach den erkannten Zeiten.
  Ein Monat Licht,
Von hinnen flücht;
Das Trauern in dem Hirne
Treibts Uhrwerk der Gestirne.
Wohlan so lauf
O Thrän den Weg,
Zur Wanderschaft mußt fliessen;
Verlobt zum Kauf
Dich niederleg,
Den jüngsten Tag zu grüßen.
  Wenn ich schon klag,
So viel ich mag,
Mein schwache Stimm zu heben,
Weil ich möcht länger leben;
Mein Herz vernimmt
In gleichem Schall,
Umsonst ist mein Bewerben.
Es bringt die Stimm
Im Wiederhall,
Ich müsse leider sterben!
  Die Klinge zück,
Ich nicht verrück

Die perlenweisse Kehle,
Gott gnadet meiner Seele!
In Weiß und Roth
Geziert will sein,
In hocherwünschten Farben;
Denn Jesu Tod
Bricht Röselein,
Die nie bisher verdarben.

Der verschwundene Stern.

(Von M. Claudius.)

Es stand ein Sternlein am Himmel,
Ein Sternlein guter Art;
Das thät so lieblich scheinen,
So lieblich und so zart.

Ich wußte seine Stelle
Am Himmel, wo es stand;
Trat Abends vor die Schwelle
Und suchte bis ichs fand.

Und blieb dann lange stehen,
Hat große Freud in mir,
Das Sternlein anzusehen,
Und dankte Gott dafür.

Das Sternlein ist verschwunden,
Ich suche hin und her;

Wo ich es sonst gefunden,
Und find es nun nicht mehr.

Ein hohes Lied.

(In des Schillers Ton. 1450–1500.)

Mein Herz das schwebt in Freudenspur,
Gedenk ich, wie die Kreatur
In Zweiheit ist gebildet;
Des sei gelobt der Schöpfer weis',
Der uns erschuf im Paradeis,
Erschuf jungfräulichs Bilde,
Die er da einem Jüngling gab,
Den er gemacht aus Erden;
Darum dien jetzt ich junger Knab
Wohl einer Jungfrau werthe.
Ihr hohes Lob das will ich ihr verkünden,
Ob ich es mögt durchgründen
Nach meines Herzens Gier,
Ob ich gefiel auch ihr.

Gott grüß die schönste Jungfrau fein,
Die gänzlich hat das Herze mein
Mit ihrer Lieb besessen;
Darum hab ich sie auserwählt,
Ein Jungfrau, die mir wohl gefällt,
Ich kann ihr nicht vergessen.
Wohl Tag und Nacht, wohl früh und spät
Liegt sie mir in dem Sinne;

All meine Hoffnung auf ihr steht,
Möcht ihre Huld gewinnen.
Mir liebt ihr Zucht, ihr jungfräuliche Güte,
Sie führt ein frei Gemüthe;
Sie lebt mit Ehren ganz,
Mit Recht trägt sie den Kranz.
Das Kränzlein, das sie tragen soll
In Wort und Sitte trägt sie's wohl
So ganz ohn allen Wandel;
Hutsam behält sie ihr Gesicht,
Kein Ärgerniß giebt's keinem nicht
In ihrem Gang und Wandel.
Sie geht so schnelle auf der Straß,
Wer sie darauf thät grüßen,
Schließts Mündlein auf in sanfter Maaß
Und dankt mit Worten süße.
Ihre Wort sind wahr und nicht erlogen,
Sie hat mich nie betrogen;
Mich nie geführt am Seil,
Sie biet sich selbst nicht feil.
Drum hab ich sie auserkorn,
Sie ist von gutem Stamm geborn,
Zu Ehren schön erzogen;
Darum will ich ihr Diener sein,
Sie hat erleucht das Herze mein,
Ist wahr und nicht erlogen.

Sie trägt ein ehrentlich Gewand,
Gar adelich gesticket,
Mit ihr zarten Kunstes Hand,
Und wer sie anerblicket,
Dem möcht sein Herz in lauter Freude lachen;
Auf Reinheit thut sie wachen,
Darum bin ich ihr hold
Vor Silber und vor Gold.

Gott grüß die Jungfrau wohl gethan,
Gar schwer ich gnugsam loben kann
Wohl ihren werthen Leibe;
Ihr Haar ist lang, goldfarb und gelb,
Ihr Öhrlein sind gar fein gewölbt,
Kein Spott ich damit treibe.
Sie hat zwei hübsche Äuglein klar,
Lieblich als ein Demante,
Darin das Weiße ist nicht gespart,
Ihr Bräulein stehn ohn Schande.
Ihr Näslein scharf, wie schwer kann ich sie loben,
Ihr Kinn ist sanft erhoben,
Ihr Mund geschwungen fein
Brennt recht als ein Rubein.

Die Zähnlein sind ihr ganz und weiß,
Die Wänglein roth nach allem Fleiß,
Darin zwei Grüblein kleine;
Ihr Angesicht das scheint sogar
Gleich als der recht Kristall so klar,

Polieret also reine.
Ihr Kehle die ist grad und schön,
Ihr Hälslein lilienweiße;
Auf ihrem Haupt ein Kron sollt stehn,
Gezieret recht mit Fleiße.
Ihr Händ sind lind, gleich wie ein Hermeleine,
Und weiß wie Elfenbeine,
Darin die Adern blau,
Gott grüß dich o Jungfrau.

All Ebenmaaß in ihrer Brust,
Ihr Herz geziert in aller Lust,
Daran zwei Brüstlein kleine,
Sind nicht zu klein und nicht zu groß,
In Züchten trägt sie auch nicht bloß,
Sie hat zwei grade Beine.
Ihr zarter Leib ist wohl gestalt
Nach aller Freud und Ziere.
Ihr Schönheit hab ich nun gemalt,
Jungfrau erhör mich schiere
Und sprecht zu mir ein liebreich freundlich Worte,
Und wo ich das erhörte,
Und wo ich das erhörte,
Mein Weh wär gar vorbei,
Also erquickt ein Leu.

Erquickt mit seiner Stimm die Wölf (Jungen).
Also mir ihre Tugend helf
Mit einem lieben Grüßen;

Dann thät sie mir groß Freundschaft kund
Aus ihrem rosenfarben Mund,
Sogar ohn alles Verdrießen.
Dein Angesicht mich so erquickt
Gleich als der Strauß sein Junge;
Du bist mein Freund, mein Trost, mein Glück,
Mich lockt dein süße Zunge.
Wie auch der Jungfrau klares Singen,
Das Einhorn kömmt mit Springen;
Legt ihr das Haupt in Schooß
Und schläft ganz kummerlos.
Also bezwingt mich deine Stimm,
Und wo ich dich Herzlieb vernimm,
Besänftet sich mein Grimme;
Du machest mich so tugendsam,
Demüthiglich gleich einem Lamm,
Das macht dein milde Stimme;
Daß mich hat deine Lieb und Güt
So kräftiglich bezwungen,
Daran gedenk du treu Gemüth,
Acht nicht der falschen Zungen.
Und wolle meinen Worten treulich glauben,
Ich will dich nie berauben;
Dein Ehr ist allen kund,
Ich führ sie nie im Mund.
Dies glaube meiner Stätigkeit,
Es wär mir für dich selber leid,

Misläng dir deine Ehre;
Des lasse mich genießen schier,
Nach Gott ist niemand lieber mir,
Dein Dienst ich stets begehre.
Wenn ich dir wohlgefällig wär
Und wäre nicht dein Spotte,
Vergangen wär mir all Beschwer,
Darum fleh ich zu Gotte.
Wie große Lieb ich zu dir trage,
Getrau ich nicht zu sagen;
Ach sieh mein Herze an!
Gott grüß dich wohlgethan!
O Jungfrau, adeliches Blut,
Womit der Pelikanus gut
Die Jungen mag ernähren,
Das nimmt er aus dem Herzen sein
Und kömmt darum in schwere Pein,
Er thut sein Blut verzehren.
Also verzehr ich Leib und Blut
Nach dir, Sinn, Lieb und Witze;
Du bist mir über Phönix gut,
Der in der Glut thut sitzen.
Darin verjüngt er sich mit Feuers Brennen;
Wo ich dich, Lieb, hör nennen,
Da thut mein Herz ein Sprung,
Und wird vor Freuden jung.

Von dir mein Herz empfänget Kraft,
Recht nach des Panthers Eigenschaft,
Wenns gehet in den Maien;
Dann steigt er auf ein Berg hinan,
Viel andre Thiere folgen dann,
Stehn um ihn an den Reihen.
Jungfrau, könnt ich dich loben bas,
Das thät ich allzeit gerne;
Du gehst mir über Laub und Gras,
Wie der Mond über die Sterne.
Ach feins mein Lieb, laß mich der Treu genießen,
Thu mir dein Herz erschließen;
Vernimm den Willen mein,
Zart edles Jungfräulein.

Jungfrau vernimmst du den Gesang,
Und hab ich dir gedienet lang,
Das magst du wohl vergelten;
Ich diene allezeit dir gern,
Du bist mein lichter Morgenstern,
Doch seh ich dich so selten.
Das schafft, o Lieb, der Schwätzer Mund
Mit ihrem falschen Sagen;
Glaub ihnen nicht zu aller Stund,
Vernimm meins Herzens Klagen.
In rechter Treu sollst du nicht von mir wenken,
Dies Lied thu ich dir schenken,

Aus rechtem Sinn erdacht;
Gott gebe dir viel guter Nacht!

Ein neu Klaglied eines alten deutschen Kriegsknechts wider die greuliche und unerhörte Kleidung der Pluderhosen in des Penzenauers Ton. 1555.

Was soll ich aber singen,
Ein wunderbar Geschicht;
Das Herz möcht dem zerspringen,
Ders nur einmal ansicht.
Was hat man doch erfunden
Alldort in jenem Land,
Sieht man zu allen Stunden
Ein großes Übel und Schand.
Es hat die Welt gestanden
Mehr als fünftausend Jahr,
Ist solche große Schande
Aufkommen nie fürwahr;
Daß man die Gottesgaben
Also mißbrauchen soll,
Das wird kein Mensch nicht loben
Und ihnen sprechen wohl.
Und wer denn nun will wissen,
Was doch erfunden sei:
Die Kriegsleut sind beflissen

Auf solche Buberei,
Sie lassen Hosen machen
In einem Überzug,
Der hängt bis auf die Knochen,
Ist doch noch nicht genug.
Ein Latz muß sein darneben
Wohl eines Kalbskopfs groß;
Karteken drunter schweben
Seiden ohn alle Maaß.
Kein Geld wird da gesparet,
Und sollt man betteln gehn;
Damit wird offenbaret
Wer ihnen giebt den Lohn.
Da gehen sie einher waten
Gleich als der Teufel recht;
Und schören sie sich ein Platten,
Sie wären seine Knecht.
Auch hangen dran die Zotten
Einer halben Elle lang.
Thut man dann ihrer spotten,
So hebens an ein Zank,
Und wollen da verfechten
Die ungeheuer Gestalt,
Als hätten sies zu rechten
Und stünd in ihrer Gewalt.
Nach Gott thun sie nicht fragen,
Wies ihm gefallen werd;

Was er dazu wird sagen,
Ist ihnen ohn alles Gefärd.
Und wär es ihnen befohlen,
Sie thätens nimmermehr!
Sollt man den Teufel malen
Mit seinem ganzen Heer,
Ärger könnt mans nicht machen,
Als mit ein solch Gestalt;
Doch sind sie freie Sachen,
Wer wills ihnen wehren bald!
Sie meinen, wenn sie tragen
Ein solch Gesperr am Bein,
So darf sie niemand schlagen,
Kriegsleut sind sie allein,
Da doch wird oft gefunden
Ein solch verzagtes Herz,
So man ihn wollt verwunden,
Er gäb die Flucht ohn Scherz.
Nun wollt ich doch gern sehen,
Wie ers wollt greifen an,
Wenn sollt ein Sturm geschehen,
Als ich gesehen han.
Zu laufen noch zu steigen
Kann man ihn brauchen nicht;
Vom Waten will ich schweigen,
Wie denn da oft geschicht.

Da steht er wie ein Püllen
In sein zerhackten Kleid;
Wie will er doch erfüllen
Seinen geschwornen Eid?
Er kann sich selbst nicht schützen;
Wenn Laufen nöthig wär,
Bleibts Herz in Hosen sitzen,
Sein Herz muß halten her.
Kein Türk, kein Heid, kein Tartar
Solch Unflat je erfind.
Davon sonst ein Hausvater
Gekleidet Weib und Kind,
Das muß jetzt einer haben
Zu einem Paar Hosen gar;
Doch sind sie freie Knaben,
Truz, wers ihnen wehren darf!
Sechs Ellen lündisch Gewande
Wird einem begnügen kaum;
Ist das nicht große Schande,
Darunter hat sie Raum.
Wohl neun und neunzig Ellen
Karteken muß er han;
Dann sind sie freie Gesellen
Und stehen für einen Mann.
Es tragens auch Studenten,
Von den man lernen soll;
Sie sollten sein Regenten,

Exempel geben wohl.
Ihre christlichen Lehren
Findens nicht in der Schrift;
Sie solltens andern wehren,
So sind sie selbst vergift.
Schickt man sie auf die Schulen
Mit groß Unkosten frei,
Sie lernen saufen und buhlen,
Das muß auch sein dabei.
Ein solch Paar Pluderhosen,
Dann sind sie Doktor schon;
Weils tragen die Franzosen,
Drum lassens nicht davon.
Dazu die Handwerksgesellen,
Die kaum das Badgeld hand,
Doch Hosen tragen wöllen,
Und kostet es ein Land.
Was sie durchs Jahr erkratzen,
Das tragen sie daran;
Dann sind sie freie Fratzen,
Wann sie solch Hosen han.
Wann sie dann unser Herrgott
Angreift mit Krankheit schwer,
So haben sie kein Vorrath,
Spital muß halten her;
Die großen Pluderhosen
Haben das Geld verzehrt;

In leeren Beutel blasen
Wird manchen dann gelehrt.
Ein Beispiel thun sie geben
Mit ihren Hosen recht,
Daß ihnen gleich woll leben
Schinder und Henkersknecht.
Die tragen auch solch Hosen,
Wann sie jagen die Hund,
Und fluchen wie Franzosen;
So sind sie gleich im Bund.
Noch eins das ist geschehen,
Das ich euch melden muß,
Ich hab es selbst gesehen,
Hosen bis übern Fuß.
Die Seiden die muß lappen,
Wohl hinten nach ers schleppt;
Dazu ein kurze Kappen,
Die ihm den Latz nicht deckt.
Vor Zeiten macht man Röcke,
Daß man den Latz bedeckt;
Jetzund so muß er blecken,
Auch sind daran gesteckt
Viel Farben mancherleien,
Die sind daran gestickt;
Man möchte sie anspeien,
Wenn man sie nur erblickt.
Es haben unsre Alten

Die Kleider drum gemacht,
Daß sie sich vor dem Kalten
Beschirmten Tag und Nacht,
So geben diese Kleider
Doch weder kalt noch warm,
Groß Straf die fürcht ich leider
Für uns, daß Gott erbarm!
Wie kann Gott Glück doch geben
Dem deutschen Kriegesheer,
Da sie so schändlich streben
Wider sein Lob und Ehr!
Niemand soll Wunder nehmen,
Daß der Türk nimmt überhand;
Wir sollten uns doch schämen
Vor jedem andern Land.
Der Teufel mag wohl lachen
Zu solchem Affenspiel;
Ihm gefallen wohl die Sachen,
Fleißig ers fördern will;
Seinem Rath folgen sie nach,
Bis er bezahlt ihr Thaten,
Reu ist zu spät hernach.
Dies Laster thut verklagen
Ein alter Landsknecht gut;
Der hat all seine Tage
Gehabt ein Löwenmuth.
Sein Leib thät er nicht sparen

In deutsch und welschem Land;
Doch hat er nie erfahren
Von Deutschen größre Schand.
Drum er dies Liedlein sange
Und wundert sich so sehr;
Ihm ward darob auch bange,
Wo doch herkommen wär
Ein solch greuliche Trachte
Wider alle Billigkeit;
Wer sie doch wohl erdachte,
Ist Gott im Himmel leid.
Ihr Fürsten und ihr Herren
Laßt's euch zu Herzen gehn;
Thut diesem Laster wehren,
Heißt sie davon abstehn.
Denn Gott wills an̄ euch rächen,
Er gab euch die Gewalt;
Thut ihren Willen brechen,
Denn Gottes Straf kommt bald.
O Gott thu du drein sehen,
Verzeih uns unsre Sünd,
Und laß uns nicht geschehen,
Den Sündern trag Erbarmen
Über ihre Hosen weit,
Und hilf zuletzt uns Armen
In die ewige Seligkeit,
Amen!

Auch ein Schicksal.

(Mündlich.)

Ich habe mein Feinsliebchen
So lange nicht gesehn,
Ich sah sie gestern Abend
Wohl vor der Thüre stehn.

Sie sagt, ich sollt sie küssen,
Als ich vorbei wollt gehn;
Die Mutter sollts nicht wissen,
Die Mutter hats gesehn.

Ach Tochter, du willst freien,
Wie wird es dir ergehn;
Es wird dich bald gereuen,
Wenn du wirst andre sehn.

Wenn alle junge Mädchen
Wohlauf zum Tanzboden gehn,
Mit ihren grünen Kränzerchen
Im Reihentanze stehn:

Dann mußt du junges Weibchen
Wohl bei der Wiege stehn
Mit deinem schneeweissen Leibchen,
Der Kopf thut dir so weh.

„Das Feuer kann man löschen,
Das Feuer brennt so sehr,
Die Liebe nicht vergessen,
Je nun und nimmermehr."

Warnung.

(Mündlich.)

Die Trutschel und die Frau Nachtigall
Die saßen auf einer Linden;
„Ach du mein allerliebster Schatz,
Wo werd ich dich Abends finden?"

Wo du mich Abends finden wirst,
Des Morgens wirds dich reuen;
„Ach du mein herzallerliebster Schatz,
Was brichst du mir die Treue!"

Und all dein Treu die mag ich nicht,
Will doch viel lieber sterben;
Was soll ich dann mein jung frisch Blut
An einem Knaben verderben.

Ach Mädchen behalt deine Ehre fest,
Und laß dich nicht betrügen;
Denn Geld und Gut ist bald verzehrt,
Deine Ehr ist nimmer zu kriegen.

Ach Mädchen behalt deine Ehre fest,
Als wie der Baum seine Äste;
Und wenn das Laub herunter fällt,
So trauren alle Ästger.

Wenn einer dich betrogen hat,
So zieht er aus dem Lande,
Er steckt die Feder auf sein Hut,
Läßts Mädchen brav in Schande.

Sommerlied.

(Paul Gerhard, geistreiche Andachten, herfürg. von Ebeling.)

Geh aus, mein Herz, und suche Freud
In dieser lieben Sommerzeit
An deines Gottes Gaben;
Schau an der schönen Gärten Zier,
Und siehe, wie sie mir und dir
Sich ausgeschmücket haben.
Die Bäume stehen voller Laub,
Das Erdreich decket seinen Staub
Mit einem grünen Kleide.
Narcissen und die Tulipan
Die ziehen sich viel schöner an,
Als Salomonis Seide.
Die Lerche schwingt sich in die Luft,
Das Täubchen fleucht aus seiner Kluft
Und macht sich in die Wälder.
Die hochgelobte Nachtigall
Ergötzt und füllt mit ihrem Schall
Berg, Hügel, Thal und Felder.
Die Glucke führt ihr Küchlein aus,
Der Storch baut und bewohnt sein Haus,
Das Schwälblein speist die Jungen;
Der schnelle Hirsch, das leichte Reh
Ist froh und kommt aus seiner Höh
Ins tiefe Gras gesprungen.

Die Bächlein rauschen in dem Sand,
Und malen sich in ihrem Rand
Mit schattenreichen Myrthen;
Die Wiesen liegen hart dabei
Und klingen ganz von Lustgeschrei
Der Schaf und ihrer Hirten.

Die unverdroßne Bienenschaar
Fleucht hin und her, sucht hier und dar
Ihr edle Honigspeise;
Des süßen Weinstocks starker Saft
Bringt täglich neue Stärk und Kraft
In seinem schwachen Reise.

Ich selber kann und mag nicht ruhn,
Des großen Gottes großes Thun
Erweckt mir alle Sinnen;
Ich singe mit, wenn alles singt,
Und lasse, was dem Höchsten klingt,
Aus meinem Herzen rinnen.

Ach, denk ich, bist du hier so schön
Und lässest uns so lieblich gehn
Auf dieser armen Erden;
Was will doch wohl nach dieser Welt
Dort in dem festen Himmelszelt
Und güldnem Schlosse werden!

O wär ich da! o stünd ich schon,
Ach süßer Gott, vor deinem Thron
Und trüge meine Palmen;

So wollt ich nach der Engel Weis
Erhöhen deines Namens Preis
Mit tausend schönen Psalmen.

Jahreszeiten.

Schwarzbraun ist meine dunkle Farbe,
Darin will ich mich kleiden;
Den besten Schatz und den ich hab,
Der will jetzt von mir scheiden.

Ei scheidet sich dann der Winter von mir,
So kommt ein frischer Sommer;
Hat er dann Lust und Liebe zu mir,
So wird er wiederum kommen.

Dort droben vor meines Vaters Haus
Da steht eine grüne Linde;
Darauf saß die Frau Nachtigall
Und sang von heller Stimme.

Ei sitzest du da Frau Nachtigall,
Und singest von heller Stimme;
Ei zwinget dich dann der edle Schnee,
Das grüne Laub vor der Linde.

Und wann die Linde das Laub verliert,
So trauren alle Äste;
Daran gedenkt ihr Mädchen jung,
Und setzt eure Kränzlein feste.

Setzt ihr sie fest und nicht zu fest,
Setzt ihr sie nach euren Maaßen;
Und wenn es einmal zum Scheiden kommt,
Daß ihr sie könnt ablassen.

Aufklärung.

(Fliegendes Blatt in Preußen.)

Was soll ich thun, was soll ich glauben?
Und was ist meine Zuversicht?
Will man mir meine Zuflucht rauben,
Die mir des Höchsten Wort verspricht?
So ist mein Leben Gram und Leid
In dieser aufgeklärten Zeit.

Ein jeder schnitzt sich nach Belieben
Jetzt selber die Religion;
Der Teufel, heißt es, ist vertrieben,
Und Christus ist nicht Gottessohn;
Und nichts gilt mehr Dreieinigkeit
In dieser aufgeklärten Zeit.

Die Taufe, das Kommunicieren
Ist für die aufgeklärte Welt
Nur Thorheit, wie das Kopulieren,
Und bringet nur den Priestern Geld;
Der Kluge nimmt ein Weib und freit
Nach Art der aufgeklärten Zeit.

Der Ehebruch ist keine Sünde,
Noch weniger die Hurerei;
Und obs gleich in der Bibel stünde,
Steht doch der Galgen nicht dabei.
Drum ists galante Sittlichkeit
In dieser aufgeklärten Zeit.

Der Aufgeklärte folgt den Trieben,
Und diese sind ihm Glaubenslehr;
Was Gottes Wort ihm vorgeschrieben,
Das deucht ihm fabelhaft und schwer.
Dem Pöbel ist es nur geweiht
Und nicht der aufgeklärten Zeit.

Die Tugend sucht man zwar zu preisen,
Als die alleine selig macht;
Doch nur den Glauben zu verweisen,
Weil der uns unsre Laster sagt.
Und Laster suchet man nicht weit
In dieser aufgeklärten Zeit.

So liegt nun in dem Sündenschlafe
Das ganze aufgeklärte Land;
Weil auch die ewge Höllenstrafe
Ist glücklich aus der Welt verbannt.
Denn jeder hofft Barmherzigkeit
In dieser und in jener Zeit.

So schreiben alle Antichristen,
Weil es dem Leichtsinn wohlgefällt;
Denn diese sind als Kanzelisten

Vom Satan selber angestellt:
Durch sie gewinnt der Teufel mehr,
Als wenn er selbst zugegen wär.
O laßt mich doch bei meiner Bibel,
Laßt mich in meiner Dunkelheit;
Denn ohne Hoffnung wird mir übel
Bei dieser aufgeklärten Zeit;
Und ohne Hoffnung bin ich hier
Ein elend aufgeklärtes Thier.
Drum Thoren sprecht, ich mag nichts hören,
Verschonet mich mit eurem Gift;
Gesetzt, wenn es auch Fabeln wären,
Das, was ich lese in der Schrift,
So macht mich doch dies Fabelbuch
Zum Leben und zum Sterben klug.
Es spricht: Erwach vom Sündenschlafe,
Du thörigt aufgeklärtes Land;
Es naht die schwere Höllenstrafe,
Der böse Feind ist nicht verbannt;
Ich will euch lesen aus dem Buch,
Im Unglück giebts mir Ruh genug.

St. Meinrad.

Graf Berthold von Sulchen, der fromme Mann,
Er führt sein Söhnlein an der Hand;

Meinrad, mein Söhnlein von fünf Jahren,
Du mußt mit mir gen Reichenau fahren.
Hatto, Hatto, nimm hin das Kind,
Alle liebe Engelein mit ihm sind;
Die geistlich Zucht mag er wohl lernen
Und mag ein Spiegel der Münche werden.
Er ging zur Schul barfuß ohne Schuh
Und legt die geistlich Kunst sich zu;
Die Weisheit kam ihm vor der Zeit,
Da ward er zu einem Priester geweiht.
Da schickt ihn Hatto auf den Zürcher See,
Daß er ins Klösterlein bei Jona geh,
Bei Jona zu Oberzollingen
Da lehrt er die Münch beten und singen.
Da er lange ihr Schulmeister war,
Und ihn die Brüder ehrten gar;
Thät er oft an dem Ufer stehen
Und nach dem wilden Gebirg hinsehen.
Sein Gewissen zog ihn zur Wüste hin,
Zur Einsamkeit stand all sein Sinn;
Er sprach zu einem Münch: Mein Bruder,
Rüst uns ein Schifflein und zwei Ruder.
Über See zur Wildniß zur Wüstenei,
Hab ich gehört gut fischen sei;
Da gehn' die Fischlein in den einsamen Bächen! —
Ja Herr, mein Meister, der Münch thät sprechen.

Sie führen gen Rapperswyl über See,
Zu einer frommen Wittib sie da gehn;
Bewahr uns die Gewand, sie zu ihr sprechen,
Daß sie uns nicht in der Wildniß zerbrechen.

Sankt Meinrad und der Bruder gut
Sie folgten wohl der Bächlein Fluth:
Sie fischten hinan in dem Flüßlein Sille,
Bis in die Alp gar wild und stille.

O Herr und Meister, lieber Sankt Meinrad,
Wir haben Fischlein schon mehr als satt;
Noch nit genug, Meinrad da saget,
Steigt wo der Finsterwald herraget.

Und da sie gegangen den dritten Tag
Im finstern Wald eine Matte lag;
Ein Born da unter Steinen quillet,
Da hat Sankt Meinrad den Durst gestillet.

Nun lieber Bruder, nun ists genug,
Gen Rapperswyl die Fisch er trug;
Die fromm Wittib stand vor der Pforten
Und grüßt die Münch mit frohen Worten.

Willkomm, willkomm, ihr bleibt schier lang,
Die reißende Thier die machten mich bang;
Die Fisch die thät sie braten und sieden,
Die aßen sie in Gottes Frieden.

Frau hört mich an durch Gott den Herrn! —
Die Wittib sprach: Das thu ich gern!

Ein armer Priester hat das Begehren,
Sein Leben im Finsterwald zu verzehren.
Nun sprecht ob hier ein Frommer leb,
Der ihm ein klein Almosen geb;
Sie sprach: Ich bin allein allhiere,
Ich werd ihm ein Almoseniere.
Da thät Sankt Meinrad ihr vertrauen,
Daß er sich wollt ein Zelle bauen;
Und kehrt nach Oberpollingen,
Thät noch ein Jahr da beten und singen.
Aber die Einsamkeit drängt ihn sehr,
Er hat kein ruhig Stund da mehr,
Und eilt nach Rapperswyl zu der Frauen,
Die ließ ihm da seine Zelle bauen.
Am Aepfel wohnt er sieben Jahr,
Viel fromme Leut die kamen dar;
Seine Heiligkeit macht groß Geschrei
Und zog da gar viel Volks herbei.
Solch weltlich Ehr bracht ihm viel Schmerz,
Sein Hüttlein rückt er waldeinwärts,
Zum finstern Wald, wo das Brünnlein quillet,
Das ihm einst seinen Durst gestillet.
Und wenn er sich das Holz abhaut,
Daraus er seine Zelle baut,
Findt er ein Nest mit jungen Raben,
Die thät er da mit Brod erlaben.

Die fromm Frau auch von Rapperswyl
Schickt ihm Almosen ein gut Theil;
So lebt er während funfzehn Jahren,
Sein Freund die beiden Raben waren.

Von Wollrau war ein Zimmermann,
Der kam da zu dem Wald heran,
Und bat auch den St. Meinrad eben,
Sein Kindlein aus der Tauf zu heben.

Da gieng St. Meinrad hinab ins Land,
Dem Zimmermann zur Taufe stand,
Und kam da wieder zu vielen Ehren,
Das thäten zwei böse Mörder hören.

Peter und Reinhard dachten wohl,
St. Meinrads Opferstock wär voll;
Und wie sie zum Finsterwald eintreten,
Die Raben schreien in großen Nöthen.

St. Meinrad las' die Meß zur Stund,
Der Herr thät ihm sein Stündlein kund;
Da betet er aus ganzer Seele,
Daß ihn der Himmel auserwähle.

Die Mörder schlagen an die Thür:
Du böser Münich tret herfür,
Thu auf, gieb uns dein Geld zusammen,
Sonst stecken wir dein Haus in Flammen.

Im Finsterwald schallts ganz verworrn,
Die Raben mehren ihren Zorn;

Um ihre Häupter sie wüthend kreisen,
Nach ihren Augen hacken und beißen.
St. Meinrad sanft zu ihnen tritt,
Bringt ihnen Brod und Wasser mit:
Eßt, trinkt, ihr Gäste, seid willkommen,
Dann thut, warum ihr hergekommen.
Der Reinhard sprach: Warum komm ich?
St. Meinrad sprach: Zu tödten mich;
Da schrien sie beide: Kannst du es wissen?
So werden wirs vollbringen müssen.
Nun gieb dein Silber und all dein Gut! —
Da schlugen sie ihn wohl aufs Blut;
Und da sie seine Armuth sahen,
Thäten sie ihn zu Boden schlagen.
Da sprach der liebe Gottesmann:
Ihr lieben Freund nun hört mich an:
Zündt mir ein Licht zu meiner Leiche,
Dann eilt, daß euch kein Feind erreiche.
Der Peter gieng da zur Kapell,
Zu zünden an die Kerze hell;
Die thät durch Gott von selbst erbrennen,
Die Mörder da ihr Schuld erkennen.
Die Kerze brennt an seiner Seit,
Ein Wohlgeruch sich auch verbreit;
Sein Seel thät zu dem Himmel ziehen,
Die Mörder da erschrocken fliehen.

Aber die frommen Raben beid
Die gaben ihnen bös Geleit;
Um ihre Häupter sie zornig kreisen,
Und ihnen Haar und Stirn zerreißen.

Durch Wollrau kamen sie gerannt,
Der Zimmermann die Raben kannt;
Da thät er seinen Bruder bitten,
Zu folgen ihren wilden Schritten.

Indeß lief er in den Finsterwald,
Sucht seinen lieben Gevatter bald;
Der lag erschlagen auf grüner Haide,
Die Kerze brannt an seiner Seite.

Er küßt ihn auf den blutgen Mund,
Hüllt in den Mantel ihn zur Stund,
Legt weinend ihn in die Kapelle
An seines heilgen Altars Schwelle.

Und eilt herunter in das Land,
Sein Jammer allen macht bekannt;
Und schickt hinauf sein Kind und Frauen,
Nach ihrem heilgen Freund zu schauen.

Die Mörder fand er im Wirthshaus,
An der Schifflande zu Zürich draus;
Die Raben stießen die Fenster ein
Und warfen um das Bier und Wein.

Die Mörder man ergriff und band,
Ihr Schuld die haben sie bekannt;

Und bis hin auf den Scheiterhaufen
Die Raben sie wohl hakken und raufen.
  Der Abt zu Reichenau da hört,
Der fromm St. Meinrad sei ermördt;
Schickt auch mit Licht und Fahn viel Brüder,
Zu holen des St.-Meinrads Glieder.
  Und da der Leib zum Etzell kam,
Wo er gewohnt der heilge Mann,
Da war der Sarg nicht zu bewegen,
Sie mußten ihn da niederlegen.
  Sein heilig Herz und Ingeweid
Sie da begruben zu der Zeit;
Den Leib sie dann mit Beten und Singen
Nach Reichenau zur Kirche bringen.
  Wo er gestorben und gelebt,
Das Kloster Einsiedeln sich erhebt;
Für fromme Pilger ein Wunderquelle
Quillt dort in St. Meinrads Kapelle.

Goldarbeiten auf dem Liebesbande.

(Christian Fende Anleitung für eine gottsuchende Seele. Grätz 1732. S. 175.)

Ich wollt um meines Herren Haupt,
Das ganz von Dornen war umschraubt,
Ein Kronenband von Golde binden;
Das sollte meine Liebe sein,
Da braucht ich nun ein Schmelzwerk drein,
Das wußt ich nirgends aufzufinden;

Doch traf mein Geist auf guter Bahn
Noch endlich einen Goldschmied an.
  Der legte mir zu dieser Zier
Der Muster eine Menge für;
Ich wählt und weiß es noch zu nennen,
Ein Haupt, darauf man Balsam goß,
Der auch davon herunter floß,
Doch daß der Leib nicht wohl zu kennen;
Dabei war dies die Nebenschrift:
Wohl dem, den dieser Balsam trift.
  Zur andern ward mir vorgelegt
Ein Ölbaum, den man abgesägt
Und frisch mit Reisern übersetzet;
Dabei ein alter Gärtner stund,
Von dem der ungehackte Grund
Mit Wasser ward umher benetzet;
Und schiens, als sagte dieser Greis:
Wohl dem, der hier steht, wie ein Reis.
  Drauf legt er einen Weinstock dar,
Der voller grüner Reben war,
Die theils mit Trauben angefüllet,
Theils aber stunden nur zum Schein,
Und schnitt der Gärtner frisch darein,
Wo solches Laub den Stock verhüllet;
Sein Wort schien dies zu jeder Frist:
Weg, was kein fruchtbar Reben ist.

Das

Das vierte war ein weißes Kleid,
Ein Sinnbild der Gerechtigkeit,
Mit Christi Werken ausgesticket;
Das gab ein Vater anzuziehn,
Der Sohn warf seinen Kittel hin,
Der ganz mit Flicken zugestücket;
Und wie es schien, fing dieser an:
Wohl, wenn ich mich so kleiden kann.

Drauf kam mir vor ein Waizenfeld,
Das große Bild der Christenwelt,
Mit Unkraut hin und her besprenget;
Da stand ein hurtger Ackermann,
Und schlug mit seiner Sichel an,
Wiewohl der Acker so gemenget;
Doch schiens, als spräch er dies darein:
Wohl dem, der hier kann Waizen sä'n.

Und was zum sechsten vor uns kam,
Das war ein edler Bräutigam,
Mit Hochzeitkleidern ausgeschmücket;
Der bot der Braut die Liebeshand,
Die war in reiner Lieb entbrannt,
Und schaut auf ihn, wie halb entzücket;
Vom Himmel gab es diesen Laut:
Wie selig ist des Höchsten Braut.

Darauf kam mir ein Schäfer für,
Zwar schlecht von Kleid und sonder Zier,

Doch lag ein Schaf auf seinem Rücken;
Das schien, als hätt ers aus der Nacht
Und aus der Irr auch heimgebracht,
Und wollt es bei der Heerd erquicken;
Dabei dies Wort gelesen ward:
Wohl, wenn man hat des Schäfleins Art.
Zum achten zog in einem Kahn
Ein Schiffer seinen Zug heran,
Als wollt er nun das Netz ausleeren,
Da sah man Fisch und Koth und Stein
In einem Garn ergriffen sein,
Das fing er an gleich umzukehren;
Und mischte diesen Spruch darein:
Wohl dem, der wie ein Fisch kann sein.
Drauf sah ich, wie Metall da floß,
Das einer in die Forme goß,
Ein Crucifix darauf zu gießen,
Das im Metall darneben stund;
Wie da der Herr für unsern Bund
Sein Blut ließ, wie die Ströme fließen;
Darüber stand dies Wort erhöht:
Wohl, wer in dieser Forme steht.
Zum zehnten war da ein Spital,
Und Kranken drinnen ohne Zahl,
Und wollt ein Arzt zu ihnen treten,
Den ließen viel von ferne stehn,

Zu einem schien er hinzugehn,
Der ihn zuvor mit Ernst gebeten;
Dabei ward dies mit angeführt:
Wohl dem, den dieser Arzt kurirt.

Daraus mach ich mein Liebesband,
Und bring es als mein Seelenpfand,
Und ehre dich mit diesem Namen:
Herr, dessen Schrift dies selbst erdacht,
Sei dies für mich, was ich dir bracht,
Und sprich zu allem selbst das Amen;
So werd ich sonder Bild und Schein
In dir wahrhaftig selig sein.

Vorbereitung.

(S. 63.)

Ewiger Bildner der löblichen Dinge,
Der du mich Armen so ferne erdacht;
Rühr mir die Zunge, damit ich dir singe,
Und eins beginne nach äußerster Macht:
Dich zu erheben
Und dir zu leben,
Weil du mich mit so viel Gnaden bewacht.

Danket ihr Augen dem ewigen Lichte,
Daß ihr so sehend und offen dasteht;
Danket ihm für das erlangte Gesichte,
Das auch noch dauret und noch nicht vergeht.

Schauet mit Wonne
Auf ihn, die Sonne,
Bis er euch über die Sterne erhöht.
Danket ihr Ohren dem Worte des Lebens,
Daß ihr vernehmen könnt, was es euch heißt;
Öffnet euch, daß es nicht rufe vergebens,
Laßt euch regieren den ewigen Geist;
Bis ihr könnt hören,
Wie man mit Chören
Dorten ihn ewig erhebet und preist.
Danket Gedanken, Verstand und du Wille,
Danke Gedächtniß und Urtheil dazu;
Schwinget die Flügel zur ewigen Fülle,
Laßt euch nicht halten das zeitliche Nu.
Lob und Gefieder
Sinke nicht nieder,
Bis ihr gelanget zur himmlischen Ruh.

Augustinus und der Engel.

(Mündlich.)

Mit der Muschel schöpft das Büblein
Aus dem Meer in ein Sandgrüblein;
Augustinus stille stand,
Und das Kind zu ihm begann.

Engel.

Augustinus, Licht des Glaubens,
Fromm und rein gleich wie die Tauben,

Sag mir an, wo gehst du hin?
Du hast Neues wohl im Sinn.
Thust vielleicht was Neu's studieren,
Oder gehst du nur spazieren?
Augustinus sag es gleich,
Sonst ich nicht von dir abweich.

Augustinus.

Liebes Kind, ich thu betrachten,
Ach und kann doch nimmer fassen
Die allerheiligste Dreifaltigkeit
Als eine wahre Einigkeit.

Engel.

Eh will ich das groß Weltwasser
In dies klein Sandgrüblein fassen,
Eh du dir wirst bilden ein,
Wie die Sach kann möglich sein.

Augustinus.

O wie hoch bin ich geflogen,
Wie hat mich das Gemüth betrogen;
Als ich nach dem Kindlein sah,
War es fort, war nicht mehr da.
Nimmer werd ich so hoch fliegen,
Nimmer michs Gemüth betrügen,
Bis zergehen wird die Erd,
Und ich nicht mehr denken werd.

Dies ist das ander Land.

(Manuscript. 1477.)

Es ist nit allewege Festabend,
Der Tod kömmt und bringet den Abend;
Und bindt uns mit einem festen Band,
Daß er uns bringe in das ander Land.

Auch so ist allezeit nit Maie,
Wir müssen tanzen an dem Reihe,
Daß uns der Mai wird entwandt,
Dann singen wir fort in das ander Land.

Allerweg mögen wir nit hie bleiben,
Der Tod will uns von hinnen treiben;
Noch morgen oder alle zur Hand,
Gott weiß, wir müssen in das ander Land.

Wie schön wir uns zieren und waschen,
Wir sind doch erst kommen von Aschen;
Das erst Volk, das man fand,
Das ist auch fort in das ander Land.

Ach was ist süßer, als das Leben,
Wir müssen doch sterbend uns des begeben;
Der Tod kömmt sonder Widerstand
Und schleift uns in das ander Land.

Ich wach, ich sorg, ich bebe, ich kreide
Um Gut, das ist doch andrer Leute;
Es war auch hie, als ich es fand,
Hier laß ich es, und fahr in das ander Land.

Ich gehe scharren und schürchen
Um Gut, als wollt ich mich erwürgen;
Gott hat mich nit darum hergesandt,
Muß nacket und blos in das ander Land.

Ich sollte Gott hie zu allen Zeiten
Loben, danken und benedeien;
Das wär mein Schutz und mein Gewand
Vor Satanas in dem andern Land.

Herr Geier, Herr Geier, was ihr hie mögt erkriegen,
Es muß doch alles hie bleiben liegen;
Mit uns müßt ihr unter den Sand,
Fahren hin in das ander Land.

Keines Menschen Gut oder Ehr sollst du ihm nehmen.
Freund! des sollst du dich schämen;
Die das thaten, die wurden geschand't
Hie und auch im andern Land.

Kein Schande oder Schaden sollst du klaffen
Auf Mönche, Nonnen oder Pfaffen;
Sie sind Gottes Schatz und edel Persant,
Sie geben Rede in dem andern Land.

Wo ist Karle, Hektor und Alexander,
Julius, Artus und mancher ander?
Ritter, Knecht und mancher Wigand?
Wo anders denn im andern Land!

Wär irgend ein Kaiser von Rome,
Der edel wär oder so schone,
Als ein Karfunkel oder Diamant,
Er muß nacket in das ander Land.

Wir gehen, als die vor uns waren,
Starke, weise, schön von Jahren,
Wie man sie nennt oder waren genannt,
Sie sind all vor uns in das ander Land.

Der Tag mag zu Abend kommen,
Es sei zu Schaden oder zu Frommen,
Nach dem Leben kommt der Tod gerannt
Und treibt uns in das ander Land.

Als wir sind todt, wir mögen kriegen
Ein alt Leilach, darin wir liegen,
Oder eine neue Kiste bekannt,
Also fahren wir in das ander Land.

Wir werden alle nackend geboren,
Kein eigen Gut haben wir zware;
Denn unsre Seele ist ein Unterpfand,
Ihr Werk findet sie in dem andern Land.

O Seele, o Seele, geistliche Kreature,
Gott schuf dich selber nach seiner Figure;
Was du hast gesäet oder gepflanzt,
Das sollst du ernten in dem andern Land.

Das Beste, des ich mich kann entsinnen,
Das ist Gott fürchten und allzeit minnen;

Das soll sein unsrer Seele Gewand,
So fahren wir sicher in das ander Land.
Wenn wir werden alt, krank und krumm,
So wär es Zeit, daß wir uns sähen um;
Und wenn uns entfällt der Leckerzahn,
So wollen wir bald in das ander Land.
Ach Gott, wer soll unser Geleitsmann sein?
Wir wissen ja nichts von unsrer Pein;
Der Weg ist fern und unbekannt,
Den wir hinfahren in das ander Land.
Nachdem als man beschrieben findt,
So ist unser Leben als der Wind,
Der da flieget über den Sand,
So schnell fahren wir in das ander Land.
Ach daß ich je ward geboren!
Daß ich meine Zeit also hab verloren!
Ach Herre, ich setze mein Seel in deine Hand,
Wenn ich hinfahre in das ander Land.
Wir wollen immer das Beste hoffen,
Die Gottesgnade steht uns allzeit offen;
Wiewohl uns Gott hat hergesandt,
Doch müssen wir in das ander Land.
Bitten wir Maria die Jungfrau rein,
Daß sie unsre Trösterin wolle sein
Und bleiben doch immer unser Vorstand,
Wenn wir fahren dahin in das ander Land.

Unser Herr Jesus hat uns gegeben
Im Himmelreich sein ewiges Leben;
Er behüte uns vor dem bösen Volant,
Daß wir nit kommen in das höllische Land.
Das ist aus: Ich kann nit mehr beschreiben,
Gott der weise uns in sein ewig Leben;
Daß wir da werden mögen bekannt
Mit allen Heiligen in dem himmlischen Land.
Amen.

Siegslied.

(Marcarium epithalamium. Von Joh. Kuen. München 1659. S. 148.)

Fangt an zu singen,
Die Trommel rühren,
Zertrennt ist Pharaos groß Heer;
Laßt Saiten klingen,
Und jubiliren,
Verschont hat uns das rothe Meer.
Hat nachgelassen
So stark zu fliessen,
Gestanden wie die Mauren fest;
Durch gute Straßen,
Mit trocknen Füßen
Gehn wir hindurch, wir sind getröst.
Will Moses führen
Das Heer der Männer,

Kommt ihr zu mir ihr Jungfräulein,
Mein Heer zu zieren,
Trotz euch Bekenner,
Bin Aron ich die Schwester dein.
Weil wir entronnen
Den Wasserwellen,
Sollt ihr der höchsten Majestät
So viel vergönnen,
Ein Fest anstellen,
Und singen, daß der Osten weht.
Der Thau wird fallen
Und euch begiessen,
Herab vom hohen Himmelsbau;
Ihr sollt vor allen
Das Herz erschliessen
Dem honigsüßen Himmelthau.
Dann wird benetzet,
Was vor geblieben,
Und ohne dies wohl Frucht gebracht,
Zugleich ergötzet,
Mehr angetrieben,
Was ausgedorret und verschmacht.

Eine heilige Familie.

(Marcarium epithalamium.)

Der Tag war schön, ins Grüne gehn
Trieb an das lust'ge Wetter;
Das Feld geziert, vom Wind berührt,
Roth wie die Rosenblätter.
Maria rein hätt Sorg allein
Ihr Kindlein umzutragen;
Möcht ja von Haus aus wohl hinaus,
Soll doch die Mutter fragen,
Ob sie dies dürfe wagen?

„Ei warum nit? Ich komm auch mit!“
Die Mutter Anna sprache;
„Dem Kind, auch dir, ingleichen mir
Ein Freud im Feld ich mache.
Die Luft man spürt, gelind regiert,
Laß uns der Zeit genießen,
Und allerlei Tapezerei
Gesprengter Blümlein grüßen,
Die reichlich vorher spriessen.“

Die Nachtigall, mit edlem Schall,
Ein Musik anzurichten,
Schwingt sich gar frei zunächst hiebei,
Fängt lieblich an zu dichten.
Das schön Revier gab gut Quartier,
Ein grünes Dach zu eigen;

Der Feigenbaum enthält sich kaum,
Kann sich genug nicht neigen,
Auch dienstbarlich erzeigen.
Maria wollt, wie sie auch sollt,
Mit ihrer Mutter theilen:
„Nimm Anfrau, nimm! „O süße Stimm!
Will dein Verlangen heilen.“
Gab ihren Sohn, der Freude Lohn,
Der Mutter auf die Schooßen;
Inzwischen sie sucht Rosenblüt,
Mit Blättern, klein und großen,
Gleich wies hervor gesprossen.
Zur selben Frist auch Joseph ist,
Hienach mit Freuden kommen;
Hat Speis und Frücht, im Korb gericht,
Aus Vorsorg mitgenommen.
Damit das Kind und Hausgesind
Im Fall es würd begehret,
Wo nicht nach Gust, jedoch zur Lust,
Was hätt davon verzehret,
Dem Kind hat ers verehret.
„O schön Geschenk! die Anfrau denkt,
Ein Apfel reich dem Kinde;
Sieh ob ein Freud könnt sein der Zeit,
Die meine überwinde?
Hab in dem Schooß den Herren groß,

Der Himmel wird erfüllen;
Die Weisheit hoch in Kindheit noch,
Seh ich nach meinem Willen,
Wie doch die Kinder spielen."

Der Engel Kreis stand rings so leis,
Und war doch ganz zugegen;
Der ungespart in Gegenwart
Sein Schuld auch wollt ablegen.
Das Kind sich wendt, streckt seine Händ,
Als wär ihm Leid geschehen;
Wendt hin und her, und in die Fern,
Und dann auch in die Nähen,
Bis es die Recht ersehen.

Der Lilienstamm schier wieder kam,
Maria brachte Blumen;
Hat Maiengab gebrochen ab,
Als reines Weiß zu ruhmen.
Bald Anna bund ein Kränzlein rund.
So war das Kind ergötzet;
Der Jungfrau Sohn nahm an die Kron,
Hats der aufs Haupt gesetzet,
Die würdig wird geschätzet.

„Herbei Johann, bist gut Gespann,
Komm her zu lieben Kindchen;
Mit uns verbleib, da Kurzweil treib,
Wie bald entweicht ein Stündchen.

Dein Lämmlein laß im grünen Gras
Nur neben uns da weiden;
Bringst auch mit dir ein Maienzier,
Und bist noch so bescheiden?
Bringst Rosen von der Haiden."
„Die Rosen dein hoch Leibfarb sein,
Bedeuten schmerzlich Leben."
„Was machst damit, was bringt sie mit,
Will zwar nicht widerstreben.
O Rosenroth! O Pein! O Noth,
Johannes mein verschone;
Mach mir nicht neu die Prophezei,
Vermeldt von Simeone,
Bis ich des Leids gewohne.
„Ei ja so seis, so roth und weiß
Ist des Geliebten Zeichen;
Hab Lust hiezu, mein Jesus fruh,
Thu selber danach reichen;
Theil auch mit mir, ich bitt dafür,
Ich nehm von dir mit Freuden
Die Rosen roth, ja gar den Tod,
Und alles, was zu leiden,
Wenns je nicht ist, zu meiden."
Der Lilien weiß ein ganz Gesträuß
War für den Joseph eben;
Und Anna warb um Goldlackfarb,

Johannes hats ihr geben;
Das übrig ward geworfen dar
Ins Feld für einen Samen;
Daraus zerstreut zu seiner Zeit,
Gepflanzt in Jesus Namen,
Viel tausend Blümlein kamen.

Erlösung.

(Königshoven Straßburger Chronik. S. 526.)

Maria.

Mein Kind, sieh an die Brüste mein,
Kein Sünder laß verloren sein.

Christus.

Mutter, sieh an die Wunden,
Die ich für dein Sünd trag alle Stunden.
Vater, laß dir die Wunden mein
Ein Opfer für die Sünde sein.

Vater.

Sohn, lieber Sohn mein,
Alles was du begehrst, das soll seyn.

Liebscherz mit dem neugebornen Kinde Maria.

(Procopii Mariale festivale. p. 228.)

Wann wünschen wär können, Maria mein,
So möcht ich jetzt wohl ein Baumeister sein;

Ich

Ich wünschte mir Salomons Schätze,
Dukaten und Thaler viel Metzen,
Blos deinen Geburtsort zu ehren,
Mein Andacht und Trost zu vermehren.

Ich wollte dir bauen ein Kirchelein,
Das sollte mit Golde gepflastert sein;
Von Edelstein alle Gewölbe,
Der Altar das wäre ich selber;
Mein Herze das müsse der Altardom sein,
Drauf müssest du wohnen mein Kindelein.

Mein Seel sollt ein güldenes Rauchfaß sein,
Mit dem ich dir täglich wollt opfern fein
Gewürzwerk, so viel dir behaget,
So viel ganz Arabia traget;
Die Menschen die hätt ich an einer Kett,
Und jeder ein englische Stimmlein hätt.

Maria, du jezt ein Kindlein bist,
Das sauget der heiligen Mutter Brüst;
Die Kinder gern alles verschenken,
Drum wollest auch meiner gedenken;
Mein Grobheit die wollest verzeihen,
Viel Gnade dafür mir verleihen.

Wenn schlafest, so will ich aufwecken dich,
Thust weinen, so will ich erfreuen mich;
Die Engel, die werden dich stillen,
Gott selber wird thun deinen Willen;

Ihm opfre ein kleines Paar Zährlein,
Es wird ihm viel lieber als Perlen sein.

Vorbote des jüngsten Gerichts.

(Nach Procop.)

Pater Friedrich Procop, Kapuziner der Österreichischen Provinz, zu Templin, in der Mark Brandenburg, gegen das Ende des sechzehnten Jahrhunderts geboren, zu seiner Zeit ein berühmter Redner und Dichter, (seine weitläuftigen Schriften erhielten mehr von Auflagen) durch den Religionsstreit in der Geschichte der Dichtkunst, wie so manche andere vergessen, in dem ersten und zweiten Bande des Wunderhorns durch Proben einiger seiner zierlichsten Lieder wieder bekannt gemacht, schließt seine Abschiedsrede mit folgenden Versen.

Nun lob mein Seel den Herren gut,
Des Weisheit so regieren thut;
Daß alles in der ganzen Welt
So süß und lieblich ist bestellt.
Ganz gnädiglich mich Würmlein arm
Beruft er aus des Luthers Schwarm;
Fürwahr durch wunderliche Weg,
Als ich oft nachzudenken pfleg.

Er mich versorgt zu seinem Ruhm
Im Ordensstand und Priesterthum;
Begabt mich mit so viel Verstand,
Daß ich das Weiß von Schwarz erkannt.
Die Bibel und die heilge Schrift,
So viel das Predigtamt betrifft,
Wolt er, daß ich begreifen mußt,
Verlieh dazu mir Lieb und Lust.

Ich predigt vier und zwanzig Jahr,
Bis ich an Kräften abnahm gar;
Die Kanzel ich dann fahren ließ,
Mein Obrigkeit mir selbst es hieß.
Und wagte mich an dieses Werk,
Dazu mir Gott gab Gnad und Stärk;
Viel mehr als ich gehoffet hätt,
Maria Hülf mich trösten thät.

Was ich gelehrt mit Zung und Mund,
Auch selbst geglaubt von Herzensgrund,
Das bracht ich fleißig zu Papier,
Der Leser kann es finden hier.
Vermein, es manchem dienen soll,
Der sich des mag gebrauchen wohl;
Der Predigten ist groß die Zahl,
Daraus man hat die freie Wahl.

Gar vielmals hat man wenig Zeit,
Leidt auch nicht die Gelegenheit,
Daß man erst lang studieren thu,
Geschäfte lassen es nicht zu.
Nehm er nur meine Bücher her,
So hat er schon genug gut Lehr;
Zu Dank sag er nach meinem Tod:
Nun mein Procop, nun gnad dir Gott!

Gesänge macht ich allerlei,
Versah sie mit der Melodei;

Damit theil ich die Predigt ab,
Niemand dran Mißgefallen hab,
Sing oder brauch ein Instrument,
Doch mittlerweil zu Gott dich wend;
Dies war allein mein Zweck und Ziel,
So hast ein nützlich Musikspiel.

* * *

Einstmals war ich ein Wandersmann,
Reisend durch fremde Land,
In eine Stadt ich käme an,
Wo ich nicht war bekannt;
Ich war so müd und ja so matt,
Daß ich kaum essen mocht,
Mich dünkt, ich war vorhin schon satt,
Eh noch was ward gekocht.
Ich ließ das jüngst Gerichte
Und legt mich auf das Stroh
Wohl mit dem Angesichte,
Wie ich denn pflegte so.

Ich lag gar sanft geschlummert ein
Und gleich im besten Schlaf,
Erquickte fein die Glieder mein
Als wie ein müdes Schaf;
Da hebt sich an ein großer Lärm,
Es ward ein Feuersbrunst:
Es brennt, es brennt, daß Gott erbarm!

Schrie man und nicht umsunst.
Bringt Wasser, Leiter, Hacken,
Ihr Nachbarn eilt herzu!
Sturm schlug man an den Glocken,
Das machte groß Unruh.
  Bald ich erhub auch meinen Kopf,
Wußt nicht, ob träumte mir,
Ich mußte auf ich armer Tropf,
Da half mir nichts dafür;
Ich lief zum Fenster, schaut hinaus,
Nahm ein den Augenschein;
Ich sah das große Elend draus,
Es mocht nicht ärger sein.
Was sollt ich weiter machen
In der betrübten Nacht;
Mir wohl verging das Lachen,
Ein jeder es eracht.
  Es war ein Zeit gekommen schon,
Das Wasser war zu theuer,
Und wo ich schau und wo ich wohn,
Das vielgefräßge Feuer;
Gar alle Gassen lief es auf,
Die Funken flogen sehr,
Von Platz zu Platz, von Haus zu Haus,
Um sich griffs immer mehr.
Glückselig sich der schätzte,
Ders Leben bracht davon;

Auf Glut und Asche setzte
Sich hoch des Feuers Thron.
Propheten, Patriarchen Chör,
Und die Apostel auch,
Evangelisten, ander mehr,
Nach ihrem alten Brauch,
Sie schreien rings und machen Lerm,
Aufmuntern Bös und Fromm;
Es brenn, es brenn, daß Gott erbarm,
Wer löschen mag, der komm.
Die Häuser man verlasset
Und eilet auf die Berg;
Mich da der Anblick fasset,
Daß ich mich bald verberg.
Da schrie und rief die tiefe Stimm
Wohl bei dem Feuer-Thron mit Grimm:
Der jüngste Tag wird sich bald finden,
Solches verkündge den Menschenkindern;
Mann und Weib, dem thu ichs klagen,
Was ich in meinem Herzen thu tragen;
Ich eß oder trink, ich schlaf oder wach,
Oder was ich auf Erden mach,
So kommet mir nimmer aus meinen Ohrn,
Das greulich und grimmige Horn,
Das da tönet ohne Maßen Grimm,
Und schreit mit erschrecklicher Stimm:
Steht auf ihr todten Leut,

Zu dem Gericht Gottes müßt ihr heut;
Die Posaune die Todten auferweckt,
Und auch die ganze Welt erschreckt.
Nun höret zu, was ich euch sag:
Es kommen vorher funfzehn Tag;
An dem ersten Tag da fang ich an,
Die Wasser lassen ihr Laufen stahn,
Sie rinnen nicht mehr über Land,
Sie lehnen auf wie eine Wand,
Sie thun gar gräulich sausen,
Daß mans in der ganzen Welt hört brausen.
Darnach wohl an dem andern Tag
Nach der lieben heiligen Sag,
So kommen die Wasser wieder hernieder,
Daß man sie kaum siehet wieder,
Ja daß man sie kaum gesehen mag.
O weh, wie jämmerlicher Tag!
Der dritte Tag ist so grimm,
Die Fisch im Meer schreien mit lauter Stimm,
Und gar jämmerlich schreien alle Meerwunder,
Doch ein jeder in seiner Art besunder;
Also hart klagen sie ihre Noth,
Daß sie müssen leiden den Tod.
Der vierte und jämmerliche Tag,
Und höret zu, was ich euch sag,
So muß die Welt groß Leid gewinnen,
Wenn sie thut sehen das Wasser brinnen

Und das ganze Erdreich zumal,
Da ist großer Jammer überall.
Der fünfte Tag gar greulichen thut,
Alles Laub und Gras das schwitzet Blut,
Das Laub wohl an den Ästen rinnt,
Wer das ansieht groß Leid gewinnt,
Das Erdreich wird von Blut so roth,
Das mag wohl sein ein große Noth.
Darnach kommt der sechste Tag
Und bringet mit sich ein greulich Klag,
Haus und Hof niederfällt,
Wie fest es auf Erden war gestellt;
Doch fällt alles nieder zu der Erd,
Silber und Gold wird sein gar unwerth.
Der siebente Tag gar greulich ist,
Ein grausam Geschrei hört man zur Frist,
Ein Stein thut sich am andern schlagen,
Daß die Leut schier mögten verzagen;
Wer dann lebt, der muß alten,
Wenn er sieht die Stein verspalten.
Der achte Tag, vernehmt mich wohl,
Gar greulich Wunder bringen soll,
Der großen Erdbeben kommen so fast,
Daß weder Menschen noch Vieh hat Rast.
Es fällt alles nieder zu der Stund,
Und spricht: O weh, der Tod kummt!
Der neunte Tag läßt nichtes stahn,

Alle Berg und Hügel müssen sich niederlahn,
Die grausamen, hohen Berge überall
Die fallen hernieder in das Thal,
Und wird das Erdreich ganz eben,
O wie bitter wird sein das Leben.
Der zehnte Tag kommt bitterlich,
Die Leut schreien gar jämmerlich,
Die sich in Klüften haben verborgen,
Die kommen hervor mit großen Sorgen;
Ihr keiner schier mehr reden mag,
Also sehr fürchten sie den jüngsten Tag.
Der eilfte Tag kommt gar klärlich,
Die Todtenbein erzeigen sich,
Vor dem Grab sieht man sie liegen,
Das soll euch nicht sein verschwiegen;
Wann die lebendigen Leut das sehen,
Vor großer Angst sie dann vergehen.
Der zwölfte Tag thut so grausam wallen,
Dann sieht man die Stern vom Himmel fallen,
Und fliehen durch die ganze Welt zumal,
Da ist groß Jammer überall.
An dem dreizehnten und schrecklichen Tag,
Nun höret zu, was ich euch sag,
Daran müssen alle Menschen sterben,
Die kommen sind aus dieser Erden,
Daß sie von dem Tod auferstehen,
Und sämmtlich vor den Richter gehen.

Der vierzehnte Tag gar greulich ist,
Davon verbrennt die Welt in kurzer Frist,
Luft, Wasser und Erdreich, alles da brinnt
Und überaus groß Leid gewinnt;
Denn alles, was gemacht ist aus der Erden,
Muß wieder zu Staub und Aschen werden.
Am funfzehnten Tag, das ist wahr,
Da wird eine neue Welt gar schön und klar,
Alsdann müssen alle Menschen auferstehen aus
dem Grab,
Wovon uns die heilige Schrift klar Zeugniß gab;
Der Engel mit dem grossen Zorn
Ruft allen Menschen durch das Horn!

Lobgesang auf Maria.

(Jacobi Balde poematum T. IV. p. 372.)

Ach wie lang hab ich schon begehrt,
Maria, dich zu loben!
Nicht zwar als wie du wirst verehrt
Im hohen Himmel oben;
Dies wär umsonst! Mein' arme Kunst
Wird an der Harfe hangen
Und dieses Lied, so hell sie glüht,
Mit dunklem Klang anfangen.

Demüthig sei von mir gegrüßt!
Nimm gnädig an dies Grüßen,

Von dir so viel der Gnaden fließt,
Als immer her kann fließen;
Der dich erwählt hat und gewollt
An deinen Brüsten saugen,
So schön Er ist, so schön Du bist,
Er scheint dir aus den Augen.

Was in der Welt so mannigfalt
Ist zierlich ausgeflossen,
Hat über ihre Wohlgestalt
Sich ringsum reich ergossen,
Des Himmels Kraft, der Erden Saft,
Den Durchglanz eingeboren,
Von dem empfing, den sie empfing,
Vom Sohn, den sie geboren.

Erfahren hat es Holofern,
Der Gott hat gleichen wollen,
Der Lucifer und Morgenstern
Mit seinen Lustgesellen,
Du hast die Pracht zunicht gemacht,
Und der verfluchten Schlange,
Dem Höllenfürst, den Kopf zerknirscht,
Daß ihm der Muth vergangen.

Zwölf Stern' um ihr glorwürdig Haupt,
Als Krone, ringsum schweben,
Und jauchzen: Uns ist es erlaubt
Allein sie zu umgeben!

Sie triebe ab nicht Schwert, nicht Stab,
So fest thun sie verharren;
Sie ließen eh des Himmels Höh,
Als ihre Stelle fahren.

Denn ihre Freud' und Herzenslust
Ist, dies Gesicht anschauen,
Den Mund, den Gott so oft geküßt,
Die Augen und Augbraunen,
Die Liljenhänd', Lefzen vermengt
Mit Honig und mit Rosen,
Die süße Red, die von ihr geht,
Ist über all Liebkosen.

Dem Palmbaum ihre Länge gleicht,
Die Wange Turteltauben,
Und ihren süßen Brüsten weicht
Der Wein aus edlen Trauben;
Ganz Hyazinth, von keiner Sünd,
Noch groß, noch klein beladen,
Das Adams-Gift, das alle trifft,
Hat ihr nicht können schaden.

O Fürstentochter! o wie schön
Die Tritt sind, die du zählest!
Welch einen Festtag wird begehn,
Dem du dich einst vermählest!
Dein Bräutigam wird bei dem Lamm
Andern Gesang anstimmen,

Er wird in Freud und Süßigkeit
Ein Fisch im Meere schwimmen.
O daß noch von Siena viel
Der Bernhardini wären,
Die, deren einig End und Ziel
Ist diese Braut zu ehren,
Er schenkte ihr all sein Begier,
Lust, Hoffnung, Freud und Schmerzen,
Trug, wie ich sing', den liebsten Ring,
Den Diamant im Herzen.
Hintan mit dir du Erdgestalt,
Mit Milch und Blut gewaschen,
Die doch zulezt welk wird und alt,
Und dann zu Staub und Aschen;
Besonders die mit falscher Müh
Sich Schönheit nur erdichtet,
Und uns ins Herz, in bitterm Scherz,
Den süßen Giftpfeil richtet.
Sag auch hiemit den Parzen ab,
Die mir bisher gesponnen,
Bei denen ich an meinem Grab
Verloren, nicht gewonnen.
Falsch und untreu sind alle drei
Heimlich mit mir umgangen;
An ihr Gespinnst, an ihre Kunst
Sollt ich mein Leben hangen?

Nein, wenn der Athem mir wird schwer,
Daß ichs nicht mehr kann leiden,
Soll mir den Faden nimmermehr
Derselben Ein' abschneiden;
Dein schöne Hand, dein milde Hand,
O Jungfrau auserkohren,
Schneid oder schon, straf oder lohn,
Sonst ist alles verloren.

Wenn mir geschwächt sind alle Sinn',
Und die Umstehenden sagen:
Jetzt scheidet er, jetzt ist er hin,
Der Puls hört auf zu schlagen!
Dein schöne Hand, dein milde Hand,
O Mutter meines Lebens,
Gleit über mich, erquicke mich,
Sonst ist es alls vergebens.

Kriegslied des Glaubens.

(Mündlich nach Martin Luther Lieder. Zittau 1710. S. 502. und Phil. von Sittewald II. Band S. 691.)

Ein feste Burg ist unser Gott,
Ein gute Wehr und Waffen,
Er hilft uns frei aus aller Noth,
Die uns jetzt hat betroffen;
Der alte böse Feind
Mit Ernst es jetzt meint,

Groß Macht und viel List
Sein grausam Rüstung ist;
Auf Erd ist nicht seins Gleichen.
  Und wenn die Welt voll Teufel wär,
Und wollten uns verschlingen,
So fürchten wir uns nimmermehr,
Es soll uns doch gelingen;
Der Feind von dieser Welt,
Wie wild er sich stellt,
Thut er uns doch nichts;
Er scheuet ja das Licht,
Ein Wort das kann ihn fällen.
  Gott Ehr und Preis, der uns zu Gut
Den Feind durch uns will schlagen,
Und über uns hat treue Hut
Auf seinem Feuerwagen;
Sein ganz himmlisch Heer
Rondet um uns her,
Lobsingt, lobsinget ihm,
Lobsingt mit heller Stimm:
Ehr sei Gott in der Höhe!
  Sein Wort sie sollen lassen stehn,
Kein Dank dafür nicht haben,
Wir haben es wohl eingesehn
Mit seinem Geist und Gaben.
Nehmen sie den Leib,
Gut, Ehr, Kind und Weib,

Laß fahren dahin,
Sie haben keinen Gewinn;
Das Reich muß uns doch bleiben!
Lob, Ehr und Preis sei seiner Macht,
Sein ist die ewge Veste,
Er wacht und schildert Tag und Nacht,
Daß alles geht aufs Beste;
Jesus ist sein Wort,
Ein heimlich offen Wort,
Ihn ruft Wacht zu Wacht
Zum Trost durch die Nacht,
Bis alle Vögel ihm singen.

Tabakslied.

(Mündlich.)

Wach auf! Wach auf! der Steuermann kömmt,
Er hat sein großes Licht schon angezündt.
Hat ers angezündt, so giebts einen Schein,
Damit so fahren wir ins Bergwerk ein.
Der Eine gräbt Silber, der Andre gräbt Gold,
Dem schwarzbraunen Mägdlein sind wir hold.
Tabak! Tabak! echtadliges Kraut!
Tabak! Tabak! du stinkendes Kraut.
Wer dich erfand, ist wohl lobenswerth,
Wer dich erfand, ist wohl prügelnswerth.

Die

Die kluge Schäferin.

(Mündlich.)

Schäferin.

Ich schlaf allhie,
Bei meinem Vieh,
Ich schlaf im Moos,
Dem Glück im Schooß;
Dein Schloß ich schau,
Es liegt vor mir,
Zu sagen schier,
Wie kühler Thau.
Kommt Morgenroth,
So lob ich Gott,
Das Feldgeschrei
Wird jubelnd neu
Beim goldnen Lohn,
Die Morgenstund
Hat Gold im Mund,
Baut mir den Thron.

König.

Vom Schloß ich zieh,
Zu dir ich flieh,
Lieb Schäferin,
Nach deinem Sinn
Mein Scepter wird
Ein Hirtenstab,

Und was ich hab,
Dich Schäfrin ziert.

Schäferin.

Ich Schäferin
Mit leichtem Sinn,
Sing ruhig fort
Mein sinnig Wort:
Ein jeder bleib
Bei seiner Heerd,
Den König ehrt
Kein Schäferweib.

Zauberlied gegen das Quartanfieber.

(Reichard's Geisterreich. I. B. S. 145.)

„Steh dir bei der himmlische Degen,
Jedweden halben, darin eben,
Der Leib sei dir beinern,
Das Herz sei dir steinern,
Das Haupt sei gestahlet,
Der Himmel geschildet,
Die Hölle versperret,
Alls Übel sich von dir verlieret!"
Also sagte Tobias zum Sohn,
Und sandt ihn nach Simedion.
Gott sandt ihn heim mit gutem Muth,
Zum Vater heim, zum eignen Gut.

Zauberformel zum Festmachen der Soldaten

(Das. S. 145.)

Holunke, wehre dich!
Probatum est.

Aufgegebene Jagd.

(Frische Liedlein.)

Erster Jäger.

Ich schwing mein Horn ins Jammerthal,
Mein Freud ist mir verschwunden,
Ich hab gejagt, muß abelahn,
Das Wild lauft vor den Hunden,
Ein edel Thier in diesem Feld
Hätt ich mir auserkoren,
Das schied von mir als ich es meld,
Mein Jagen ist verloren.

Fahr hin Gewild in Waldes-Lust,
Ich will dich nimmer schrecken
Und jagen dein schneeweisse Brust,
Ein ander muß dich wecken,
Mit Jagdgeschrei und Hundebiß,
Daß du kaum mögst entrinnen:
Halt dich in Hut, schöns Maidlein gut,
Mit Leid scheid ich von hinnen.

Zweiter Jäger.

Kein Hochgewild ich fahen kann,
Das muß ich oft entgelten;

Noch halt ich stets auf Jägers-Bahn,
Wiewohl mir Glück kommt selten:
Mag ich nicht han ein Hochwild schön,
So laß ich mich begnügen
Am Hasenfleisch, nichts mehr ich weiß,
Das mag mich nicht betrügen.

Große Wäsche.

(Frische Liedlein und mündlich.)

Der Mai will sich mit Gunsten,
Mit Gunsten beweisen,
Prüf' ich an aller Vögelein Gesang,
Der Sommer kömmt, vor nicht gar lang
Hört ich Frau Nachtigall singen,
Sie sang recht wie ein Saitenspiel:
„Der Mai bald will
Den lichten Sommer bringen, und zwingen
Die Jungfräulein zu Springen und Singen.

Jedoch so sind die Kleider
Mir leider zerrissen,
Ich schäme mich vor andrer Mägdlein Schaar,
Mit meinen Schenklein geh ich bar,
Weil ich grad waschen wollte,
Der Reif und auch der kalte Schnee
That mir wohl weh,
Ich will als Waschgesellen bestellen
Die Jungfraun an den hellen Waldquellen.

Komm, komm, lieb lieb Agnette,
Margretha, Sophia,
Elisabetha, Amaleia traut,
Sibilla, Lilla, Frau Gertraut,
Kommt bald ihr Mägdlein schöne,
Kommt bald und wascht euch säuberlich,
Und schmücket mich."
Da kamen die Jungfrauen im Thaue
Sich waschen und beschauen, ja schauen
Ich dank Frau Nachtigallen
Vor Allen mein Glücke,
Daß sie zum Waschen rief die holde Schaar,
Mit ihren Schenklein giengens bar,
Das Wasser ward nicht trübe,
Der Jugendglanz, der Maienschnee
That ihm nicht weh;
Doch mich wirds nicht mehr kühlen im Schwülen,
Im Sommer werd ichs fühlen, ja fühlen.

Der Palmbaum.

(Simon Dach.)

Annchen von Tharau ist, die mir gefällt,
Sie ist mein Leben, mein Gut und mein Geld.
Annchen von Tharau hat wieder ihr Herz
Auf mich gerichtet in Lieb und in Schmerz.
Annchen von Tharau, mein Reichthum, mein Gut,
Du meine Seele, mein Fleisch und mein Blut!

Käm' alles Wetter gleich auf uns zu schlahn,
Wir sind gesinnet, bei einander zu stahn.
Krankheit, Verfolgung, Betrübniß und Pein,
Soll unsrer Liebe Verknotigung sein.
Recht als ein Palmenbaum über sich steigt,
Je mehr ihn Hagel und Regen anficht,
So wird die Lieb in uns mächtig und groß,
Durch Kreuz, durch Leiden, durch allerlei Noth.
Würdest du gleich einmal von mir getrennt,
Lebtest da, wo man die Sonne kaum kennt;
Ich will dir folgen, durch Wälder, durch Meer,
Durch Eis, durch Eisen, durch feindliches Heer.
Annchen von Tharau, mein Licht, meine Sonn,
Mein Leben schließ ich um deines herum.

Räthsel.

(Kurzweilige Fragen S. 23.)

Es ist die wunderschönste Brück,
Darüber noch kein Mensch gegangen,
Doch ist daran ein seltsam Stück,
Daß über ihr die Wasser hangen,
Und unter ihr die Leute gehn
Ganz trocken, und sie froh ansehn,
Die Schiffe segelnd durch sie ziehn,
Die Vögel sie durchfliegen kühn,
Doch stehet sie im Sturme fest,
Kein Zoll noch Weggeld zahlen läßt.

Wie kommt es, daß du traurig bist?

(Mündlich.)

Jäger.

Wie kommts, daß du so traurig bist,
Und gar nicht einmal lachst? :,:
Ich seh dir's an den Augen an,
Daß du geweinet hast.

Schäferin.

Und wenn ich auch geweinet hab,
Was geht es dich denn an? :,:
Ich wein', daß du es weißt, um Freud,
Die mir nicht werden kann.

Jäger.

Wenn ich in Freuden leben will,
Geh' ich in grünen Wald, :,:
Vergeht mir all mein Traurigkeit,
Und leb wie's mir gefällt.

Schäferin.

Mein Schatz ein wackrer Jäger ist,
Er trägt ein grünes Kleid, :,:
Er hat ein zart roth Mündelein,
Das mir mein Herz erfreut.

Jäger.

Mein Schatz ein holde Schäfrin ist,
Sie trägt ein weißes Kleid, :,:

Sie hat zwei zarte Brüstelein,
Die mir mein Herz erfreun.
Wann ich den Hahn gespannet hab,
Flint stößt mich auf die Brust,
So hab ich doch noch allezeit
Zu der Jägerei noch Lust.

Beide.

So bin ich's wohl, so bist du's wohl
Feins Lieb, schöns Engelskind, :,:
So ist uns allen beiden wohl,
Da wir beisammen sind.

Unkraut.

(Mündlich.)

Unkraut.

Wie kommt's, daß du so traurig bist,
Und gar nicht einmal lachst?
Ich seh dir's an den Augen an,
Daß du geweinet hast.

Gärtner.

Und wer ein'n stein'gen Acker hat,
Dazu 'nen stumpfen Pflug,
Und dessen Schatz zum Schelmen wird,
Hat der nicht Kreuz genug?

Unkraut.

Doch wer mit Katzen ackern will,
Der spann die Mäus voraus,
So geht es alles wie ein Wind,
So fängt die Katz die Maus.

Hab all mein Tag kein Gut gethan,
Hab's auch noch nicht im Sinn;
Die ganze Freundschaft weiß es ja,
Daß ich ein Unkraut bin.

Die Hand.

(Antiquarius des Elbstroms. Frankfurt 1741. S. 616.)

Sieh, sieh du böses Kind!
Was man hier merklich findt,
Die Hand, die nicht verwes't,
Weil der, des sie gewest,
Ein ungerathnes Kind,
Drum bessre dich geschwind.

Den Vater schlug der Sohn,
Drum hat er dies zum Lohn,
Er schlug ihn mit der Hand,
Nun siehe seine Schand,
Die Hand wuchs aus der Erd, —
Ein ew'ger Vorwurf währt.

Die Prager Schlacht.

(Fliegendes Blatt aus dem siebenjährigen Kriege.)

Als die Preußen marschirten vor Prag,
Vor Prag, die schöne Stadt.
Sie haben ein Lager geschlagen,
Mit Pulver und mit Blei ward's betragen,
Kanonen wurden drauf geführt,
Schwerin hat sie da kommandirt.

Drauf ging es ins Schießen dicht,
Doch alle Kugeln treffen nicht.
„Nehmts Bajonet, Schwerin nimmt die Fahne,
Kinder mir nach, ich zeig euch die Bahne.
Von tausend kommen wohl hundert durch,
Herr Gott du bist eine feste Burg."

Drauf rückte Prinz Heinrich heran,
Wohl mit achtzig tausend Mann:
„Meine ganze Armee wollt ich drum geben,
Wenn mein Schwerin noch wär am Leben!"
O, ist das nicht eine große Noth,
Schwerin ist geschossen todt!

Schwerin liegt unter der Fahne still,
Ein jeder zuerst es ihm sagen will:
Wache, der Sieg, der Sieg ist nun deine,
Höre, wir rufen, du schläfst nur alleine,
Victoria, Victoria, Victoria,
König von Preußen ist schon da!

Der schicket schon einen Trompeter hinein:
Ob sie Prag wollten geben ein?
Oder ob sie's sollten einschießen?
Die Bürger ließen sichs nicht verdrießen,
Sie wollten die Stadt nicht geben ein,
Es sollte und müßte geschossen sein.

Wer hat dies Liedlein denn erdacht?
Es habens drei Husaren gemacht,
Unter Seydlitz seind sie gewesen,
Und auch bei Prag selbst mitgewesen;
Victoria, Victoria, Victoria,
König von Preußen ist schon da!

Schlachtlied.

(Weckherlin S. 244. Phil. von Sittewald II. Th. S. 574.)

Frisch auf, ihr tapfere Soldaten!
Ihr, die ihr noch mit teutschem Blut,
Ihr, die ihr noch mit frühem Muth
Belebet, suchet große Thaten.

Ihr Landsknecht, ihr Landsknecht, frisch auf!
Das Land, die Freiheit sich verlieret,
Wo ihr nicht muthig schlaget drauf,
Und überwindend triumphiret.

Der ist ein Teutscher wolgeboren,
Der von Betrug und Falschheit frei,
Hat voll der Redlichkeit und Treu,
Nicht Glauben, nicht Freiheit verloren.

So straf, o teutsches Herz und Hand,
Nun die Tyrannen und die Bösen,
Die Freiheit und das Vaterland
Kannst du nur durch den Tod erlösen.

Ha, fallet in sie, ihre Fahnen
Zittern aus Furcht, sie trennen sich,
Ihr böse Sach hält nicht den Stich,
Drum zu der Flucht sie sich schon mahnen.

Groß ist ihr Heer, klein ist ihr Glaub,
Gut ist ihr Zeug, bös ihr Gewissen.
Frisch auf! Sie zittern wie das Laub,
Und wären gern schon ausgerissen.

Das römische Glas.

(Mündlich.)

Stand ich auf einem hohen Berg,
Sah wohl den tiefen, tiefen Rhein,
Sah ich ein Schifflein schweben,
Viel Ritter tranken drein.

Der jüngste, der darunter war,
Hob auf sein römisches Glas,
Thät mir damit zuwinken:
„Feinslieb, ich bring dir das!"

„Was thust du mir zutrinken,
Was bietst du mir den Wein?
Mein Vater will mich ins Kloster thun,
Soll Gottes Dienerin sein!"

Des Nachts wohl um die halbe Nacht,
Träumt es dem Ritter so schwer,
Als ob sein herzallerliebster Schatz
Ins Kloster gangen wär.

„Knecht, sattle mir und dir zwei Roß,
Mein Haupt ist mir so schwer,
Ich leerte gar viel mein römisch Glas,
Das Schiff gieng hin und her.“

„Mir träumt', ich hätt' eine Nonn gesehn,
Ich trank ihr zu mein Glas,
Sie wollt nicht gern ins Kloster gehn,
Ihr Äuglein waren naß.“

„Halt an! Halt an am Klosterthor!
Ruf mir mein Lieb heraus!“
Da kam die ältste Nonn hervor,
„Mein Lieb soll kommen heraus.“

„Kein Feinslieb ist hier innen,
Kein Feinslieb kann heraus.“
„Und wenn kein Feinslieb drinnen ist,
So steck ich an das Haus.“

Da kam Feinslieb gegangen,
Schneeweiß war sie gekleidt:
„Mein Haar ist abgeschnitten,
Leb wohl in Ewigkeit!“

Er vor dem Kloster niedersaß
Und sah ins tiefe, tiefe Thal,

Versprang ihm wohl sein römisch Glas,
Versprang ihm wohl sein Herz.

Herr Olof.

(Fliegendes Blatt.)

Herr Olof reitet spät und weit,
Zu bieten auf seine Hochzeitleut';
Da tanzen die Elfen auf grünem Land,
Erl-Königs Tochter ihm reicht die Hand.
„Willkommen, Herr Olof, was eilst von hier?
Tritt her in den Reihen und tanz mit mir."
„Ich darf nicht tanzen, nicht tanzen ich mag,
Früh Morgen ist mein Hochzeittag."
„Hör an, Herr Olof, tritt tanzen mit mir,
Zwei güldene Sporen schenk ich dir,
Ein Hemd von Seide, so weiß und fein,
Meine Mutter bleichts mit Mondenschein."
„Ich darf nicht tanzen, nicht tanzen ich mag,
Früh Morgen ist mein Hochzeittag."
„Hör an, Herr Olof! tritt tanzen mit mir,
Einen Haufen Goldes schenk ich dir."
„Einen Haufen Goldes nehm ich wohl,
Doch tanzen ich nicht darf noch soll."
„Und willt, Herr Olof, nicht tanzen mit mir,
Soll Seuch und Krankheit folgen dir."
Sie thät einen Schlag ihm auf sein Herz,
Noch nimmer fühlt er solchen Schmerz.

Sie hob ihn bleichend auf sein Pferd,
„Reit heim nun zu deinem Bräutlein werth.“
Und als er kam vor Hauses Thür,
Seine Mutter zitternd stand dafür.
„Hör an, mein Sohn, sag an mir gleich,
Wie ist dein Farbe blaß und bleich!“
„Und sollt sie nicht sein blaß und bleich,
Ich traf in Erlen-Königs Reich.“
„Hör an mein Sohn, so lieb und traut,
Was soll ich nun sagen deiner Braut?“
„Sagt ihr, ich sei im Wald zur Stund,
Zu proben da mein Pferd und Hund.“
Früh morgen und als es Tag kaum war,
Da kam die Braut mit der Hochzeitschaar.
Sie schenkten Meth, sie schenkten Wein,
„Wo ist Herr Olof, der Bräutigam mein?“
„Herr Olof, er ritt in den Wald zur Stund,
Er probt allda sein Pferd und Hund.“
Die Braut hob auf den Scharlach roth,
Da lag Herr Olof, und er war todt.

Ewigkeit.

(Katholische Kirchengesänge. Cölln 1625. S. 620.)

O Ewigkeit, o Ewigkeit!
Wie lang bist du, o Ewigkeit,
Doch eilt zu dir schnell unsre Zeit,
Gleich wie das Heerpferd zu dem Streit,

Nach Haus der Bot, das Schiff zum Gestad,
Der schnelle Pfeil vom Bogen ab.
O Ewigkeit, u. s. w.

Gleich wie an einer Kugel rund
Kein Anfang und kein End ist kund;
Also, o Ewigkeit, an dir
Noch Ein- noch Ausgang finden wir.
O Ewigkeit, u. s. w.

Du bist ein Ring unendlich weit,
Dein Mittelpunkt heißt Allezeit,
Niemal der weite Umkreis dein,
Weil deiner nie kein End wird sein.
O Ewigkeit, u. s. w.

Hinnehmen könnt ein Vöglein klein
All ganzer Welt Sandkörnlein ein:
Wenns nur eins nähm all tausend Jahr,
Nach dem wär nichts von ihr fürwahr.
O Ewigkeit, u. s. w.

In dir, wenn nur all tausend Jahr
Ein Aug vergöß ein kleine Thrän,
Würd wachsen Wasser solche Meng,
Daß Erd und Himmel wär zu eng.
O Ewigkeit, u. s. w.

Der Sand im Meer und Tropfen all
Sind nur ein Bruch der einen Zahl;
Allein schwitzt über dir umsonst
Die tiefste Meß- und Rechenkunst.

O Ewigkeit, u. s. w.
Hör Mensch: So lange Gott wird sein,
So lang wird sein der Höllen Pein,
So lang wird sein des Himmels Freud,
O lange Freud, o langes Leid!

Ulrich und Ännchen.

(Herders Volkslieder I. 79.)

Es ritt einst Ulrich spazieren aus,
Er ritt wohl vor lieb Ännchens Haus:
„Lieb Ännchen, willst mit in grünen Wald?
Ich will dir lehren den Vogelsang.“

Sie giengen wohl mit einander fort,
Sie kamen an eine Hasel dort,
Sie kamen ein Fleckchen weiter hin,
Sie kamen auf eine Wiese grün.

Er führte sie ins grüne Gras,
Er bat, lieb Ännchen niedersaß,
Er legt seinen Kopf in ihren Schooß,
Mit heißen Thränen sie ihn begoß.

„Ach Ännchen, liebes Ännchen mein,
Warum weinst du denn so sehr um ein'n?
Weinst irgend um deines Vaters Gut?
Oder weinest um dein junges Blut?

Oder bin ich dir nicht schön genug?“
„Ich weine nicht um meines Vaters Gut,

Ich wein' auch nicht um mein junges Blut,
Und Ulrich, bist mir auch schön genug.
Da droben auf jener Tannen
Eilf Jungfrauen sah ich hangen."
„Ach Ännchen, liebes Ännchen mein,
Wie bald sollst du die zwölfte sein."
„Soll ich denn nun die zwölfte sein?
Ich bitt, ihr wollt mir drei Schrei verleihn."
Den ersten Schrei und den sie that,
Sie rufte ihren Vater an,
Den andern Schrei und den sie that,
Sie ruft ihren lieben Herr Gott an,
Den dritten Schrei und den sie that,
Sie ruft ihren jüngsten Bruder an.
Ihr Bruder saß beim rothen kühlen Wein,
Der Schall der fuhr zum Fenster hinein:
„Höret ihr Brüder alle,
Meine Schwester schreit aus dem Walde."
„Ach Ulrich, lieber Ulrich mein,
Wo hast du die jüngste Schwester mein?"
Dort oben auf jener Linde,
Schwarzbraune Seide thut sie spinnen."
„Warum sind deine Schuh so blutroth?
Warum sind deine Augen so todt?"
„Warum sollten sie nicht blutroth sein?
Ich schoß ein Turteltäubelein."

„Das Turteltäublein, das du erschoss,
Das trug meine Mutter unter ihrer Brust,
Das trug meine Mutter in ihrem Schooß,
Und zog es mit ihrem Blute groß."
Lieb Ännchen kam ins tiefe Grab,
Schwager Ulrich auf das hohe Rad,
Um Ännchen sungen die Engelein,
Um Ulrich schrieen die Raben allein.

Der Herr am Ölberg und der Himmelsschäfer.

(Trutz Nachtigal von Spee. S. 211.)

Der Schäfer.

Mond des Himmels treib zur Weide
Deine Schäflein gülden gelb,
Auf gewölbter blauer Heide
Laß die Sterne walten selb,
Ich noch neulich so thät reden,
Da zu Nacht ein schwacher Hirt,
Aller Wegen, Steg und Pfäden,
Sucht ein Schäflein mit Begierd.
Und der Mond hört' was ich sagte,
Nahm ein lind gestimmtes Rohr:
Das er blasend zärtlich nagte,
Spielte seinen Sternen vor.

Der Mond.

Auf ihr Schäflein, auf zur Heiden
Weidet reines Himmelsblau,

Daß nachher, wenn wir hier scheiden,
Von euch fließt der Morgenthau.
Ach wer aber dort im Garten
Liegt mit seinem Hirtenstab!
Wer will seiner dorten warten!
Schaut ihr Sternlein, schaut herab,
Haltet, haltet, ich nicht fehle:
Es ist Daphnis wohl bekannt.
Eia, Daphnis, mir erzähle,
Daphnis, was will dieser Stand?
Weidet meine Schäflein, weidet!
Ich mit ihm noch reden muß,
Weidet meine Sterne, weidet!
Daphnis liegt in harter Buß,
Daphnis thu' die Lippen rühren,
Eia, nicht verbleibe stumm,
Daphnis, laß dich dannen führen,
Eia, nicht verbleibe stumm.
Weidet meine Schäflein, weidet,
Daphnis liegt in Ängsten groß,
Daphnis Pein und Marter leidet,
Wollt', er läg im Mutterschooß!
Er dem Felsen liegt in Armen,
Liegt auf harten Steinen blos:
Ach dort wird er nie erwarmen!
Fürcht, daß er sein Haupt zerstoß.

Weidet meine Schäflein, weidet,
Daphnis spaltet mir das Herz:
Wer mag haben ihn beleidet?
Weinen möchten Stein und Erz;
Kalter Wind, halt ein die Flügel,
Rühre nicht das kranke Blut,
Meide jenen Berg und Hügel,
Daphnis liegt ohn Schuh und Hut.
Weidet meine Schäflein, weidet,
Daphnis leidet Angst und Noth,
Daphnis dopple Thränen weinet,
Perlen weiß, Korallen roth.
Perlen von den Augen schießen,
Schießen hin ins grüne Gras.
Von dem Leib Korallen fließen,
Fließen in den Boden bas.
Weidet meine Schäflein, weidet,
Niemand hats gezählet gar,
Niemand hat es ausgekreidet,
Wie die Zahl der Tropfen war,
Nur der Boden wohl erquicket
Durch den weiß und rothen Trank,
Dankend ihm entgegen schicket
Rosen roth, und Lilien blank.
Weidet meine Schäflein, weidet,
Daphnis tief in Ängsten liegt,

Duft noch Farben unterscheidet,
Achtet keiner Blümlein nicht.
O was Marter mir erscheinet!
Hör zu bluten einmal auf,
Ach es ist genug geweinet,
Nicht mit Blut die Blümlein tauf.
  Weidet meine Schäflein, weidet,
Wer doch hat es ihm gethan?
Niemand meine Frag bescheidet.
Du mir Daphnis, zeig es an.
Daphnis kann für Leid nicht sprechen,
Seufzet manchen Seufzer tief,
Ihm das Herz will ganz zerbrechen,
Ach daß niemand helfend lief.
  Weidet meine Schäflein, weidet,
Schon ein englisch Edelknab
Stark durch Luft und Wolken schneidet,
Eilet hin in vollem Trab,
Er ihm singet süße Reimen,
Mit gar süßem Stimmlein schwank,
Auch den Kelch nicht thut versäumen,
Zeiget einen Kräutertrank.
  Weidet meine Schäflein, weidet,
Alles, alles ist umsonst,
Er doch allen Trost vermeidet,
Sang und Becher bleibt umsonst.

O du frommer Knab von oben,
Du nur mehrest ihm die Pein,
Doch ich deine Treu muß loben,
Gott! dirs muß geklaget sein.
  Weidet meine Schäflein, weidet,
O der traurig fromme Hirt!
Er den Becher jetzund meidet,
Morgen ihn es reuen wird,
Er sich jetzt gar will befreien,
Weigert, was man trinket zu,
Dürst vielleicht wohl morgen schreien:
Ach wie sehr mich dürstet nun!
  Weidet meine Schäflein, weidet,
Daphnis bleibet schmerzenvoll,
Ich befehle euch entkleidet,
Reißet aus die güldne Woll,
Nur euch kleidet pur in Kohlen,
Pur in lauter schwarz Gewand,
Von dem Scheitel auf die Sohlen
Euch gebühret solcher Stand.
  Weidet meine Schäflein, weidet,
Daphnis führet starkes Leid,
Ist vom Vater hoch vereidet,
Hoch, mit wohl bedachtem Eid,
Er doch wollte wieder bringen
Ein verloren Schäflein sein,

Ach wenn sollte das mißlingen,
Er ja stürb für lauter Pein.

Weidet meine Schäflein, weidet,
Daphnis wird verfolget stark.
Bös Gesinde ihn beneidet,
Trachtet ihm nach Blut und Mark.
O was dorten was für Stangen,
Wehr und Waffen nehm ich wahr!
O vielleicht will man ihn fangen,
Wahrlich, wahrlich, ist Gefahr!

Der Schäfer.

Weidet meine Schäflein, weidet,
Sprechen wollte bleicher Mond,
Ja nicht weidet, sondern scheidet:
Er da sprach, und wollte gehn,
Scheidet, scheidet, meine Schaaren,
Kann vor Leid nicht schauen zu,
Dich nun wolle Gott bewahren,
Daphnis wer kann bleiben nun!

Drauf Ade der Mond wollt spielen,
Da zersprang das matte Rohr;
Augentropfen ihm entfielen,
Hüllte sich in Trauerflor.
Und weil eben dazumalen
Er trat an in vollem Schein,
Gleich vertauschet er die Strahlen,
Vollen Schein, gen volle Pein.

Auch die Sterne weinen kamen,
Gossen ab all ihren Schein,
Schein und Thränen flossen sammen,
Recht zum blauen Feld hinein,
Machten eine weiße Straßen,
So noch heut man spüren mag:
Dann der Milchweg hinterlassen,
Ist der schönsten Thränen Bach.

Abschied von Bremen.

(Mündlich.)

O Bremen, ich muß dich nun lassen,
O du wunderschöne Stadt,
Und darinnen muß ich lassen
Meinen allerschönsten Schatz.

Wir haben oft beisamm gesessen,
Manche schöne Monden-Nacht,
Manchen Schlaf zusamm vergessen,
Und die Zeit so zugebracht.

Mein Koffer rollt, der Morgen kühlet,
Ach, die Straßen sind so still,
Und was da mein Herze fühlet
Nimmermehr ich sagen will.

Der Weg mich schmerzlich wieder lenket
Hin, wo Liebchen sah herab,
Daß sie ja noch mein gedenket,
Drück ich zwei Pistolen ab.

Bald jagt vor dir in diesen Gassen
Manches Windlein dürren Staub,
Meine Seufzer sinds, sie lassen
Vor dir nieder trocknes Laub.

So steh ich wirklich nun im Schiffe,
Meinen Koffer seh ich drauf,
Wie der Schiffer herzhaft pfiffe,
Zogen wir wohl Anker auf.

Ich seh den Sturmwind rauschend gehen,
O mein Schiff hat schnellen Lauf,
Wird es wohl zu Grunde gehen,
Wanket nicht Gedanken drauf!

Der Prinzenraub.

(Tänzels curiöse Bibliothek. 1705. S. 783.)

Wir wolln ein Liedel heben an,
Was sich hat angesponnen,
Wie's im Pleißnerland gar schlecht war bestallt,
Als den jungen Fürst'n geschah Gewalt,
Durch Kuntzen von Kauffungen.

Der Adler hat auf'm Fels gebaut
Ein schönes Nest mit Jungen,
Und wie er einst geflogen aus,
Holte ein Geier die Jungen heraus,
Drauf ward's Nest leer gefunden.

Wo der Geier auf'm Dache sitzt,
Gedeihen die Küchlein selten,

Es war da ein seltsam Narrenspiel,
Welcher Fürst seinen Räthen traut zu viel,
Muß oft es selber entgelten.

Altenburg, du feine Stadt,
Dich thät er mit Untreu meinen,
Da in dir war'n all' Hofleut voll,
Kam Kunz mit Leitern und Buben toll,
Und holt die Fürsten so kleine.

Was blast dich, Kunz, für Unlust an,
Daß du ins Schloß einsteigest?
Und stiehlst die zarten Herren heraus,
Als der Kurfürst eben nit war zu Haus,
Die zarten Fürsten-Zweige.

Es war wohl als ein Wunderding,
Wie sich das Land beweget;
Was da auf'n Straßen war'n für Leut',
Die den Räubern folgten nach in Zeit,
All's wibbelt, kribbelt, sich beweget.

Im Walde dort ward Kunz ertappt,
Da wollt er Beeren naschen;
Wär er in der Hast wacker fortgeritten,
Daß 'n die Köhler nit gefangen hätten,
Hätt er sie kunnt verpaschen.

Ab'r sie wurden ihm wieder abgejagt,
Und Kunz mit seinen Gesellen
Auf Grünhain, in unsers Herrn Abts Gewalt

Gebracht, und auf die Zwika gestellt,
Und muste sich lassen prellen.
  Dafür fiel ab gar mancher Kopf,
Und keiner der Gefangnen
Kam aus der Haft ganzbeinigt davon,
Schwerdt, Rad, Zang'n, Strick, die war'n ihr Lohn,
Man sah die Rümpfe hangen.
  So geht's, wer wider die Obrigkeit
Sich unbesonnen empöret.
Wers nicht meint, schau an Kuntzen,
Sein Kopf thut zu Freiberg noch runterschmunzen,
Und Jedermann davon lehret.
  Gott thu den frommen Christen alles Guts,
Und laß die jungen Herren
In kein Feindes Hand mehr also komm'n,
Geb auch der Frau Churfürstin viel Fromm'n,
Daß wir uns in Ruhe ernähren.

Der Spaziergang.

(Martin Opitz.)

Kommt laßt uns aus spazieren,
Zu hören durch den Wald,
Die Vögel musiziren,
Daß Berg und Thal erschallt.
  Wohl dem der frei kann singen,
Wie du, du Volk der Luft,

Mag seine Stimme schwingen,
Zu der, auf die er hofft.
Mehr wohl dem der frei lebet,
Wie du, du leichte Schaar,
In Trost und Angst nicht schwebet,
Ist außer der Gefahr.

Das heiße Afrika.

(Schubart.)

Auf, auf! ihr Brüder und seid stark!
Der Abschiedstag ist da,
Schwer liegt er auf der Seele, schwer!
Wir sollen über Land und Meer,
Ins heiße Afrika. :,:
Ein dichter Kreis von Lieben steht,
O, Brüder! um uns her.
Uns knüpft so manches theure Band
An unser teutsches Vaterland,
Drum fällt der Abschied schwer. :,:
Dem bieten graue Eltern noch
Zum letztenmal die Hand,
Den kosen Brüder, Schwester, Freund,
Und alles schweigt, und alles weint,
Todtblaß von uns gewandt. :,:
Und wie ein Geist schlingt um den Hals
Das Liebchen sich herum,

Willst mich verlassen liebes Herz
Auf ewig, und der bittre Schmerz
Machts arme Liebchen stumm. :,:

Ist hart! Drum wirble du Tambour
Den Generalmarsch drein;
Der Abschied macht uns sonst zu weich!
Wir weinen kleinen Kindern gleich,
Es muß geschieden sein. :,:

Lebt wohl! Ihr Freunde, sehn wir uns
Vielleicht zum letztenmal,
So denkt: Nicht für die kurze Zeit,
Freundschaft ist für die Ewigkeit,
Und Gott ist überall. :,:

An Teutschlands Grenzen füllen wir
Mit Erden unsere Hand,
Und küssen sie, das sei der Dank
Für deine Pflege, Speiß und Trank,
Du liebes Vaterland. :,:

Wann denn des Meeres Woge sich
An unserm Schiff zerbricht,
So segeln wir gelassen fort,
Denn Gott ist hier, und Gott ist dort,
Und der verläßt uns nicht. :,:

Und ha, wenn sich der Tafelberg
Aus blauen Düften hebt,
So strecken wir empor die Hand

Und jauchzen: Land, ihr Brüder, Land!
Daß unser Schiff erbebt. :,:
　Und wenn Soldat und Offizier
Gesund ans Ufer springt,
Dann jubeln wir: Hurra! Hurra!
Nun sind wir ja in Afrika,
Und alles dankt und singt. :,:
　Wir leben drauf in fernem Land
Als Teutsche brav und gut:
Und sagen soll man weit und breit,
Die Teutschen sind doch brave Leut:
Sie haben Geist und Muth. :,:
　Und trinken auf dem Hoffnungs-Kap
Wir seinen Götter-Wein:
So denken wir von Sehnsucht weich,
Ihr fernen Freunde, dann an euch:
Und Thränen fließen drein. :,:

Die Schlacht bei Sempach.

Von Halb Suter Tschudi. I. 529. Die ältern Kriegs- und Schlachtlieder der Deutschen fordern eine eigne Sammlung; aus Tschudi eilf, bei Diebold Schilling fünf, die Seeschlacht der Vitalienbrüder aus Canzler, die Schlacht bei Ingolstadt aus Schärtlin, am Kremmerdamm aus Buchholz, der Nürnberger Krieg aus Canzler, die Grumbacher Fehde, der Wirtemberger Krieg u. a. m. haben sich bei uns angehäuft, wir konnten nur die ausgezeichneten aufnehmen, ungeachtet keins unbedeutend.

Die Biene kam geflogen, macht in der Lind ihr Nest,
Es redet der gemeine Mann: das deutet fremde Gäst.

Da sah man wie die Veste bei Willisow hell brennt,
Den Herzog mit dem Heere ein jeder daran kennt.
Sie redeten zusammen in ihrem Übermuth,
Die Schweizer wollen wir tödten, das jung und alte Blut.
Sie zogen her mit Schalle von Sursee aus der Stadt,
Sie fangen an zu ziehen mit ihrem köstlichen Waat:
„Ihr niederländisch Herren, ihr zieht ins Oberland,
Werdet ihr euch da ernähren, es ist euch unbekannt.
Ihr solltet euch nach Beichte vorher noch umme sehen,
Im Oberländschen Streite möcht euch wohl Weh geschehen.“
„Wo sitzt denn nur der Pfaffe, dem einer da beichten muß?“
„Zu Schweiz ist er im Felde, er giebt einem schwere Buß,
Er wird gar schwere Hand auf eure Köpfe legen,
Mit Helleparten giebt er euch den besten Segen.“
An einem Montag frühe, als man die Mädchen sahe
Jetzt sicheln in dem Thaue, sie waren Sempach nahe.
Die Herren von Luzerne sich streckten festiglich,
An Mannheit gar ein Kerne, sah keiner hinter sich.
Ein Herr von Hasenburg zum Herzog also sprach:
„Das Völklein ich beschaut, sie sind gar unverzagt.“
Da redet Ochsenstein: o Hasenburg, o Hasenherz!
Der Hasenburg der sagt: Wir wollen sehn den Scherz.

Sie

Sie banden auf die Helme und thäten sie vorher tragen,
Von Schuchen hieben sie Schnäbel, man füllt damit 'nen Wagen.
Zusammen sie dann sprachen: „Das Völkchen ist zu klein,
Wenn wir die Bauern schlagen, das Lob wird klein nur sein.“
Die biedern Eidgenossen Gott riefen im Himmel laut,
Ein Regenbogen gar helle vom hohen Himmel schaut.
Und Herz und Sinn ist wachsen von hoher Manneskraft,
Daß sie sich tapfer kehrten jetzt gegen die Ritterschaft.
Der Löw fing an zu brüllen, zu schmücken seinen Wadel,
Sie fingen an zu schießen die Herren da von Adel.
Sie griffen mit langen Spießen, der Schimpf war gar nicht süß,
Die Äste von hohen Bäumen fielen vor ihre Füß.
Des Adels Heer war fest, ihr Ordnung dick verhagt,
Das verdroß die frommen Gäste, ein Winkelried da sagt:
„He werd ihr gniessen lon,
Min fromme Kind und Frauen, so will ich ein Frevel beston,
Trüen lieben Eidgnossen, min Leben verlur ich mit,
Sie hand ihr Ordnung gstossen, wir mögens zu brechen nit;

He, ich will ein Inbruch han,
Des wellend ihr min Gschlecht in ewig geniessen lan."
Hiemit so thut er fassen ein Arm voll Spieß behend,
Den Seinen macht er ein Gassen, sein Leben hat ein End.
Er brach des Löwen Muth mit seinem theuren Blut,
Sein mannlich tapfer Sterben war den vier Waldstädten gut.
Sie brachen ein so schnelle des Adels Ordnung bald,
Mit Hauen und mit Stechen: Gott seiner Seelen walt.
Der Löw fing an zu mauen, zu treten hinter sich,
Der Stier starzt seine Brauen und gab ihm noch ein Stich.
Da ließ er ihm das Panner, da ließ er ihm die Weid,
Zu Königsfeld im Kloster viel liegen begraben mit Leide.
Der Herzog Lüpolt wollte es gar fürstlich wagen,
Da er an die Bauern kam, sie haben ihn todt geschlagen.
Die Kuh die sprach zum Stiere: Ach sollt ich dir nicht klagen,
Mich wollt auf deinem Refiere ein Herr gemolken haben,
Da hab ich ihm den Kübel so eben umgeschlagen,
Ich gab ihm eins zum Ohre, daß ihr ihn müßt begraben.

Ein Herre war entronnen, der war ein Herr von Ehren,
Er kam zu böser Stund bei Sempach zu dem See,
Er klopft mit seinem Knecht da an bei Hans von Rot:
„Nun thus durch Gott und Geld, führ uns aus aller Noth."
Fast gern, sprach Hans von Rot, des Lohnes war er froh,
Den er verdienen sollt, fährt übern See also.
Er rudert stark und schnelle, da er gen Notwyl war,
Da winkt der Herr dem Knechte, er sollt ihn erstechen gar.
Das wollt der Knecht vollbringen am Schiffmann in der That,
Hans Rot sieht's in dem Schatten, das Schifflein er umtrat.
Sie wollten sich noch halten, er warf sie in den See:
„Nun trinket liebe Herren, ihr erstecht kein Schiffmann mehr.
He, zween Fisch ich heute im See gefangen habe,
Ich bitt nur um die Schuppen, das Fleisch ist schlechte Gabe."
Es kam ein Bote endlich nach Österreich gesandt:
„Ach edle Frau von Österreich, min Herr liegt auf dem Land,

Ach edle Frau er lieget vor Sempach blutig roth!"
„Ach reicher Christ vom Himmel, was hör ich große
Noth!"
Halb Suter unvergessen, also ist er genannt,
Z'Lucern ist er gesessen, also sehr wohl bekannt;
Er war ein fröhlich Mann, das Lied hat er gedichtet,
Als ab der Schlacht er kam, wo Gott der Herr gerichtet.

Das Gnadenbild Mariä=Hülf bei Passau.

(Procopii Mariale festivale. S. 9.)

Es wohnt ein schönes Jungfräulein
Bekleidet mit Sammt und Seiden,
Ob Passau in ein Kirchel klein,
Auf einer grünen Heiden,
Dort auf dem Kapuziner=Berg
In Gnaden sie verbleibet,
Mit Zeichen und mit Wunderwerk
Ihr meiste Zeit vertreibet.

Aus fremden Landen führt sie her
Erzherzog Leopoldus,
Ihr zu erzeigen alle Ehr
Das war sein größte Wollust.
Den schönen Sitz hat ihr bereit
Ein edler Herr von Schwendi,

Jetzt genießt er in der Seligkeit
Ihr mütterliche Hände.
Auf ihrem Haupt trägt sie ein Kron
Von Gold und Edelsteinen,
Von Silber ist gemacht ihr Thron,
Auf dem thut sie erscheinen,
Jesus der wahre Gottes Sohn
In ihren Armen wohnet,
Die Seel, die ihm und ihr thut schön,
Bleibt wohl nicht unbelohnet.
An ihr ist nichts denn Heiligkeit
Und majestätisch Leben,
Ganz englisch ist ihr Reinigkeit,
Demüthig doch darneben,
Ihr Ursprung ist sehr adelich,
Von königlichem Stamme,
Ich darf sie nennen öffentlich,
Maria heißt ihr Namen.
Vor ihr die Engel neigen sich,
Weil sie Gott selber ehret,
Dienstwillig sie erzeigen sich,
Sobald sies nur begehret,
Die Kaiser beugen ihre Knie,
Die König sie schön grüßen,
Fürsten und Herrn rühmen sie,
Und fallen ihr zu Füßen.

Es stehn vor ihrem Angesicht
Viel tapfre Edelknaben,
Zu ihrem Dienst dahin gericht,
Die Schild in Händen haben.
Wie Engel stehen ihr so nah
Der Ablaß und die Gnade,
Die grüßen uns von Ferne da,
Und hin zu ihr uns laden.

Mit vielen zarten Blümelein
Ist sie gar fein umstecket,
Mit Nägeln und mit Röselein
Wird ihr Altar bedecket,
Davon das ganze Kirchel schier
Überaus lieblich schmecket,
Damit das Volk durch solche Zier
Zur Andacht werd erwecket.

Oft Musikklang und Orgelspiel
Thut man da bei ihr hören,
Ämter und Litaneien viel
Haltet man ihr zu Ehren,
Ihr viel Personen immerdar
Lichter und Ampeln brennen,
Durch welche sie sich ganz und gar
Zu ihrem Dienst bekennen.

Dort sieht man durch die Sommerzeit
Prozessionen und Fahnen,

Die Prediger nach Gelegenheit
Das Volk zur Buß vermahnen,
Sie, Reich und Arm, Mann, Weib und Kind,
Loben und benedeien,
Und so sie beichten ihre Sünd,
Thut mans ihnen verzeihen.

Allda sich in ein Klösterlein,
Nicht weit von ihr gelegen,
Viel arme Diener schließen ein,
Allein von ihretwegen;
Daß sie ohn alle Hinderniß
Der Jungfrau mögen pflegen,
Und letztlich nach gethaner Buß,
Erwerben ihren Segen.

Sie hat ein kleines Glöckelein,
Gar wunderschön es klinget,
Gleich wie ein kleines Waldvögelein
In aller Früh es singet,
Sobald es hört ein liebreichs Herz,
Vor Freuden es aufspringet:
Das Volk es locket hinaufwärts,
Wanns in die Luft sich schwinget.

Sie liegt mir an dem Herzen mein,
Holdselig von Gebärden;
Wollt Gott, ich könnt ihr Diener sein,
So lang ich leb auf Erden,

Drum sofern ist in mir was Guts,
Und auch sogar das Leben
Bis auf den letzten Tropfen Bluts
Will ich gern für sie geben.

Den Bogen sie mit Liebes-Pfeil,
Die Herzen durchzuschießen,
Gespannt zu halten alleweil,
Läßt sie sich nicht verdrießen.
Verbreitet ihres Sohnes Licht,
Die Seelen zu gewinnen,
Ihr große Macht darauf sie richt,
Spart keinen Fleiß hierinnen.

Wer nur ansieht ihr schön Gestalt,
Der thut sich gleich verlieben,
Als wär an ihr Magnets Gewalt,
So wird er angetrieben,
Viel tausend Leut so manche Meil
Ihr zu Gefallen reisen,
Zu kurz ist ihnen Zeit und Weil,
Wann sie ihr Ehr erweisen.

Den sie nur freundlich blicket an,
Den hat sie schon gewonnen,
Ihr Anblick ihn bald fangen kann,
Kommt nimmer gern von dannen,
Nicht wenig thun bekennen das
Von Bösen und von Frommen;

Meinen, es zieh sie weiß nicht was,
So sind sie eingenommen.
Geb Gott, daß stets an diesem Ort
Sein Name werd gepriesen,
Daß ihm sogar mit keinem Wort
Ein Unehr werd bewiesen;
Das liebe Kindlein Jesus Christ
Der Mutter zu Gefallen
Woll helfen thun zu jeder Frist
All die zur Jungfrau wallen.

Schwere Wacht.

1. Jungfrau und Wächter.

(Aus einer Sammlung ungedruckter Minnelieder im Besitz von C. B.)

Von hoher Art ein Fräulein zart
Hört ich dem Wächter klagen,
Aus Herzens-Qual, zum erstenmal
Wollt sie die Liebe wagen,
Sie sprach: „Geselle, mein Ungefälle
Ist nah und bringt mir Schmerzen,
Ach Wächter gut, ein argen Muth
Trag ich in meinem Herzen."
„Einem werthen Mann, dem wünsch ich an
Viel Glück und Heil mit Treuen,
Sein Tugend groß findt niemand blos,
Auf ihn ist wohl zu bauen,

Daß er wohl sei alles Wandels frei,
Ein Mann von hohen Ehren.“
„O Wächter mein, mag es wohl sein,
So hilf mir Freude mehren.

Gut, Wächter! ich kann ihn ohne dich
In mein Gemach nicht bringen,
O wolle mir nach meiner Begier
Mein Leid nun helfen wenden,
Ich sag fürwahr, daß immerdar
Mit Gab ich dir's vergelte,
Kömmt er herbei, gut Wächter frei,
Den Gast gen niemand melde.“

Der Wächter sprach: „Zart Frau ich lach,
Thut mirs nicht übel kehren,
Meine Treu ich gab auf all mein Hab
Ein Eid mußt ich wohl schwören,
Und mit der Hand ich mich verband,
Des Herren Schad zu wenden,
Frau, daß ich thu, muth mir nicht zu,
So darf mich niemand schelten.

Mein Herr gebot mir auf den Tod,
Da er von hier wollt scheiden,
Zu wachen wohl, ich Wächter soll
Es thun bei meinem Eide,
Er sprach: Mit Schall sing, ruf und knall,
Sei munter an der Zinnen,

Hab in der Hut mein Schloß und Gut,
So lang ich bin von hinnen.
Er sprach noch mehr, bei Treu und Ehr,
Thu's ehrlich mit mir meinen,
Wollt hier ein Gast eindringen fast,
So werf ihn todt mit Steinen,
Falsch Weg und Steg mit Sorg verleg,
Den Schaden mein zu wehren,
Hüt Wächter recht, getreuer Knecht,
Dein Gut will ich dir mehren.
Frau, ihr wißt wohl, daß ich nicht soll
Thun Schaden mit Untreuen
Dem Herren mein, es brächt mir Pein,
Und würd mich selbsten reuen."
„Deinem Ungefäll, Wächter Gesell,
Will ich nun wohl vorkommen,
Folg meiner Lehr, meiner Jungfrau Ehr
Soll mir sein unbenommen.
Dazu dein Leib soll durch mich Weib
Mit Lieb wohl sein behütet,
Du siehest sonst das Mägdlein nie
Die hoch dein Lieb vergütet,
Der werthe Gast dein Leid und Last
Wird nehmen mit von hinnen,
Das Mägdlein gut, bringt dir den Muth,
Laß uns all drei gewinnen."

2. Der lustige Geselle.

(Frische Liedlein)

Die Sonn die ist verblichen,
Die Stern sind aufgegangen,
Die Nacht, die kommt geschlichen,
Frau Nachtigall mit ihrem Sang,
Der Mond ist aufgegangen,
Da ruft ein Wächter gut:
„Und welcher hat Verlangen,
Und ist mit Lieb umfangen,
Der mach sich auf die Fahrt!"

Das erhöret ein Geselle,
Der schreit dem Wächter zu:
„Ach Wächter, traut Geselle,
Gib deinen Rath dazu,
Wie ich das soll angreifen,
Daß ich käm vor die Thür?"
„Gar heimlich sollst du schleichen,
Ehe der Wächter thät pfeifen,
Daß man dich gar nicht spür."

Der Knab trat gar verborgen
Vor ihr Schlafkämmerlein,
Er sprach zu ihr mit Sorgen:
„Zart schönes Jungfräulein,
Neu Mähr will ich euch sagen,
Da ist kein Zweifel an,

Es lieget einer im Hage,
Der führt ein schwere Klage,
Es mag euer Buhle sein."
Die Jungfrau sprach mit Sinnen:
„Es hat dich sonst gedeucht,
Der Mond hat mir geschienen,
Die Stern han mir geleucht."
„Der Mond der hat geschienen,
O zartes Jungfräulein,
Er liegt in grüner Aue,
Sein Leib ist ihm zerhauen
In großen Treuen zwar."
Die Jungfrau schrack gar sehre,
Ihr Herz war Leides voll,
Sie wollt kein Freud mehr hören,
Die Botschaft schmerzt ihr wohl,
Ein Hemd thät sie umscheuren,
Ein Hemdlein, das war weiß,
Den Knaben sie erblicket,
Ihr Herz vor Freud erquicket
Gehrt ihn mit ganzem Fleiß.
Der Knab der thät sich schmiegen
Gar freundlich an ihre Brust,
Sie thät den Knaben drücken
Mit ihrem freundlichen Kuß,
Der Knab fing an zu ringen

Mit der Jungfrauen zart,
Der Wächter an der Zinnen
Fing an ein Lied zu singen,
Ein schöne Tageweiß:
„Gesegn dich Gott im Herzen,
Zart edles Fräuelein,
Du bringst meinem Herzen Schmerzen,
Es mag nicht anders sein,
Von dir muß ich mich scheiden,
Zart edles Fräuelein,
Ich schwing mich über Heiden,
In Braun will ich mich kleiden,
Durch Veil und grünen Klee.“

3. Variazion.

(Frische Liedlein.)

Aus hartem Weh, klagt sich ein Held,
In strenger Hut verborgen:
„Ich wünsch ihr Heil, die mir gefällt,
Komm, schier löß mich aus Sorgen,
O weiblich Bild, wie schläfst so lang,
Willst du die Klag nicht hören,
Laß dich erwecken mein Gesang,
Dein Lieb will mich bethören.“
Ein freier Wächter hört die Mähr,
Lag still an seiner Zinnen,

Er fragt, wer hier verborgen wär,
So hart nach Lieb thät ringen:
„Ei komm her Held, willt mir vertraun,
Dein Klag hilf ich dir decken,
Sehnst dich so hart nach meiner Frau,
Ohn Zweifel sollst du auf mich baun,
Freundlich will ichs aufwecken.“

„Mein Trauen gänzlich zu dir setz,
Wächter, o freier Geselle!
Mein Kleid laß ich dir hie zuletz,
Mach uns kein Ungefälle:
Geh hübschlich dar, nimm dir der Weil,
Laß auch dein Gespan nicht merken,
Die Thürmer sehn aus Langeweil,
Schau daß dich keiner übereil.
Zu Hoffnung thu mich stärken.“

„Wach auf, herzallerliebste Frau,
Hört jämmerliche Schmerzen,
Es singt ein Held vor grüner Au,
Fürwahr thu ich nicht scherzen.
Legt an euer Wad, besorgt euch nicht,
Euch soll nichts widerfahren,
Merkt eben dem zu sein Gedicht,
Wie ihn eine Liebe anficht,
Euer Liebe thut selbst bewahren.“

Der Held hub an zum drittenmal,
Groß Freud thät er da nehmen,

Er nahet zu des Herren Saal,
Dabei sie sollt erkennen,
Daß er ihr treuer Diener wär,
Sollt Gesellschaft mit ihm pflegen:
„Ach Wächter, ich hör gute Mähr!
An deiner Red spür ich kein Gefähr,
Schweig still, hüt uns vor Sorgen."
Die Frau den Held gar schön empfing,
Küßt ihn an seinem Munde,
Zu rechter Lieb er mit ihr gunt,
Macht ihr viel Freud und Wonne,
Der Wächter sprach: „Nun lieget still,
Kein Sorgen thut euch nahen,
Fürwahr ich euch des Tages Ziel
Mit ganzen Treuen nennen will,
Ich will euch nicht verführen."
Sie lagen lang in großer Lust,
Ihr Freud thät sich nur mehren,
Er griff ihr lieblich an ihr Brust:
„Thu dich zu mir herkehren."
„Ich hör Antwort, der Wächter schreit,
Daß wir uns müssen scheiden,
Es nahet warlich nach der Zeit,
Daß ich von dir muß in die Weit,
In Schwarz will ich mich kleiden."
Der Wächter sah am Firmament,
Daß sich die Nacht wollt enden:

„Ein

„Ein scharfer Wind von Orient
Thut uns den Tag hersenden,
Die Hähnlein krähen auf dem Hag,
Die Hündlein wollen jagen,
Die Nachtigall sitzt auf dem Zweig,
Singt uns eine süße Melodei,
Steht auf es will nun tagen.“

Aus süßem Schlaf da ward erweckt,
Ein Fräulein minniglichen:
„Ach wie so sehr hat mich erschreckt
Ein Wunder tugendlichen,
Der Ehren Gunst, der Liebe Kunst,
Die Stern sind abgewichen,
Nun scheid von mir, mein höchster Hort,
Red' vor mit mir ein freundlich Wort,
Der Tag hat uns erschlichen.“

„Ach und auch Weh, klagt sich ein Held,
Wie soll ichs überwinden;
Dazu noch wie einm schönen Weib
Ich muß den Tag verkünden.“
Gar sehr erschrak die Auserwählt,
Nahm Urlaub von dem Reinen,
Ihr Herz hat sich zu ihm gesellt,
Das Fräulein thät vor ihrem Held,
Gar heftiglichen weinen.

„Gesegn dich Gott der uns beschuf,“
Redt es die schöne Fraue:

„Nach dir steht mir mein täglich Ruf,
Behüt dich Gott vor Leide,
Und spar mich zu dein Wiederfahrt,
Laß dich damit nichts merken,
Dein Scheiden kränkt mich also hart,
Ich fürcht es wird gestiftet Mord,
Die Liebe läßt sich nicht decken."

4. Beschluß.

(Herders Volkslieder. I. T. S. 118.)

Es wollt das Mädchen früh aufstehn
Und in den grünen Wald spazieren gehn.
Und als sie nun in den grünen Wald kam,
Da fand sie einen verwundeten Knabn.
Der Knab der war von Blut so roth,
Und als sie sich verwandt, war er schon todt.
„Wo krieg ich nun zwei Leidfräulein,
Die mein fein Knaben zu Grabe weinn?
Wo krieg ich nun sechs Reuterknabn,
Die mein fein Knaben zu Grabe tragn?
Wie lang soll ich denn trauren gehn?
Bis alle Wasser zusammen gehn!
Ja alle Wasser gehn nicht zusammn,
So wird mein Trauren kein Ende han."

Die Ausgleichung.

(Mündlich.)

Der König über Tische saß,
Ihm dienten Fürsten, Herren,
Viel edle Frauen schön und zart,
So saßen sie paarweis.
Da man das erste Essen aß,
Da kam in hohen Ehren
Ein Mädchen jung, von edler Art,
Also in kluger Weis.

Den Becher, den sie schwebend hält,
Von Golde ausgetrieben,
Der Königin sie reicht ihn dar,
Die Königin schenkt ein,
Ihn vor den König liebreich stellt:
„Das trink auf treue Liebe!"
Da kommt ein Knab mit gelbem Haar,
Trägt einen Mantel fein.

Der König bietet dar sogleich
Den Mantel weiß und eben,
Der Königin als Ehren-Dank:
„Wie schön wird er dir stehn!"
Drauf will er trinken alsogleich,
Da spritzt der Wein daneben,
Sie will den Mantel legen an,
Der Mantel steht nicht schön.

Der König und die Königin
Verwundern sich gar sehre,
Der König sieht den Becher an,
Den Mantel sie ablegt;
Da fanden sie gar beider Sinn,
Geschrieben hell und hehre:
„Nur treue Lieb draus trinken kann.“
„Die Treu den Mantel trägt.“
Der Köngin bracht ein Zwerglein klein
Des Bechers Goldgemische,
Dem König lehrt die Feie sein
Des Mantels alten Brauch;
Der Schimpf soll nun auch allen sein,
Und Herrn und Fraun am Tische
Versuchten auch den Becher Wein,
Den Mantel also auch.
Den Herren wird der Bart so naß,
Der Mantel Fraun entstellet,
Bis auf die jüngste Fraue schön,
Dem ältsten Herrn vertraut,
Dem wird der weiße Bart nicht naß,
Der Mantel leicht gesellet
Sich jedem Bug der Fraue schön,
Daß man treu Lieben schaut.
Den Becher läßt der König gleich
Dem Ritter voller Treue,

Die Königin das Mäntelein
Der Fraue, die ihn trug,
Zum Zwerglein ward der Ritter gleich,
Sein Fräulein wird zur Feie,
Den Becher und den Mantel fein
Sie nahmen voller Trug.

Sie gossen aus den Becher Wein,
Ein Tröpflein auf den Mantel,
Und gaben ihn der Königin,
Den Becher leer dem König.
Gleich trank der König daraus Wein,
Der Köngin paßt der Mantel,
Vergnügt ward da die Königin,
Vergnügt ward da der König.

Nun prunkten sie noch manches Jahr
Mit Becher und mit Mantel,
Und jeder Ritter trank ihn wohl,
Er stand wohl jeder Frau.
Doch wuchs mit jedem neuen Jahr
Der Flecken in dem Mantel,
Der Becher klang wie Blech so hohl,
Sie stellten beides zur Schau.

Die Mutter muß gar sein allein.

(Von Martin Luther. Aus dem J! neu-eröffneten herrlichen Schatze der Kinder Gottes. Zittau bei David Richtern 1710. S. 492.)

Sie ist mir lieb die werthe Magd,
Und kann ihr nicht vergessen, :,:
Lob, Ehr und Zucht von ihr man sagt,
Sie hat mein Herz besessen,
Ich bin ihr hold,
Und wenn ich sollt
Groß Unglück han,
Da liegt nichts an,
Sie will mich des ergetzen
Mit ihrer Lieb und Treu an mir,
Die sie zu mir will setzen
Und thun all mein Begier.

Sie trägt von Gold so rein ein Kron,
Drin leuchten hell zwölf Sterne, :,:
Ihr Kleid ist wie die Sonne schön,
Das glänzet hell und ferne,
Und auf dem Mond
Ihr Füße stehn;
Sie ist die Braut,
Dem Herrn vertraut,
Und ihr ist weh und muß gebären
Ein schönes Kind, den edlen Sohn,
Und aller Welt den Herrn,
Dem ist sie unterthan.

Das thut dem alten Drachen Zorn,
Und will das Kind verschlingen, :,:
Sein Toben ist doch ganz verlorn,
Es kann ihm nicht gelingen.
Das Kind ist doch
Gen Himmel hoch
Genommen hin,
Und lässet ihn
Auf Erden fast sehr wüthen:
Die Mutter muß gar sein allein,
Doch will sie Gott behüten
Und rechter Vater sein.

Herr von Falkenstein.

(Fliegendes Blatt, auch abgedruckt in Herders Volksliedern I. Th. S. 232.)

Es reit der Herr von Falkenstein
Wohl über ein' breite Haide.
Was sieht er an dem Wege stehn?
Ein Mädel mit weissem Kleide.

„Wohin, wohinaus du schöne Magd?
Was machet ihr hier alleine?
Wollt ihr die Nacht mein Schlafbule sein,
So reitet ihr mit mir heime.“

„Mit euch heimreiten das thu' ich nicht,
Kann euch doch nicht erkennen.“

„Ich bin der Herr von Falkenstein
Und thu mich selber nennen.“
„Seid ihr der Herr von Falkenstein,
Derselbe edle Herre,
So will ich euch bitten um'n Gefang'n mein,
Den will ich haben zur Ehe.“ —
„Den Gefangnen mein, den geb ich dir nicht,
Im Thurm muß er vertrauren.
Zu Falkenstein steht ein tiefer Thurm,
Wohl zwischen zwo hohen Mauren.“ —
„Steht zu Falkenstein ein tiefer Thurm,
Wohl zwischen zwei hohen Mauren,
So will ich an den Mauren stehn
Und will ihm helfen trauren.“ —
Sie ging den Thurm wohl um und wieder um:
„Feinslieb, bist du darinnen?
Und wenn ich dich nicht sehen kann,
So komm ich von meinen Sinnen.“
Sie ging den Thurm wohl um und wieder um,
Den Thurm wollt sie aufschließen:
„Und wenn die Nacht ein Jahr lang wär;
Keine Stund thät mich verdrießen!
Ei dürft ich scharfe Messer tragen,
Wie unsers Herrn sein Knechte,
Ich thät mit'm Herrn von Falkenstein,
Um meinen Herzliebsten fechten!“ —

„Mit einer Jungfrau fecht ich nicht,
Das wär mir immer ein Schande!
Ich will dir deinen Gefangnen geben;
Zieh mit ihm aus dem Lande!“ —
„Wohl aus dem Lande, da zieh ich nicht,
Hab niemand was gestohlen:
Und wenn ich was hab liegen lahn,
So darf ichs wieder holen.“

Aurora.

(Martin Opitz.)

Wer sich auf Ruhm begiebet,
Und freie Tage liebet,
Der liebt Aurorens Licht;
Dann Gras muß Blumen bringen,
Der Vögel leichtes Singen
Durch alle Lüfte bricht.
Wer Waffen trägt und krieget,
Wer an den Ketten lieget,
Wer auf dem Meere wallt,
Wer voll ist schwerer Sorgen,
Der spricht: Wann wird es Morgen?
Aurora komm doch bald!
Laß mich nur dies erlangen,
Wann ich mein Lieb umfangen,
So halt den Zügel an,

Halt an die hellen Blicke,
Bis ich zuvor mein Glücke,
Wie recht, gebrauchen kann.

Werd ein Kind.

(Historie der Wiedergebornen. 1742. S. 18.)

Klein und arm an Herz und Munde
Mußt du sein, wenn Christus soll
Gehen auf in deinem Grunde:
Denn die Rose und Viol
Wächst im Thal der niedern Seelen,
Die nichts hohes hier erwählen!

Mögst du nur so sein demüthig
Wie die niedre Sarons Blum,
Dennoch stehen ehrerbietig
Und vor Gott gebücket krumm:
Also mögst du bald die Gaben
Seines Geistes in dir haben.

Wenn dich aber hoch beflecket
Deiner Weisheit stolzer Witz,
Sich alsdann vor dir verstecket
Wahrer Wahrheit klarer Blitz:
Wenn der Buchstab dich gefangen,
Kannst du nicht zum Geist gelangen.

Werd ein Kind, werd arm und kleine,
Sei nicht hoch noch weis' bei dir,

Setze dich in Staub und weine,
Bis dich Gott zur Schule führt,
Da sein Geist die Arm' und Blöden
Weislich lehret von ihm reden.

Nächtliche Jagd.

(Mündlich.)

Mit Lust thät ich ausreiten
Durch einen grünen Wald,
Darin da hört ich singen
Drei Vöglein wohlgestalt.
Und sind es nicht drei Vögelein,
So sind's drei Fräulein fein;
Soll mir das ein nicht werden,
So gilts das Leben mein.

Die Abendstrahlen breiten
Das Goldnetz übern Wald,
Und ihm entgegen streiten
Die Vöglein, daß es schallt;
Ich stehe auf der Lauer,
Ich harr auf dunkle Nacht,
Es hat der Abendschauer
Ihr Herz wohl weich gemacht.

Ins Jubelhorn ich stosse,
Das Firmament wird klar,
Ich steige von dem Rosse
Und zähl die Vögelschaar.

Die ein ist schwarzbraun Anne,
Die andre Bärbelein,
Die dritt hat keinen Namen,
Die soll des Jägers sein.

Da drüben auf jenem Berge,
Da steht der rothe Mond,
Hier hüben in diesem Thale
Mein feines Liebchen wohnt.
Kehr dich Feinslieb herumme,
Beut ihm den rothen Mund,
Sonst ist die Nacht schon umme,
Es schlägt schon an der Hund.

Hier liegt ein Spielmann begraben.

(Mündlich.)

„Guten Morgen Spielmann,
Wo bleibst du so lang?“
Da drunten, da droben,
Da tanzten die Schwaben
Mit der kleinen Killekeia,
Mit der großen Kum Kum.

Da kamen die Weiber
Mit Sichel und Scheiben,
Und wollten den Schwaben
Das Tanzen vertreiben,
Mit der kleinen Killekeia,
Mit der großen Kum Kum.

Da laufen die Schwaben
Und fallen in Graben,
Da sprechen die Schwaben:
Liegt ein Spielmann begraben,
Mit der kleinen Killekeia,
Mit der großen Kum Kum.
Da laufen die Schwaben,
Die Weiber nachtraben,
Bis über die Grenze
Mit Sichel und Sense:
„Guten Morgen Spielleut,
Nun schneidet das Korn.“

Knabe und Veilchen.

(Mündlich.)

Knabe.

Blühe liebes Veilchen,
Das so lieblich roch,
Blühe noch ein Weilchen,
Werde schöner noch.
Weißt du was ich denke,
Liebchen zum Geschenke,
Pflück ich Veilchen dich,
Veilchen freue dich!

Veilchen.

Brich mich stilles Veilchen,
Bin die Liebste dein,

Und in einem Veilchen
Werd ich schöner sein!
Weißt du, was ich denke,
Wenn ich duftend schwenke
Meinen Duft um dich:
Knabe liebe mich!

Der beständige Freier.

(Fliegendes Blatt.)

Andreas lieber Schutzpatron,
Gib mir doch nur einen Mann!
Räche doch jetzt meinen Hohn,
Sieh mein schönes Alter an!
Krieg ich einen oder keinen? — Einen.
Einen krieg ich? Das ist schön!
Wird er auch beständig sein?
Wird er auch zu andern gehn?
Oder sucht er mir allein
Und sonst keiner zu gefallen? — Allen.
Allen? Ei das wär nicht gut!
Ist er schön und wohlgestalt?
Ists ein Mensch der viel verthut?
Ists ein Witwer? Ist er alt?
Ist er hitzig oder kältlich? — Ältlich.
Ältlich? Aber doch galant?
Nun so sage mir geschwind:
Wer ist ihm denn anverwandt,

Und wer seine Freunde sind?
Sind sie auch von meines Gleichen? — Leichen.
  Leichen? Ei, so erbt er viel!
Hat er auch ein eignes Haus,
Wenn er mich nun haben will:
Und wie sieht es drinnen aus?
Ist es auch von hübscher Länge? — Enge.
  Enge? Ei wer fragt darnach?
Wenn er nur ein größres schafft.
Und wie stehts ums Schlafgemach?
Ist das Bette auch von Tafft,
Wo ich drinnen liegen werde? — Erde.
  Erde? Das klingt wunderlich,
Ist ein sehr nachdenklich Wort!
Andreas, ach! ich bitte dich,
Sage mir doch auch den Ort,
Wo du ihn hast aufgehoben: — Oben.
  Oben hat er seinen Platz?
Nun so merk' ich meine Noth,
Der mir jetzt beschriebene Schatz
Ist vielleicht wohl gar schon todt,
Ist mir sonst nichts übrig blieben? — Lieben.
  Lieben soll ich nun das Grab?
Ach! wie manches Herzeleid,
Weil ich keinen haben mag,
Hier in dieser Sterblichkeit,
Keinen Krummen, keinen Lahmen! — Amen.

Schmählied gegen die Schweizer.

(Von Isenhofer von Walzhut bei Tschudi. II. 412.)

Wohlauf ich hör ein neu Getön,
Der edlen Vögel Sang,
Ich trau es werde nun ganz schön,
Unwetter hat so lang
Geregnet auf der Heide,
Die Blumen sind erfroren,
Dem Adel, als zum Leide,
Die Bauern zusammen schworen.

Die Wolken sind zum Berg gedrückt,
Das schafft der Sonne Glanz,
Den Bauern wird ihr Gewalt entrückt,
Das thut der Pfauen Schwanz:
Nun Kuh so laß dein Lugen,
Geh heim, hab gut Gemach,
Den Herren ekelt dein Mugen,
Trink aus dem Mühlenbach.

Und bliebest du daheime,
Du hättest gute Weid,
Und dich betrübte keiner,
Und dir gescheh kein Leid,
Du thatst zu weit ausbrechen,
Das thut dem Adel Zorn,
Das kommt von deinem Stechen,
Man schlägt dich auf dein Horn.

Die

Die Bauern treiben Wunder,
Ihr Übermuth ist groß,
In Schwitz und Glarus besunder,
Niemand ist ihr Genoß;
Sie tragen jetzt die Krone
Vor Ritter und vor Knecht,
Wird ihnen nun der Lohne,
Das ist nicht wider Recht.

Der uns dies Liedlein hat gemacht,
Der ist von Isenhofen,
Die Bauern hatten sein kein Acht,
Als er saß hinterm Ofen,
Und horchet ihrem Rathe,
Und was sie wollten treiben
An einem Abend spate,
Er will es nicht verschweigen.

Ein Bauer sah im Glase
Den hellen Farbenschein,
Er warf, als ob er rase
Hinaus es in den Rhein:
„O Pfauenschwanz ich sehe
Dich doch an allem Ort,
So soll es dir auch gehen.“
Er sprach ein grimmig Wort.

Sie sprachen: „Wir sind Herren
Von unsrem Land und Leut,

Der König solls nicht wehren,
Wir geben um ihn nichts;
Er wollte uns gern spalten,
Und das liegt an dem Tag,
Das Bündel Ruthen soll halten,
Doch mancher Herr noch klag."

Und frühe vor dem Morgen
Ich hob mich von dannen bald,
Ich lief dahin mit Sorgen
Wohl oben durch den Wald,
Und da ich kam auf die Haide,
Da hab ich dies gesungen,
Den Frommen nicht zu Leide,
Daß Feld und Wald erklungen.

Um die Kinder still und artig zu machen.

(Feiner Almanach. I. B. S. 145.)

Es kam ein Herr zum Schlößly
Auf einem schönen Rößly,
Da lugt die Frau zum Fenster aus
Und sagt: „Der Mann ist nicht zu Haus.

Und niemand heim als Kinder
Unds Mädchen auf der Winden."
Der Herr auf seinem Rößly
Sagt zu der Frau im Schlößly:

„Sinds gute Kind, sinds böse Kind?
Ach liebe Frau, ach sagt geschwind."

Die Frau, die sagt: „Sehr böse Kind,
Sie folgen Muttern nicht geschwind.“
Da sagt der Herr: „So reit ich heim,
Dergleichen Kinder brauch ich kein.“
Und reit auf seinem Rößly
Weit, weit entweg vom Schlößly.

Gesellschaftslied.

(Mündlich.)

Dieterlein.

Wohlauf ihr Narren, zieht all mit mir,
Zieht all mit mir,
Wohl heuer in diesem Jahre,
In diesem Jahre.

Alle.

Habens gern gethan,
Thuns noch einmals,
Was gehts dich denn an?
Dich gehts gar nichts an!
Was fragst denn du darnach?
Was hast denn du davon?

Dieterlein.

Bin ich ein Narr, bins nicht allein,
Achts sicher klein,
Wollt Gott, ich wär nur ein Narre
Nach meinem Sinne.

Alle.

Hättst gern so gethan,

Thätst noch einmal, u. s. w.

Dieterlein.

Wollt Gott, ich wär ein kleins Vögelein,

Waldvöglein klein,

Zur Lieben wollt ich mich schwingen,

Ins Fenster springen.

Alle.

Hättst gern gethan, u. s. w.

Dieterlein.

Wollt Gott, ich wär ein klein Kätzelein,

Klein Kätzelein,

Gar lieblich wollt ich ihr mausen

In ihrem Hause.

Alle.

Hättst gern gethan, u. s. w.

Dieterlein.

Wollt Gott, ich wär ein klein Hündelein,

Hündelein klein,

Gar treulich wollt ich ihr jagen

Die Hirsch und Hasen.

Alle.

Hättst gern gethan, u. s. w.

Dieterlein.

Wollt Gott, ich wär ein klein Pferdelein,

Artig Zeltelein,

Gar sanfte wollt ich ihr traben,
Zu ihrem Knaben.

Alle.

Hättst gern gethan, u. s. w.

Dieterlein.

Zu ihrem Knaben ins Kämmerlein,
Ins Kämmerlein,
Gern würd ich dann sehen
Euch Herren gehen.

Alle.

Drauf trinken wir alle
Diesen Wein mit Schalle,
Dieser Wein vor andern Wein
Ist aller Welt ein Fürste,
Trink mein lieber Dieterlein,
Und daß dich nimmer dürste,
Trinks gar aus,
Trinks gar aus.

Dieterlein.

Der Wein schmeckt wohl,
Macht mich oft trunken,
Darum soll man ihn loben,
Mir ist verkündt
Ein seltsam Spiel,
Ein Vogel auf dem Brunnen,
Ein seltsam Fang
Macht mich oft siech,

Vor Lachen muß ich schweigen,
Kurz Griff sind auf der Lauten.

Alle.

So trinken wir die lange liebe Nacht,
Bis daß der liebe lichte Morgen wacht.
Bis zu dem lichten Morgen
Wir singen
Und springen
Und sind nun froh
Und leben also
Ohn alle schwarze Sorgen.

Dieterlein.

Ich bin der König der Thoren,
Zum Trinken auserkoren,
Und ihr, ihr seid erschienen,
Mich Fürsten zu bedienen.
Spann Jäger dein Gefieder,
Schieß mir das Wildpret nieder,
Erhebet dann die Stimme
Und singt mit rechtem Grimme.
Ins Horn, ins Horn, ins Jägerhorn,
Und wer es hört der wird zum Thorn,
Und springt und singt mit Schalle,
Drauf trinken wir wohl alle.

Alle.

So springt und singt mit Schallen,
Der König soll leben vor allen.

Warnung.

(Mündlich.)

Der Kuckuck auf dem Zaune saß,
Es regnet sehr und er ward naß,
Da kam ein hoher Sonnenschein,
Der Kuckuck der ward hübsch und fein,
Dann schwang er sein Gefieder
Wohl übern See hinüber.
Kuckuck, Kuckuck, Kuckuck.

Da wandte er sich schnelle her,
Er sang so traurig, bange, schwer:
„Von rothem Gold ein Ringelein
Ließ ich im Bett der Liebsten mein,
Ich schwing nicht mein Gefieder,
Bis mir das Ringlein wieder.
Kuckuck, Kuckuck, Kuckuck.“

„Ach Goldschmid, lieber Goldschmid mein,
Schmied' mir von Gold ein Ringelein,
Schmied mir ihn an die rechte Hand,
Ich nehm ihn mit ins Vaterland,
Dann schwing ich mein Gefieder
Wohl übern See hinüber.
Kuckuck, Kuckuck, Kuckuck.“

„Ach Kuckuck, lieber Kuckuck mein,
Schmied ich dich an ein Ringelein,
Schmied ich dir an die rechte Hand,
Du kannst nicht ziehn ins Vaterland,

Schwingst nimmer dein Gefieder
Da übern See hinüber:
Kuckuck, Kuckuck, Kuckuck."

Das große Kind.

(Mündlich.)

Ich hört ein Fräulein klagen,
Fürwahr ein weiblich Bild,
Ihr Herz wollt ihr verzagen,
Durch einen Jüngling mild.
Das Fräulein sprach mit Listen:
„Er liegt an meinen Brüsten
Der Allerliebste mein.

Warum sollt ich aufwecken
Den Allerliebsten mein,
Ich fürcht es möcht erschrecken
Das junge Herze sein;
Er ist mein Herz-Geselle,
Er liegt an seiner Stelle,
Wie gern ich bei ihm bin.

Er ist mein Kindlein kleine,
Er athmet noch so heiß,
Und daß er nur nicht weine,
Ich sang ihm eins so leis!"
Das Fräulein sagt mit Listen:
„Es schläft an meinen Brüsten
Der Allerliebste mein."

Lied beim Heuen.

In den frischen Liedlein Georg Forsters. Nürnberg 1565. II. XXV. ist schon der Anfang eines ganz ähnlichen Lieds:

Es hätt ein Biedermann ein Weib,
Ihr Tück wollt sie nit lan,
Das macht ihr grader stolzer Leib,
Daß sie bat ihren Mann,
Und daß er führ ins Heu, ins Heu,
Nach Gromat in das Gey.
Der Mann der wollt erfüllen
Der Frauen ihren Willen,
Er stieg zu aller öberst,
Wohl auf die Dillen,
Er sprach, er wollt ins Heu, ins Heu,
Nach Gromat in das Gey.

(Mündlich.)

Es hatte ein Bauer ein schönes Weib,
Die blieb so gerne zu Haus,
Sie bat oft ihren lieben Mann,
Er sollte doch fahren hinaus,
Er sollte doch fahren ins Heu,
Er sollte doch fahren ins
Ha ha, ha; ha, ha, ha, Heidildei,
Juch heisasa,
Er sollte doch fahren ins Heu.

Der Mann der dachte in seinem Sinn:
„Die Reden die sind gut!
Ich will mich hinter die Hausthür stelln,
Will sehn, was meine Frau thut,
Will sagen, ich fahre ins Heu, u. s. w.“

Da kommt geschlichen ein Reitersknecht
Zum jungen Weibe hinein,

Und sie umfanget gar freundlich ihn,
Gab stracks ihren Willen darein.
„Mein Mann ist gefahren ins Heu, u. s. w."
  Er faßte sie um ihr Gürtelband,
Und schwang sie wohl hin und her,
Der Mann, der hinter der Hausthür stand,
Ganz zornig da trat herfür:
„Ich bin noch nicht fahren ins Heu, u. s. w."
  „Ach trauter herzallerliebster Mann,
Vergieb mir nur diesen Fehl,
Will lieben fürbas und herzen dich,
Will kochen süß Mus und Mehl;
Ich dachte du wärest ins Heu, u. s. w."
  „Und wenn ich gleich gefahren wär
Ins Heu und Haberstroh,
So sollt du nun und nimmermehr
Einen andern lieben also,
Der Teufel mag fahren ins Heu, u. s. w."
  Und wer euch dies neue Liedlein pfiff,
Der muß es singen gar oft,
Es war der junge Reitersknecht,
Er liegt auf Grasung im Hof,
Er fuhr auch manchmal ins Heu, u. s. w.

Doppelte Liebe.

(Mündlich.)

Nicht lang es ist,
In Fastnacht-Frist,
Hab ich mir auserkoren
Zwei Jungfraun zart,
Von guter Art
Und tugendlich geboren.

Am Abend spat
Schneeweiß ihr Waat,
Durchaus ganz wohlgezieret,
Ich ihnen gern
In Zucht und Ehrn
Gefällig hätt' hofieret.

Doch durft ich nicht,
Dieweil es Sitt
Ein jeder Zeit zu halten;
Nach Klagens Brauch
Darum ich auch
Den lieben Gott ließ walten.

Und schmückt mich sehr,
Als ob ich wär
Ein Sohn der armen Frauen,
Mit kleinem Ruhm,
Recht wie die Blum
Den Winter in der Auen.

Vor beider Thür
Ich stehe hier,
So zwischen beiden Frauen,
Ganz grämlich schier,
Wies Müllerthier
Zwei Bündel Heu mag schauen.
Schleich auf den Zehn
Zum Schlafen gehn,
Vor großem Leid und Kummer;
In dem bedacht
In selbig Nacht
Den schön und edlen Sommer.
In kurzer Zeit
Er breitet weit
Die Blum auf grüner Haiden,
Manch schönen Strauch,
Darin ich auch
Mich hoff mit Lust zu weiden.

Die gefährliche Manschettenblume.

(Mündlich.)

Es stand ein Baum im Schweizerland,
Der trug Manschettenblumen,
Die erste Blume die er trug,
Die war des Königs Tochter.
Des Bauers Sohn darunter war,
Der thäte um sie freien,

Er freite länger als sieben Jahr,
Er konnte sie nicht erfreien.
Der Bauernsohn steigt auf das Nest
Da oben auf dem Baume,
Der König hält ihn am Mantel fest:
„Was willst mit meiner Tochter?
Sie ist viel höher geboren als du,
Von Vater und von Mutter.“
„Ist sie viel höher geboren als ich,
So bin ich viel höher gestiegen.“
„Und wenn du auch mein Rath schon bist,
Du bist doch nicht vom Blute.“
„Ei König was du jetzo bist,
Das dankest du meinem Blute!“
„Ich dank dir mein Schloß in Österreich,
Da sollst du König werden,
Ich schlag dich zum Ritter mit dürrem Zweig,
Das Kettlein soll dir auch werden.
Und über dem Schloß noch höher hinaus
Sie sollen hinauf dich ziehen,
Da hast du über den Wolken ein Haus,
Gewitter unter dir ziehen.“
„Und hätt es des Königs Tochter gethan
Kein König ich würd über alle,
So gehts wer gerne freien thät,
Und kann doch keiner gefallen.“

Der Fähndrich.

(Fliegendes Blatt.)

Marschiert ihr Regiment
Nun in das Feld,
In aller Welt
Viel Krieg ist heuer zu finden.
Bei der Frau Wirthin Nachts
Sie kehrten ein:
„Wollen lustig sein,
Das Mädchen schläft allein."
Der Hauptmann ging hinein,
Sie klagt im Schlaf:
Daß Gott dich straf,
Du magst der Alp wohl sein.
Ich bin der Alp und drück,
Doch thuts nicht weh,
Und wie ich seh
Du bist davon entzückt.
Du hältst mir zu den Mund,
Sonst schrie ich sehr
Und lacht noch mehr,
Weiß nicht wie inniger Stund.
Und als das Mädchen nun
Vom Schlaf erwacht,
Und sich bedacht,
Da fing sie an zu weinen.

„Ei schwarzbraun Mädchen sagt,
Was weint ihr hier?“
„Ein schöner Offizier
Hat mir genommen mein Ehr!“

Der Hauptmann, ein braver Mann,
Die Trommeln rührt,
Die Trommeln rührt,
Den Feldmarsch läßt er schlagen.

Er ließ marschieren sie,
Zu zwei und drei,
Zu drei und zwei,
Auf daß sie ihn erkenne.

„Mamsell erkennt ihr ihn?“
„Ich kenn ihn wohl
So schön und voll,
Er thut die Fahne schwenken.“

Der Hauptmann, ein solcher Mann,
Den Galgen baut,
Den ihr weit schaut,
Den Fähndrich dran zu hängen.

„O liebster Kamerad,
Wenn einer fragt,
Ihr ihm doch sagt,
Ich wär mit Ehrn erschossen.“

Des andern Tages kam
Des Fähndrichs Frau:

„Mein Mann nicht schau,
Wo ist er denn geblieben?"
„Dort draussen vor dem Thor,"
Sie sagten an,
„Den armen Mann,
Zwei Jäger ihn erschossen."
So geht es in der Welt,
Wenn man verliebt,
Wenn man verliebt,
Muß man sein Leben lassen.

Starke Einbildungskraft.

(Mündlich.)

Mädchen.

Hast gesagt du willst mich nehmen,
Sobald der Sommer kommt :,:
Der Sommer ist gekommen,
Du hast mich nicht genommen,
Geh Buble, geh nehm mich! Gelt ja
Du nimmst mich noch.

Bube.

Wie soll ich dich denn nehmen,
Und wenn ich dich schon hab :,:
Denn wenn ich halt an dich gedenk,
Denn wenn ich halt an dich gedenk,
So mein ich, so mein ich, ich mein,
Ich wär bei dir.

Adelnssucht.

(Frische Liedlein.)

Mancher jetzund nach Adel strebt,
Hätt er nicht Geld,
Würd öfter um sich schauen,
Gedenken wer sein Vater war,
Ders ganze Jahr
Den Acker mußte bauen;
Der jetzund sich
So gar höflich
Bein Leuten thut aufschmücken,
Hälts nicht dafür,
Als wenn man spür,
Daß er den Pflug kann zwicken.

Wenn er nun kommt zum Abendtanz,
So gilt sein Kranz
Mehr denn der andern allen.
Er krümmt sich fast nach Adelssitt,
Sein gemeßner Tritt
Thut ihm selbst wohlgefallen.
Wer hätt vertraut,
Daß solches Kraut
In Dörfern auch sollt wachsen?
Wenn er nur spricht,
Er ist erwischt,
Ist bäurisch ausgelassen.

Weisheit die thut ihm viel zu leid,
Giebt bös Bescheid,
Wenn mans ihm nicht will glauben,
Dünkt sich in aller Sach gescheit,
Doch fehlts ihm weit,
Sieht aus wie saure Trauben.
Im Spiegel-Glas,
Wird sehen das,
Der Kittel ihn bas zieret,
Den seiden Waat,
Den Adelsstaat,
Zu bäurisch Art verführet.

Gott grüßt euch Alter *).

(Fliegendes Blatt.)

„Gott grüß euch Alter, schmeckt das Pfeifchen?
Weis't her! — Ein Blumentopf
Von rothem Thon mit goldnem Reifchen:
Was wollt ihr für den Kopf?“

---

*) „Einige haben mir einen Vorwurf daraus gemacht, daß ich dieses Lied aufgenommen, sie nannten es gemein, die Welt ist auch sehr gemein, denn sie gehört allen, die sich an ihr erfreuen; andere eine Unwissenheit daraus, daß ich nicht Pfeffels Namen beigefügt; diese können recht haben, mir würde es indessen lieber sein, wenn man meine Lieder —“ So weit A. v. Arnim in einer schriftlichen Randbemerkung zur ersten Ausgabe. Es ist nicht schwer, den abgebrochenen und doch so klar angedeuteten Gedanken zu ergänzen. Freuen wir uns lieber der Lieder und genießen sie recht, als daß wir mit ihnen eine bloße literarische Neugier oder ein kleinliches Literarhistoriker-Bewußtsein befriedigen.

„O Herr, den Kopf kann ich nicht lassen,
Er kömmt vom bravsten Mann,
Der ihn, Gott weiß es, einem Bassen
Bei Belgrad abgewann.

Da, Herr, da gab es rechte Beute,
Es lebe Prinz Eugen!
Wie Grummet sah man unsre Leute
Der Türken Glieder mähn."

„Ein andermal von euren Thaten!
Hier, Alter, seid kein Tropf:
Nehmt diesen doppelten Dukaten
Für euren Pfeifenkopf."

„Ich bin ein armer Kerl, und lebe
Von meinem Gnadensold,
Doch, Herr, den Pfeifenkopf, den gebe
Ich nicht um alles Gold.

Hört nur: Einst jagten wir Husaren
Den Feind nach Herzenslust,
Da schoß ein Hund von Janitscharen
Den Hauptmann in die Brust.

Ich hob ihn flugs auf meinen Schimmel,
Er hätt' es auch gethan,
Und trug ihn sanft aus dem Getümmel
Zu einem Edelmann.

Ich pflegte sein. Vor seinem Ende
Reicht er mir all sein Geld

Und diesen Kopf, drückt mir die Hände,
Und blieb im Tod noch Held.

Das Geld mußt du dem Wirthe schenken,
Der dreimal Plündrung litt
So dacht' ich, und zum Angedenken
Nahm ich die Pfeife mit.

Ich trug auf allen meinen Zügen
Sie wie ein Heiligthum,
Wir mochten weichen oder siegen,
Im Stiefel mit herum.

Vor Prag verlor ich auf der Streife
Das Bein durch einen Schuß,
Da griff ich erst nach meiner Pfeife,
Und dann nach meinem Fuß."

„Ihr rührt mich, Alter, bis zu Zähren,
O sagt, wie hieß der Mann?
Damit mein Herz auch ihn verehren
Und ihn beneiden kann."

„Man hieß ihn nur den tapfern Walter,
Dort lag sein Gut am Rhein."
„Das war mein Ahne, lieber Alter,
Und jenes Gut ist mein!

Kommt, Freund! Ihr sollt bei mir nun leben,
Vergesset eure Noth,
Kommt, trinkt mit mir von Walters Reben
Und eßt von Walters Brod."

„Nun top! Ihr seid sein wahrer Erbe,
Ich ziehe morgen ein,
Und euer Lohn soll, wenn ich sterbe
Die Türkenpfeife sein!“

Dusle und Babeli.

(Herder's Volkslieder I. S. 139.)

Es hätte ein Bauer ein Töchterli,
Mit Name hieß es Babeli,
Es hätt ein Paar Zöpfle, sie sind wie Gold,
Drum ist ihm auch der Dusle hold.

Der Dusle lief dem Vater nach:
„O Vater, wollt ihr mir 's Babele lahn?“
„Das Babele ist noch viel zu klein,
Es schläft dies Jahr noch wohl allein.“

Der Dusle lief in einer Stund,
Lief abe bis gen Solothurn,
Er lief die Stadt wohl auf und ab,
Bis er zum öbersten Hauptmann kam:

„O Hauptmann, lieber Hauptmann mein,
Ich will mich dingen in Flandern ein.“
Der Hauptmann zog die Seckelschnur,
Gab dem Dusle drei Thaler draus.

Der Dusle lief wohl wieder heim,
Heim zu sein'm liebe Babelein:
„O Babele, liebes Babele mein,
Jetzt hab i' mi' dungen in Flandern ein.“

Das Babele lief wohl hinters Haus,
Es greint sich schier sein Äugele aus:
„O Babele, thu doch nit so sehr,
J' will ja wieder kommen zu dir!
Und komm ich übers Jahr nit heim,
So will ich dir schreiben ein Briefelein.
Darinnen soll geschrieben stehn:
Ich will min Babele wieder sehn!"

Abendlied.

(Mündlich.)

Nun laßt uns singen das Abendlied,
Denn wir müssen gehn,
Das Kännchen mit dem Weine
Lassen wir nun stehn.
Das Kännchen mit dem Weine,
Das muß geleeret sein,
Also muß auch das Abendlied
Wohl fein gesungen sein.
Wohl unterm grünen Tannenbaum,
Allda ich fröhlich lag,
In mein feins Liebchens Armen
Die lange liebe Nacht.
Die Blätter von den Bäumen,
Die fallen nun auf mich,
Daß mich mein Schatz verlassen hat,
Das freuet wohl mich.

Daß mich mein Schatz verlassen hat,
Das kömmt wohl daher,
Sie dacht sich zu verbessern,
Betrog sich gar sehr.

Des Abends, wenn es dunkel wird,
Steht er wohl vor der Thür,
Mit seinem blanken Schwerte,
Als wie ein Offizier.

Mit seinem blanken Schwerte,
Gleich einem rechten Held,
Mit ihm will ich es wagen
Auf weitem, weitem Feld.

Mit ihm will ich es wagen,
Zu Wasser und zu Land,
Daß mich mein Schatz verlassen hat,
Das bringt mir keine Schand.

Das Abendlied gesungen ist,
Das Kännchen ist geleert,
Laß sehn nun wie du Kerl aussiehst,
Mit deinem blanken Schwert.

Feuerelement.

(Mündlich.)

Er.

Du kannst mir glauben, liebes Herz,
Geh dich am Bronnen frischen,
Wenn heut die Stern am Himmel sind,

Komm ich zu dir mein schönes Kind,
Da denkst du nicht der Schmerzen
Im Herzen.

Sie.

Geh hin und nimm ein kühles Bad,
Thu dich im Thau erlaben,
Wenn Feuer und Stroh beisammen sind,
Den Schnee dazwischen treibt der Wind,
So muß es dennoch brennen,
Ja brennen.

Naturtrieb.

(Eingesandt.)

Wie die goldnen Bienlein schweben
Auf der bunten Blumenfahrt,
Hundert tausend Küsse geben
All den Kräutlein mancher Art,
So in meines Herzens Grunde
Treibt es mich nach deinem Munde,
Speiß und Wein,
Küß und Freude,
Mehrt die Pein,
Die ich leide,
Ohne dich, mein Leben!
Durch Umfangen
Stillt dein Mund

Mein Verlangen,
Bin ich wund,
Kannst du mir Gesundheit geben.

Gustav Adolphs Tod.

(Nach Weckherlin.)

Ach könnt ich meine Stimm dem Donner gleich erheben,
Daß sie, die weite Welt erschreckend, mög erbeben,
Wollt ich ersteigen bald, trostlos und ruhelos
Den allerhöchsten Berg, zu alles Geists Verwundern,
Mit überlauter Macht aus meiner Brust ausdundern:
Gustav der Groß ist todt, todt ist Gustav der Groß.

Ihn hat das wilde Meer, der Schweden Schatz, getragen
Zu uns so still und glatt, dem Meerzug nicht zu schaden,
Ihm war so lieb und werth des Königs Gegenwart,
Der Wind enthielt sich auch von allem Sturm und Rasen,
Erfreuend sich allein die Segel aufzublasen,
Begünstigend nach Wunsch des Helden Überfahrt.

Das Wasser rauschte tief von Schiffen wie verborgen,
Als auf dem Hauptschiff hoch der Held voll Treu und Sorgen
Betrachtet hin und her des deutschen Reichs Zwietracht,
Sah auf des Kieles Schaum drei baltische Sirenen,

Die reich mit Bernstein Haar und Arm und Brust beschönen,
Und die ihr Lieb und Leid ihm also vorgebracht:
„Fahr fort, du edler Held, du siegst in Noth, wir schwätzen;
Der Frommen Aug wird Freud, das unsre Leiden netzen,
Ach daß sie wie wir dir auch nach dem Tod getreu.
Denn du, nachdem dein Lauf wie Herkules beendet,
Sollst werden dieser Welt, die dein nicht werth, entwendet,
So hoch wird sein dein Werk, zu machen Deutschland frei.“
Hiemit die Morgenröth, ihr Gold am Leib am Flügel,
Entdeckte Masten dort, ihm nahen Landes-Hügel,
Sanft leget sich der Wind und bringt das Schiff ans Land,
Aus welchem als der Held auf das Gestad gesprungen,
Hat knieend er zum Dank mit eifrig frommer Zungen
Erhoben sein Gebet, sein Herz, Gesicht und Hand.
„Gesegnet bist du Held, gesegnet wir Soldaten,
Die dienend unter dir, theilhaftig deiner Thaten!
Sang bald der ganze Hauf mit einem Mund und Muth,
Kein Glück, kein Unglück je konnt wider dich vermögen,
Und nichts kann dein Gemüth und Angesicht bewegen,
Umsonst ist wider dich des Feinds Gewalt, List, Muth.

Gleich wie der Amboß sich nicht fürchtet vor den
Streichen,
Wie Meereswellen nie den kühnen Fels erweichen,
Also verändert dich kein Ernst, Gefahr und Scherz.
Wie Flüsse sich ins Meer ohn Abnahm stets ergießen,
Ins Meer ohn Zunahm stets die vollen Ströme fließen:
Also sich und der Welt ist gleich des Helden Herz.
Mit schlechtem Brod und Trank gesättiget zu werden,
Als Trinkglas seinen Helm, als Ruhbett harte Erde,
Als Pfühl den nächsten Stein, ja auch wohl Schnee
und Eis,
Als Bad den wilden Fluß ganz zaglos zu gebrauchen,
Sein Werk zu setzen fort in Hitze, Frost und Regen,
Sich selber gleich und fromm, so war des Königs Weis.
„Es walt der liebe Gott, Gott mit uns wie vor
Zeiten,
O Jesu, Jesu hilf, hilf Jesu mir heut streiten
Zu deines Namens Ehr, zu steuern Feindes Macht!“
Also hat er sein Volk anführend mehr ergötzet,
Und mitten in die Feind, stets siegreich, selbst gesetzet,
Da er bald manche That und seinen Tag vollbracht.
Gleich wie ein Sturmwind dort, die Windsbraut
hier entstehet,
Und Hecken, Bäum und Thürm urplötzlich stracks um=
wehet,
Ein trauriges Gewölk, ganz finster schwarz und dick,
Dem Trauerschleier gleich mit Dunst und Rauch erfüllet,

Den Tag, das Firmament, die Sonne selbst verhüllet,
Verblindet das Gesicht in einem Augenblick.

Bald mancher Donnerschlag mit Strahlen ganz beladen
Durchstürmet das Gewölk und Land mit Brunst und Schaden,
Bald feurig ist die Luft, bald finster um und um,
Die Wolken brechen sich, dann fallet ein Schlagregen,
Verhärtet ganz in Eis, das bald mit tausend Schlägen
Zerschmettert Frucht und Volk, und wer nicht schreit ist stumm.

Also und gräulicher mit Krachen, Schallen, Knallen,
Sind bald die beiden Heer einander angefallen,
Da war die Luft alsbald voll Feuer, Rauch und Dampf,
Der Grund erschüttert schon von Böllern und Karthaunen,
Darob die Thier und Leut erstummen und erstaunen,
Als ob der Himmel selbst und Erde hier im Kampf.

Damals hat unser Held, indem es Feuer regnet,
Mit seinem theuren Blut siegreich die Welt gesegnet,
Da denn das Firmament bald krönet seine Stirn,
Damals ist unser Held, ich sprechs, uns zu bewahren,
Als wahrer Herkules dem Himmel zugefahren,
Da er denn leuchtet klar, ein neues Nordgestirn.

Kaum, kaum war das Gerücht, das niemals stumm, gehöret,
Daß Gustav Adolph schon der Götter Zahl vermehret,

Vermehrt sich auch des Heeres Grimm und Stärk und Macht,
Mit ganz gerechtem Zorn ihr Muth und Herz ist wachsen,
Vor allen tröstet sie Bernhard der Held aus Sachsen,
Daß, der nicht sterblich mehr, ihr Schutzherr, sie bewacht.

Daher des Helden Stell gebührlich zu vertreten,
Hat er, als heimlich sie den Stern schon angebetet,
Begierig sie geführt auf den siegtrunknen Feind,
Geschleifet auf den Grund ohn alle Gnad und Dauern,
Des Feindes Eisenthürm, lebendig starke Mauern,
Da half kein Herrenstand, da galt kein Geld noch Freund.

Ein Regen dick von Blei, Stein, Erz und Feuerschlossen,
Mit schwarzem Dunst und Brunst wird wieder ausgegossen,
Mit scheuslich herbem Tod, trifft auf des Feindes Heer,
Des Nordsterns Einfluß kann der Feind nicht mehr vermeiden,
Er muß, er muß nun gleich des Lebens Schiffbruch leiden,
In seinem auf dem Feld noch rasend blutgem Meer.

Damals der bleiche Feind, auf den der Nordstern schiesset,
Hat seine Tyrannei den Blutdurst schwer gebüßet,
Mit seinem eignen Blut, das da bei Lützen fließt,

Darauf des Helden Heer mit aufgehobnen Händen
Erfleht von Gott mit Lob, sein Werk auch zu vollenden,
Stark durch des Sternes Kraft, der hell die Sieger grüßt.

Ja sieg- und trostreich ists erhöret und gewähret
Befand es sich alsbald und immerdar uns lehret,
Daß lang in Eitelkeit zu leben ganz umsonst,
Denn unserm Lebenslauf ein kurzes Ziel gestecket,
Nur der, der drüber hin sein Lob durch That erstrecket,
Der ist den Göttern gleich, der hat der Tugend Kunst.

Zwei Schelme.

(Fliegende Blätter.)

Es trägt ein Jäger ein grünen Hut,
Er trägt drei Federn auf seinem Hut,
Juchhei, Rassei! Hesasa, Faldrida!
Er trägt drei Federn auf seinem Hut.

Die eine war mit Gold beschlagen,
Das kann ein jeder Jäger tragen:
Juchhei u. s. w.

Der Jäger der jagt ein wildes Schwein
Bei Nacht, bei Tag, bei Mondenschein:
Juchhei u. s. w.

Er jagt über Berg und tiefe Strauß,
Er jagt ein schwarzbraunes Mädel heraus:
Juchhei u. s. w.

Wonaus, wohin, du wildes Thier,
Ich bin ein Jäger und fang dich schier?
Juchhei u. s. w.

Du bist ein Jäger und fängst mich nicht,
Du kennst meine krumme Sprünglein noch nicht:
Juchhei u. s. w.

Deine krumme Sprünge kenn ich gar wohl,
Leid ists mir, daß ich dich fangen soll:
Juchhei u. s. w.

Er warf ihr das Bändlein an den Arm.
Jetzt bin ich gefangen, daß Gott erbarm:
Juchhei u. s. w.

Er nahm sie bei ihrem rothen Rock,
Er schwang sie hinter sich auf sein Roß:
Juchhei u. s. w.

Er ritt vor seiner Frau Mutter Haus,
Frau Mutter schaute zum Fenster hinaus:
Juchhei u. s. w.

Sei mir willkommen, o Sohne mein,
Was bringst du für ein wildes Schwein:
Juchhei u. s. w.

Frau Mutter, es ist kein wildes Schwein,
Es ist ein zartes Jungfräuelein:
Juchhei u. s. w.

Ist es ein zartes Jungfräuelein,
So soll sie mir willkommen sein:
Juchhei u. s. w.

Sie setzt das Jungfräulein an den Tisch,
Sie trug ihr auf gut Wildpret und Fisch:
Juchhei u. s. w.
Sie trug ihr auf den besten Wein,
Das Jungfräulein wollt nicht fröhlich sein:
Juchhei u. s. w.
Ei iß und trink, gehab dich wohl,
Du darfst nicht sorgen, wers zahlen soll:
Juchhei u. s. w.
Ders zahlen soll, und der bin ich,
Ich hab kein lieberes Schätzel als dich:
Juchhei u. s. w.
Eur Herzallerliebste will ich nicht sein,
Ich bin des Edelmanns Töchterlein:
Juchhei u. s. w.
Und bist du des Edelmanns Töchterlein,
So sollst du mir des lieber sein:
Juchhei u. s. w.
Er führt sie wohl vor des Goldschmids Haus,
Der Goldschmid schaut zum Fenster hinaus:
Juchhei u. s. w.
Ach allerliebster Goldschmid mein,
Schmied meinem Schatz ein Ringelein:
Juchhei u. s. w.
Schmied ihr den Ring an die linke Hand,
Ich nehm sie mit ins fremde Land:
Juchhei u. s. w.

Ins

Ins fremde Land da will ich nicht,
Du bist ein Schalk, ich trau dir nicht:
Juchhei u. s. w.
Sie giengen miteinander den Berg hinauf,
Er setzte sie nieder an einem Baum:
Juchhei u. s. w.
Er bricht herab einen grünen Zweig,
Und machet das Mädel zu seinem Weib:
Juchhei u. s. w.
Da lachet das Mädel so sehr vermessen:
Ach edler Jäger, eins hab ich vergessen:
Juchhei u. s. w.
Wenn mich mein Mutter nun jaget hinaus,
Wo lag denn deiner Frau Mutter ihr Haus:
Juchhei u. s. w.
Der Mutter ihr Haus steht unten am Rhein,
Es ist gebauet von Marmelstein:
Juchhei u. s. w.
Es hat weder Weg, es hat weder Steg,
Feins Mädel, scher dich deiner Weg:
Juchhei u. s. w.
Ich bin ein Schelm, du traust mir nicht,
Du bist nicht ehrlich, ich werf auf dich:
Juchhei u. s. w.
Als sie ein Stückwegs hinaus kommt gegangen,
Ihre Mutter begegnet ihr mit der Stangen:
Juchhei u. s. w.

Wo bist du gewesen, du faule Haut,
Du bist wohl gewesen des Jägers Braut:
Juchhei u. s. w.
Wann andre Mädchen zu Tanz gehn und springen,
Du mußt bei der Wiege stehn und singen:
Juchhei u. s. w.
Man singt bei Meth und kühlem Wein,
Wohl von dem zarten Kindelein:
Juchhei u. s. w.
Schlaf ein, schlaf ein feins Kindlein mein,
Wo wird wohl dein Vater der Jäger sein?
Juchhei, Rassei! Hesasa, Faldrida!
Im Elsaß da wirst du ihn finden.

Die Magdeburger Fehde.

(Cyriacus Spangenbergs Chronik von Aschersleben. Eisleben, Petri 1572.)

„Ein guten Rath will ich euch geben,
Mit Gottes Hülf wollen wir widerstreben,
Wolln unsre Stadt befestigen,
Und harrn damit auch nicht zu lang,
Es kommen fremde Gäste.“
Arndt Jordan der Burgermeister genannt,
Und Lindow, der auch wohl bekannt,
Sie haben dazu geschworen,
Verhegen die Stadt mit Treuen wohl,
Sie sind dazu erkoren.

Der Bischof sprach hinwiederum:
„Die Feste sollt ihr ganz abthun,
Die ihr habt aufgerichtet,
Das will ich von euch haben also,
Des seid von mir berichtet.“

Die Pfaffen treiben Wunderspiel,
Der Wolltag halten sie zuviel,
Die haben sich gar betrogen,
Beflecken gar ihr eigen Nest
Und sind daraus geflogen.

Und dieser Bischof ich merken kann,
Das ist auch wohl ein kluger Mann,
Ich wills also bewinden,
Welch Vogel sich selbst die Federn ausrupft,
Den wird der Winter zwingen.

„Gedenke edler Fürste gut,
Gedenkt an euren eignen Muth,
Kürzlich will ichs entdecken,
Die edele Stadt Magdeburg
Ist frei auf allen Ecken.“

Der Burgermeister also sprach,
Als er vor die Gemeine trat:
„Berichtet, denn ich frage,
Uns will ein Krieg hieraus entstehn;
Was thut ihr hiezu sagen?“

Die Gemeinde sprach auch wiederum:
Gebt euren treuen Rath dazu,

Dabei so wolln wir bleiben,
Wir haben des Gelds und Guts genug,
Wir wagens mit unserm Leibe.

„Wenn die Bachmühlen stille stehn,
Die großen Wasser in Wellen gehn,
Das ist allzeit zu loben,
Der Sperling flieget in den Dom,
Der Falke schwebet oben.

Ihr lieben Bürger lobelich,
Nun merket mich auch allzugleich.
Was ich euch hab gesungen,
Welcher Vogel welcher bauet hoch,
Behält wohl seine Jungen.

Das ich nun sage und dich warn,
Magdeburg du bist ein wilder Arn,
Dein Flügel sied unverhauen,
Du fleugst den Wald wohl auf und ab,
Das mag man auch wohl schauen.“

Die Bürger schrien alle dicht:
„Magdeburg ist kein Haase nicht;
Es ist ein kühner Löwe,
Den Winden zerbricht er ihre Füß,
Das reden wir mit Vertrauen.“

Die Pfaffen hattens nicht wohl bedacht,
Han ihren Herrn in Schaden gebracht,
Und kränken ihre Feste,

Wo sie vorher sind Herren gewest,
Nun sind sie worden Gäste.

Sie laufen weg, das war nicht gut,
Das macht ihr großer Übermuth,
Denn nach der Alten Weise,
Wenn unser Esel Haber frißt,
So tanzt er auf dem Eise.

Der Bischof kam von Hildesheim,
Bracht mit die Stiftsgenossen sein,
Die von ihm hatten Lehen,
Nach Magdeburg wohl in das Land,
Und wollten Sold verdienen.

Auf einem Dienstag das geschah,
Magdeburgs Panier man schweben sah,
Wohl auf dem weiten Felde,
Da war manch stolzer Kriegesmann
Bei den frischkühnen Helden.

Magdeburg bist du uns wohlbekannt,
Du trägst eine Krone über das Land,
Dein Lob, das will ich preisen,
Dein Treue, die ist offenbar,
Mit Gesang will ichs beweisen.

Arndt Jordan der Bürgermeister genannt,
Im Feld ist er gar wohl bekannt,
Er ist also verwegen,
Er will selbst an der Spitze sein,
Und warten da der Schläge.

Die Fürsten zogen schnell davon,
Im Kriege wollten nicht bestohn,
Wohl in der rechten Stunde,
Der Bürger Banner schwebet dar,
Der Fürsten ihr war verschwunden.

Ein Fürste zu dem andern trat:
„Ach lieber Ohm nun gebet Rath,
Wärn wir bei unsern Freunden,
Dieser See ist uns gar zu tief,
Wir können ihn nicht gründen.

Bringen wir das Schiff auf den Strom,
Ich fürcht es möcht zu Grunde gehn,
Wir müssen ein Pfand hier lassen.
Schnell Rath wird hier der beste sein,
Wir reiten unsre Straßen."

Der Bischof von Hildesheim sprach:
„Käm ich wieder in meine Stadt,
Wollt mich des freuen mehrn.
Dieser Hechte wir essen nicht,
Die Gräten stechen sehre."

Schloß Orban.

(Aus einem längeren Gedichte bei Diebold Schilling Burgund. Krieg. Bern 1743. S. 183.)

Der Winter wollte lang bei uns sein,
Des trauerte manches Vögelein,
Das jetzt gar fröhlich singet,

Auf grünem Zweig hört mans im Wald
Gar süßiglich erklingen.
  Der Zweig hat gebracht gar manches Blatt,
Danach man großes Verlangen hat,
Die Haid' ist worden grüne;
Darum so ist gezogen aus
Gar mancher Mann so kühne.
  Einer zog auf, der andre ab,
Das hat genommen gar wilde Hab,
Der Schimpf hat sich gemachet,
Des hat der Herzog von Burgund
Gar wenig mehr gelachet.
  Man ist gezogen in sein Land,
Ein Stadt ist Ponterlin genannt,
Da ist der Reigen aufangen,
Darin so sieht man Wittwen viel
Gar trauriglichen prangen.
  Der Bär eilt ihnen nach mit der Fahn,
Er brannt, als er vormals gethan,
Den Welschen da zum Leide,
Da er das Dorf gezündet an,
Da zog er auf weite Haide.
  Da nun der Zug gen Orban kam,
Da brannt die Stadt in Feuers Flamm,
Wann sie sich hätten ergeben
An die frommen Herren von Bern!
Das war dem Schloß nicht eben.

Darum sie es gezündet an,
Das hat entgolten mancher Mann,
Der in das Schloß ist kommen,
Die Eidgenossen in der Stadt
Sie löschten das Feuer zum Frommen.

Gesellen nahmen den Kirchthurm ein
Und schossen zu den Welschen herein,
Daß es so laut erkrachet,
Wiewohl es war ein großer Ernst,
Des Schießens mancher lachet.

Indem da stürmt man an das Schloß,
Man achtet gar kein Wurfgeschoß,
Sie hauen ein Loch in die Mauren,
Dadurch schlüpft mancher kühne Mann,
Um sich hat er kein Trauren.

Die von Bern stürmten vorne dran
Und die von Basel hinten an,
Sie kamen darin mit Genossen,
Das Fähnlein von Luzern, weiß und blau,
Sah man gar bald im Schlosse.

Da nun die Welschen sahen klar,
Wie schnell das Schloß erstiegen war,
Sie warfen ab die Wehrn,
Und baten, daß man auf sollt nehmen
Durch Gott und unser Frauen Ehrn.

Hätten sie das beizeit gethan,
Man hätt sie allesammt leben gelahn,

Jetzt wollt man sie nicht ehren;
Da nun die Welschen sehen das,
Begannen sie sich zu wehren.
Sie hatten ein Thurm eingenomm'n,
Da konnt man lang nicht zu ihn komm'n,
Da waren viele innen,
Sie wehrten sich gar lange Zeit,
Und mocht ihr keiner entrinnen.
Da fügt sich daß man zu ihn kam
Inwendig im Thurm man aufhin klam,
Viel höher als sie waren,
Man warf ihr eben viel zu todt
Und traf sie über den Ohren.
Es gesah nie kein'm Mann größer Noth,
Man warf sie lebendig und todt,
Allsammt über die Zinnen,
Das Schloß Orban man also thät
Den Welschen abgewinnen.
Darin waren mehr denn hundert Mann,
Die all ihr Leben mußten lahn,
Darin will ich nicht lügen,
Man lehrt sie über die Mauer all
Ohn alles Gefieder fliegen.
Noch ist ein stark Schloß Jungi genannt,
Dem ward es auch gar bald bekannt,
Wie es zu Orban ergangen,

Da waren viel der Welschen auf,
Herab hatten sie Verlangen.
Man zog gen Jungi in die Stadt,
Nach dem Schloß man groß Verlangen hat;
Da kam man dargeschlichen,
Da waren die Welschen alle daraus
Ins welsche Land gewichen.
Der Bär war gelaufen aus dem Höhl,
Es ist ihm ergangen also wohl,
Wieder heim ist er gesprungen,
Gott geb ihm fürbas Glück und Heil,
Hat uns Veit Weber gesungen.

Meine Reise auf meinem Zimmer.

(Fliegendes Blatt.)

Der Schneider Franz, der reisen soll,
Weint laut und jammert sehr:
„O Mutter lebet ewig wohl,
Euch seh ich nimmermehr!“
Die Mutter weint entsetzlich:
„Das laß ich nicht geschehn,
Du darfst mir nicht so plötzlich
Aus deiner Heimath gehn.“
„O Mutter! nein, ich muß von hier,
Ist das nicht jämmerlich!“
„Mein Kind, ich weiß dir Rath dafür,
Verbergen will ich dich.

In meinem Taubenschlage,
Verberg ich dich mein Kind,
Bis deine Wandertage
Gesund vorüber sind."
Mein guter Schneider merkt sich dies,
Und thut als gieng er fort,
Nahm kläglich Abschied und verließ
Sich auf der Mutter Wort,
Doch Abends nach der Glocke
Stellt er sich wieder ein,
Und ritt auf einem Bocke
Zum Taubenschlag hinein.
Da gieng er, welch ein Wanderschaft,
Im Schlage auf und ab,
Und wartete bis ihm zur Kraft
Die Mutter Nudeln gab,
Beim Tag war er auf Reisen
Und auch in mancher Nacht,
Da hat er mit den Mäusen
Und Ratten eine Schlacht.
Einst hatte seine Schwester Streit,
Nicht weit von seinem Haus,
Er hört wie die Bekämpfte schreit,
Und gukt zum Schlag hinaus
Mein Schneiderlein ergrimmte,
Macht eine Faust und droht:

„Wär ich nicht in der Fremde,
Ich schlüge dich zu todt.“

Icarus.

(Mitgetheilt, wahrscheinlich nicht sehr alt.)

Mir träumt, ich flög gar bange
Wohl in die Welt hinaus,
Zu Straßburg durch alle Gassen
Bis vor Feinsliebchens Haus.

Feinsliebchen ist betrübt,
Als ich so flieg und rennt:
Wer dich so fliegen lehrt,
Das ist der böse Feind.

Feinsliebchen, was hilft hier lügen,
Da du doch alles weißt,
Wer mich so fliegen lehrt,
Das ist der böse Feind.

Feinsliebchen weint und schreiet,
Daß ich vom Schrei erwacht,
Da saß ich ach! in Augsburg
Gefangen auf der Wacht.

Und morgen muß ich hangen,
Feinslieb mich nicht mehr ruft,
Wohl morgen als ein Vogel
Schwank ich in freier Luft.

Gedankenstille.

Vögel thut euch nicht verweilen,
Kommet, eilet schnell herzu,
Wölfe höret auf zu heulen,
Denn ihr störet meine Ruh.

Götter kommt und helft mir klagen,
Ihr sollt alle Zeugen sein,
Dürft ich es den Lüften sagen
Und entdecken meine Pein.

Wehet nur ihr sanften Winde,
Bächlein rauschet nicht so sehr,
Fließt und wehet jetzt gelinde,
Gebt doch meinem Lied Gehör.

Äst und Zweige thut nicht wanken,
Bäum und Blätter haltet still,
Weil ich jetzo in Gedanken
Euch mein Lied entdecken will.

Anmuthiger Blumenkranz aus dem Garten der Gemeinde Gottes,

ans Licht gegeben im Jahre 1712.

Es möchten sich nicht wenige verwundern, daß man bei der Menge alter und neuer Gesangbücher doch wieder ein neues Liederbuch vor den Tag bringt, dazu zu einer Zeit, da man in der ganzen Welt nichts als Klag, Angst und Gefahr vorsiehet, und da die rechtschaffenen Sänger so rar, und die Harmonie unter denen, so den Namen der Freunde Gottes tragen, so gar schlecht und gering ist, daß Zion mehr Ursach findet, über sich und ihre Kinder zu weinen, als sie Lust gewinnen sollte, die Harfe vor dem Herrn zu rühren. Der Anlaß dieser neuen Sammlung war das Verlangen vieler Freunde, die unter den vielen Drangsalen den Muth nicht sinken lassen, vielmehr die innern Seelenkräfte durch vielerlei Anfechtungen an dem Kreuze Jesu ausspannen, und also vom Geiste der Weisheit in lebendiger Wahrheit gestimmet werden. Diese allein werden wohl die allerangenehmsten Sänger und Musikanten Gottes sein; besonders da alle die äußeren Gerichte und die inneren Anfechtungen nichts anders als unfehlbare Vorboten sind, daß sich unsere Erlösung nahe. Wer wollte es einem treuen Kinde Gottes verdenken, wenn es mitten unter den Drangsalen sein Herz dem freudenreichen Geiste der Gnaden, als ein Werkzeug des Lobes Gottes darbietet, und den Herrn in seinem Herzen spiegeln läßt, so daß auch der Leib und die äußeren Organe zu einem andächtigen Gesang getrieben werden. Der Geist Gottes wechselt Seufzen und Gebete mit einem stärkenden Gesange.

Man hat also allen Fleiß angewendet, den Kern der Besten zu finden; ob man es allen recht gemacht habe, daran zweifelt man, worauf man daher auch nicht hat sehen können. Ja man kann nicht in Abrede sein, daß hier eine mehrere Freiheit gebraucht worden, als man bishero bei dergleichen Gesangbüchern möchte gewohnt sein, und daß man der Regel nicht genau nachgekommen sei, die gern haben will, daß man alles beim Alten lasse. Man hat kein Bedenken getragen, hie und da in den Gesängen zu ändern, je nachdem es sich der eignen Seele durch die geheime Wirkung der Gnade Gottes näher anfügte oder sonst dem Vorbild des heilsamen Wortes gemäßer wurde, nicht aus Verachtung der Singer, darum man auch nicht hoffet, daß irgend ein noch lebender Verfasser eines hierin befindlichen Liedes dieses übel nehmen werde, da man doch keines keinem zuschreibt, sondern der allgemeinen Erbauung, die der Hauptgrund aller wahren Freiheit sein soll. So sind dann auch einige Lieder wieder in ihre erste Gestalt hergestellt worden, da solche von andern durch Zusätze und Veränderung eben nicht allezeit verbessert worden. Gleichwie man nun gedachter maßen Freiheit genommen, zu thun, was man gethan, so lässet man auch Freiheit, darüber mit Bescheidenheit zu urtheilen. Sollte aber jemand die verschiedenen Ausdrücke und ungewohnten Redensarten dieser Lieder nach den Lehrsätzen irgend einer Religion prüfen, und die unerforschlichen Wege Gottes mit dem kanonisirten Maaßstabe der sonannten Orthodoxie abzirkeln wollen, der wird diese Elle an beiden Enden zu kurz finden. Viele werden auch die hierin befindlichen Lieder nicht verstehen, viele können ihnen nicht anstehen. Der in der Welt nur Vergnügen oder nur Melancholie, oder die Zeit zu vertreiben suchet, und darum diese Liedlein herlallen wollte, der wird Zeugniß darin finden, die seine eitle Entheiligung bestrafen. So hat man auch nicht die Meinung, daß man durch Ausgebung so vieler Lieder die Weise einiger Werkheiligen billigen wolle, die entweder für sich allein, oder in Gesellschaft mit andern, so viele Lieder nach einander daher singen, und meinen Gott damit einen Dienst zu thun, da doch die äußere Stimme nur ein Ausdruck der inneren Begierde und Andacht, und dienet mehr zum Dienste dessen, der selbst anbetet, als eigentlich zum Dienste Gottes. Manche Seele sitzet oft von außen unter den Sängern, da sie der Geist von innen ins Klagehaus führet, äußere menschliche Satzungen gehen oft ganz gegen die inneren Wirkungen des Geistes; dagegen geschieht gar oft, daß die allergeheimsten Freunde Gottes inwendig von dem Geiste so getrieben werden, daß ihre Äusserung ein Gesang. Das göttliche Wesen ist kein tönend Erz, noch eine klingende Schelle, aber ein solches Singen ist kräftig, nicht nur sich selbst in heiliger Andacht zu erhalten, sondern auch andere, die es hören, zur wahren Andacht zu erwecken. Ja prüfet es und erfahret es, und der Geist wird zeugen, daß Geist Wahrheit sei!

---

1. Kampf des erwählten Volkes.

Auf, auf, auf ihr Helden, waget Gut und Blut,
Würget mit vereinten Kräften Babels Brut!
Eure Feldposaunen,
Trommeln und Kartaunen
Lasset tönen und erwecken Löwenmuth.

Wann die Blutfahn flieget, so seid unverzagt,
Josua hat vor euch schon den Feind verjagt;
Unser Löwe brüllet
Und mit Schrecken füllet
Das Heer der Assyrer, so sich an uns wagt.

Auf, auf, zuckt die Schwerter, schlaget muthig drein,
Stürmt die Thürme Babels, reißt die Mauern ein.
Auf, sie sollen fallen,
Wenn Posaunen schallen,
Denn die Stunde, sie zu richten, bricht herein.

Du o Jesu führe selbsten deinen Krieg,
In uns, durch uns, mit uns, daß der Feind erlieg.
In der Kraft erscheinen
Wir nun als die deinen,
Können triumphiren nach erlangtem Sieg.

Preis, Kraft, Macht und Stärke sei dir starker Hort,
Von uns zubereitet immer fort und fort.
Jo, Jo, Jo, durch Sterben
Wollen wir erwerben
Deine Siegeskrone bei dem Friedensport.

Dann wird erst ertönen der Trompeten Hall,
Wenn wir werden jauchzen über Babels Fall.
Da wir können springen,
Neue Lieder singen
Mit erhabnen Stimmen bei dem Jubelschall.

2. Erziehung durch Geschichte.

Löwen laßt euch wieder finden
Wie im ersten Christenthum;
Die nichts konnte überwinden,
Seht nur an ihr Marterthum.
Wie in Lieb sie glühen,
Wie sie Feuer spieen,
Da sich vor der Sterbenslust
Selbst der Satan fürchten muß.

In Gefahren unerschrocken
Und von Lüsten unberührt,
Die aufs Eitle konnten locken,
Alles sie zum Himmel führt.
Keine Furcht in ihnen,
Auf die Kampfschaubühnen
Sprangen sie mit Freudigkeit,
Hielten mit den Thieren Streit.

Ei wohlan, nur fein standhaftig,
O ihr Brüder tapfer drauf;
Lasset uns doch recht herzhaftig
Folgen jener Zeugen Hauf;

Nur den Leib berühret's,
Was ihm so gebühret;
Er hats Leiden wohl verdient,
Und die Seel darunter grünt.
Fort weg mit dem Sinn der Griechen,
Denen Kreuz ein Thorheit ist;
O laßt uns zurück nicht kriechen,
Wenn ans Kreuz soll Jesu Christ!
Reiht euch dicht zusammen,
Wenn der Schlange Samen
Sich dem Glauben widersetzt
Und das Schlachtschwert auf uns wetzt.
Schwängre vor, o goldner Regen,
Uns dein dürres Erb und Erd,
Daß wir dir getreu sein mögen
Und nicht achten Feuer, Schwert,
Als in Liebe trunken,
Und in dir versunken;
Mach die Kirch an Liebe reich,
Daß das End dem Anfang gleich.

3. Triumph des erwählten Volkes.

Auf Triumph, es kommt die Stunde,
Da sich Zion, die Geliebte, die Betrübte hoch erfreut,
Babel aber geht zu Grunde,
Daß sie kläglich über Jammer, über Angst und Kummer schreit.

Diese Dirne hat beflecket
Ihr geschenktes, schön geschmücktes jungfräuliches Ehrenkleid,
Und mit Schmach und Hohn bedecket,
Die dem Lamme auf die Hochzeit ist zum Weibe zubereit.

Stolze Dirne nicht verweile,
Die da auf den vielen, vielen, vielen großen Wassern sitzt,
Und mit Angeln und am Seile
Ganze Völker zu sich ziehet, und in schnöder Brunst erhitzt.

Zion siehet auf den Straßen
Die entblößten und geschminkten stolzen Töchter Babels an,
Wie sie sich beschauen lassen,
König, Priester, hoch und niedrig haben ihre Lust daran.

Auf dem Lande, in den Städten
Hat die Dirne mit dem Becher alle Heiden toll gemacht;
Sie stolzieren in den Ketten,
Haben sie als Schicksalsgöttin, sich als Götzen hoch geacht.

Zions Schöpfer schaut vom Himmel
Auf die vollen, tollen Heiden und sein heilig Herz entbrennt,

Daß das wüste Weltgetümmel
Sich sein trautes Zion nennet, welches ihn doch nicht erkennt.
Zion netzet ihre Wangen
Mit so vielen heißen Thränen über den Verwüstungsgräul,
Und erwartet mit Verlangen
In den Banden der Chaldäer ihres Gottes Sieg und Heil.
Amen, Zion ist erhöret,
Unsre Thränen sind wie Wasser gegen Mittag aufgezehrt;
Seht, Chaldäa ist zerstöret,
Unser Weinen ist in Jauchzen, unsre Last in Lust verkehrt.
Freue dich mit Herz und Munde,
Du erkauftes, auserwähltes und erlöstes Israel;
Siehe Babels eigne Hunde,
Die die Frommen jagen mußten, fressen diese Jesabel.
Da wir noch an Babels Weiden
Unsre Harfen hängen müßten, war ein Tag wie tausend Jahr;
Aber nun in Zions Freuden
Wird für einen Tag gerechnet, was sonst tausend Jahre war.
O wie groß ist deine Wonne,
Schönstes Zion, es ist kommen dein erwünschtes Hochzeitsfest;

Da sich Jesus deine Sonne
Der dich krönet, deinen Bräutigam, deinen König nennen läßt.
Nach der Hochzeit wird die Nymphe
Aus dem Hause ihrer Mutter in des Vaters Haus geführt,
Die mit ewigem Triumphe
In der Krone ihrer Hochzeit ewig, ewig triumphirt.
Auf ihr Cymbeln, auf ihr Saiten,
Psalter, Pauken und Trompeten, lobt des Herren Heiligkeit;
Laßt uns ihm ein Lob bereiten,
Er ist König, er ist König in der Zeit und Ewigkeit.

4. Erziehung der erwählten Seele im erwählten Volke.

Fahre fort mit Liebesschlägen,
Süßer Jesu, liebster Hort;
Laß sich Trübsalsstürme regen,
Denn sie treiben mich zum Port.
Da mein Herr, hier ist mein Rücken,
Schlag nur zu, ich habs verschuldt;
An das Kreuz mit Liebesstricken
Zieht mich deine große Huld.
Ich bin lang von dir gewichen,
Lang war mir das Eitle lieb;
Doch bist du mir nachgeschlichen,

Weil dich deine Liebe trieb, —
Liebe, die dir Händ und Füße
An das Kreuzesholz gespießt;
Liebe, die so honigsüße
Auf die armen Sünder fließt.

Ach so denke nicht, wie lange
Ich dich Bräutgam nicht erkannt;
Wie ich mich zur alten Schlange
Oft mit Herz und Sinn gewandt,
Sondern denk an deine Wunden,
Die dein heilig Fleisch durchritzt;
Denk an deine Trauerstunden,
Da du Blut für mich geschwitzt.

5. Erziehung durch Natur.

Ach hör das süße Lallen,
Den allerschönsten Ton
Der kleinen Nachtigallen,
Auf ihrem niedern Thron.
Hör, was sie dir da singet
In ihrer grünen Claus;
Ihr schlechtes Wesen bringet
Viel weise Lehr heraus.

Sie spricht: ihr Menschen sehet,
Mein Nothdurft ist sehr klein;
Mein Wunsch nicht weiter gehet,
Als Nachtigall zu sein.

Ich laß die hohen Nester
Und liebe Niedrigkeit;
Das meine ist weit fester
Und ruhig allezeit.

Ich hab, was Adler haben,
Sie aber nicht, was ich;
Der Luft und Erde Gaben
Sind eben wohl für mich.

Die großen Schwan und Storchen
Die reisen her und hin;
Sie sind voll Müh für morgen,
Und dies ist ihr Gewinn.

6. Erziehung durch Glück.

Ach Gott, du bist wie mans begehrt,
Du bist uns, was wir wollen;
Du bist ganz gut und ganz verkehrt,
Lieb kommt aus dir gequollen
Und Heil für den, der dies verlangt,
Wer aber Zorn will, Zorn empfangt;
O wunderbares Wesen!

Mach mich mein Schöpfer nur ganz stumm,
Und in die Still mich bringe;
Mein Will ist doch verkehrt und dumm
Und will leicht solche Dinge,
Die selbst mich strafen wie ein Kind,

Ja mach mich taub und dazu blind,
Zu allem, was nicht ewig.

7. Erziehung durch Leidenschaft.

O Zorn, du Abgrund des Verderbens,
Du unbarmherziger Tyrann;
Du frissest, tödtest sonder Sterben
Und brennest stets von neuem an;
Wer da geräth in deine Haft
Bekommt der Hölle Eigenschaft.

Ach wären wir verwahret blieben
Vor deiner strengen Widrigkeit,
Wie selig wären wir im Lieben,
Und wüßten nicht, was Ungleichheit
Im Guten und im Bösen sei,
So wären wir des Zornes frei.

O daß wir doch wohl möchten fassen,
Woher der Grimm entsprungen sei,
Und stünden in der Lieb gelassen,
Und hielten uns des Zornes frei;
Der Hochmuth und die Eigenheit
Erregen Zorn und Grimmigkeit.

Laß mich aus Eigenheit ausgehen
Und aller Selbheit sterben ab;
Die Lieb heiß in mir auferstehen
Und allen Zorn schick in das Grab;

Daß keine Noth mir mehr setz zu,
Kein Widerwille brech die Ruh.
Die Liebe, die nicht ist ihr eigen,
Die sich in allem macht gemein,
In mir sich laß in Demuth zeigen,
Laß mich ein Kind der Liebe sein;
Der alten Schlange Kopf zerbrich
In mir und dann erkenne dich.
Wo ist, o Liebe, deine Tiefe,
Der Urgrund deiner Wunderkraft;
Seel, komm ein einzig Tröpflein prüfe
Von dieser Wirkungseigenschaft.
O wer in diesem tiefen Meer
Gleich einem Tröpflein sich verlör!

8. Erziehung durch Erkenntniß.

O finstre Nacht, wann wirst du doch vergehen,
Wann bricht mein Lebenslicht herfür;
Wann werd ich doch von Sünden auferstehen
Und leben nur allein in dir!
Wann werd ich in Gerechtigkeit
Dein Antlitz sehen allezeit!
Wann werd ich satt und froh mit Lachen
O Herr nach deinem Bild erwachen.
Darum mein Geist sei wacker, wach und streite,
Fahr immer in der Heilgung fort;

Vergiß, was rückwärts ist, die große Beute
Steht noch an ihrem Orte dort.
Streck dich darnach, eil nach ihr zu,
Du findest sonsten doch nicht Ruh,
Bis du hast diese Kron erstritten,
Und mit dem Herrn den Tod erlitten.

O goldnes Meer, durchbrich doch deine Dämme,
Komm wie die aufgehaltne Fluth;
Und alles Fleisch, was lebet, überschwemme,
Das vor dir immer Böses thut.
O Gottes Lamm! dein Blut allein
Macht uns von allen Sünden rein;
Das Kleid, das drinn gewaschen worden,
Das trägt allein dein Priesterorden.

9. Erziehung durch Langeweile.

Wo flieh ich hin? wo soll ich bleiben?
Wo wird die süße Stille sein?
Da ich mich könnte schließen ein,
Und mich nicht lassen mehr umtreiben
In Unruh dieser äußern Dinge,
Ist keine Einsamkeit bereit,
Darin ich Gott ein Loblied singe,
Der von Zerstreuung mich befreit?

Mein Geist will in die Wüste ziehen,
Und wünscht sich Taubenflügel an;

Weil er vor Angst nicht bleiben kann,
Da wo die Menschen sich bemühen,
Von Gott noch weiter wegzugehen
Und niemals bei sich selbst zu sein;
Ich kann den Jammer nicht mehr sehen,
Und bleibe selbst dabei nicht rein.

Drum fort o Seel! entzeuch geschwinde
Dich der Gesellschaft dieser Welt!
Zerreiß, was dich gefangen hält,
Damit dein Fuß die Ruhe finde,
Wo kein Geräusche dich verstöret,
Kein Zuspruch, Sorgen und Verdruß
Den Umgang dir mit Gott verwehret,
Der hier oft unterbleiben muß.

Ich freu mich schon auf eine Kammer,
Die mich in sich verschließen wird,
Und durch den engen Raum abführt
Von aller Unruh, Streit und Jammer,
Den große Städt und Schlösser haben;
Hier soll nur meine Ruhstätt sein,
Da Sicherheit und Fried mich laben
Und kein Unfriede bricht herein.

Nun will ich erst recht singen, beten,
Und in der Andacht kommen weit;
Weil ich nicht durch so viel zerstreut,
Vor Gott mit stillem Geist darf treten.
Da soll kein Feind mich hindern können,

Ich geh in Canaan schon ein,
Mein Paradies soll man es nennen,
Hier will ich auch begraben sein.

Gegensatz.

Ach triumphir nicht vor dem Siege,
O Seel wo willt du fliehen hin,
Da dein verblendter Eigensinn
Vor Feinden frei und sicher liege.
Suchst du noch Ruh in äußern Dingen,
Ach glaube mir, du findst sie nicht;
Wirst du nicht nach dem Innern ringen,
So ists mit dem nicht ausgericht.

Drum bleib nun im Gehorsam stehen,
Kein Kriegsmann weicht von seinem Post;
Wenns auch schon Blut und Leben kost't,
Wenn ihn sein Herr dahin heißt gehen.
Der Glaub weiß nichts von eignem Willen,
Er sieht sich selbst den Weg nicht aus,
Dadurch er Gottes Will erfüllen,
Und aus dem Streit will kommen raus.

Du bist dir selbst die größte Plage,
Du trägst noch Babel stets in dir;
Willt du noch Ruh genießen hier,
So laß dir keine süße Tage
Durch süße Träume hier verlegen,
Du machst dich nur mehr misvergnügt;

Der liebe Jesu wird dich hegen,
Der alles Wissen überwiegt.

Du kannst auch mitten im Getümmel
Der Welt den Vater beten an;
Der dich ja bald erlösen kann,
Wenn dir erst nütze jener Himmel
Und dich Egypten nicht sollt üben,
Daß deiner Treiber schweres Joch
Dich lehrte recht den Himmel lieben,
Und dein Verlangen stillte noch.

Hier ist kein Canaan zu hoffen,
Kein Paradies ist mehr allhier;
Es hat noch niemand, der mit dir
Entfliehen will, den Zweck getroffen.
Die Hoffnung nährt sich mit den Dingen,
Die süß und doch unsichtbar sind;
Es muß uns doch zuletzt gelingen,
Bleib nur in Einfalt Gottes Kind.

Nur freue dich auf jene Kammer
Des Friedens, da du wohnen wirst,
Wenn dich nicht mehr nach Ruhe dürst,
Und bist befreit von allem Jammer,
Den hier noch Städt und Wüsten haben,
Und wo du nur willt fliehen hin;
Die Einsamkeit kann dich nicht laben,
Wenn mit dir zieht dein Eigensinn.

10. Erziehung durch Vergöttlichung.

Verborgenheit!
Wie ist dein Meer so breit
Und wundertief, ich kann es nicht ergründen,
Man weiß kein Maaß, noch Ziel, noch End zu finden,
So lang man ist in der Vergänglichkeit,
Verborgenheit.

Die Herrlichkeit,
Die du hast allbereit,
Den Kindern deiner Lieb hier beigeleget,
Ist sonderlich. Wer dies Geheimniß heget,
Der trägt in sich auch zur elendsten Zeit
Die Herrlichkeit.

Du selber bist
Der Brunn, der ihnen ist
In ihrem Geist zum steten Heil entsprungen,
Durch dich ist ihnen manches Werk gelungen;
Doch leidets nicht so mancher falsche Christ,
Daß selbst du's bist.

Der Liebe Band
Ist vielen unbekannt;
Wie segnet sich der Geizige im Herzen,
Wenn er mit Geld die Christen siehet scherzen;
Das macht, er kennt nicht Gottes Wunderhand
In diesem Band.

Darum versteckt
Der Herr, was er erweckt,

Die Kinder gehn nur immer im Verborgen,
Die doch noch kein Gericht besorgen;
Bis endlich Gott die Herrlichkeit entdeckt,
Die war versteckt.
  So wandelt er
Im Heiligthum umher
Mit leisem Schritt, der kann ihn nicht vernehmen,
Wer sich zur Einfalt nicht will ganz bequemen,
Wie er sonst nichts zu thun pflegt ohngefähr,
So wandelt er.

11. Erziehung durch Ahnung.

  Denkst du nicht, Maria, mehr an die ausgestandnen Schmerzen,
Als das kleine Jesulein in dir ein Gestalt gewann?
O wie sollt ich ihn nicht drum tausendmal im Glauben herzen,
Da er nun zusehens wächst, mir zum Bräutgam und zum Mann.
  Hat Johannes nicht vor Freud schon im Mutterleib gesprungen,
Spielt er nicht zum voraus schon, eh er noch kam an das Licht;
Haben wir nicht seine Freund oft sein Hochzeitslied gesungen,
Hat man mir mit Fingern da dieses Kind gezeiget nicht?
Nun

Nun liegt mir dies Kind im Schooß! Nun hab ich das Lamm vor Augen,
Schaue, wie es mir zur Lust treibt so manches süße Spiel;
Ist dies nicht mein Freund, der pflegt meiner Mutter Brust zu saugen,
Ist er nicht mein Salomon, den ich niemals küß zu viel.
Ja er ists, und was ich will, kann ich in dem Kindlein finden,
Kind und Bräutigam zugleich heißt und ist er in der That;
Denn die zarte Liebe kann auch wohl Kinder ehlich binden,
Daß in Unschuld als sich selbst, eins das andre lieber hat.

12. Erziehung durch Überzeugung.

Wohl dem, welcher unverwirret
Von der irdischen Unruh
Wie ein einsam Täublein girret,
Und fleugt hohlen Felsen zu,
Dessen Herz auf Gott gericht
Horchet, was er zu ihm spricht.
Wohl dem, welcher nimmt die Haue,
Grabet, hackt mit Lust und Schmerz,

Auf daß er den Acker baue
Und noch mehr sein dürres Herz,
Der die Welt mit ihrer Pracht,
Ehr, Gemächlichkeit verlacht.
Wohl dem, welcher dann alleine
Sitzt bei einem klaren Bach,
Lebet nur, auf daß er weine,
Übe an sich selber Rach;
Daß der keuschen Engel Hauf
Fasset seine Thränen auf.
Wohl dem, dessen Aug und Wangen
Wie ein überströmend Fluth
Seinen Weg, den er gegangen,
Netzen mit dem Herzensblut,
Wohl der Erde, Holz und Au,
Dieses ist ihr Himmelsthau.

13. Erziehung durch Genuß.

Steh auf Nordwind,
Und komm Südwind!
Weh mit deiner heilgen Luft
Durch den Garten,
Ich will warten
Dein in meines Herzens Gruft;
Laß dein Sausen
Auf mich brausen,
Meine Seele nach dir ruft.

Steh auf Nordwind,
Und komm Südwind!
Jag die schwarzen Wolken hin!
Mach das Dunkle,
Daß es funkle,
Alle Finsterniß zerrinn!
Finstre Sünden
Laß verschwinden,
Und mach helle Herz und Sinn.
Steh auf Nordwind,
Und komm Südwind!
Mach mein kaltes Herze heiß,
Dich zu lieben,
Das zu üben,
Was gereicht zu deinem Preis.
Sei mir günstig,
Mach mich brünstig,
In mein Herz die Liebe geuß.

14. Prüfung in heiliger Flamme.

Brennt immerhin,
Ihr angezündte Flammen!
Bewahrt die Kraft beisammen,
Und hebt den schweren Sinn
Mit euren Liebesflügeln
Nach jenen Weihrauchhügeln,

Da mein verliebter Sinn
Brennt immerhin.
Ich weiß es schon,
Wo ich den Schönsten funden,
Der meinem Geist verbunden!
Er ist der Liebe Lohn,
Der sich mir selbst muß geben,
Soll anders ich noch leben.
Wo seine Schönheit wohn,
Das weiß ich schon.
Ich hab ihn nun,
Und such ihn doch noch immer
In meines Herzens Zimmer,
Wo er so gern will ruhn;
Das sehnliche Verlangen
Der Lieb' hat mich gefangen,
Mir stätig wohl zu thun.
Ich hab ihn nun.
Kein Auge sieht,
Kein Herz hat überkommen,
Kein Ohr hat je vernommen,
Wenn unser Bette blüht,
Was Gott hat dem bereitet,
Der sich von ihm nicht scheidet,
Und Liebe in sich zieht,
Die man nicht sieht.

Man kann auch nicht
Von dem Geheimniß schreiben;
Es muß verschwiegen bleiben,
Was Lieb' in uns verricht.
Es ist recht groß zu nennen,
Wenn Jesus will erkennen
Die Braut in seinem Licht,
Man kennt es nicht.

15. Bekenntniß.

Unschätzbares Einfaltwesen!
Perle, die ich mir erlesen;
Vielheit in mir ganz vernicht
Und mein Aug auf dich nur richt.
Mach mich los vom Doppeltsehen!
Laß auf eins den Sinn nur gehen,
In recht unverrückter Treu,
Und von allen Tücken frei.
Ei so mach mich dann aufrichtig,
Einen Leib, der ganz durchsichtig
Licht sei, schaff und ruf in mir
Aus der Finsterniß herfür.
Mache neu die alte Erde,
Daß sie krystallinisch werde;
Und das Meer laß sein nicht mehr,
Außer nur dein gläsern Meer.

Dieses laß mit Feuergüssen
Aus dir in mich überfließen:
Komm, o stark erhabne Fluth,
Reiß mich hin ins höchste Gut!

16. Hochzeitmorgen.

Weil ich nun seh die goldnen Wangen
Der Himmelsmorgenröthe prangen,
So will auch ich dem Himmel zu,
Ich will der Leibsruh Abschied geben,
Und mich zu meinem Gott erheben,
Zu Gott, der meiner Seele Ruh.

Ich will durch alle Wolken dringen,
Und meinem süßen Jesu singen,
Daß er mich hat ans Licht gebracht;
Ich will ihn preisen, will ihm danken,
Daß er mich in des Leibes Schranken
Durch seinen Engel hat bewacht.

17. Hochzeitmittag.

Wenn die Seele sich befindet
In des Bräutgams Keller stehn,
Wird sie als vom Wein entzündet,
Jauchzet voll einherzugehn,
Daß ihr Leib und ganzer Geist
Trunken und entzücket heißt.

Alsdann wird sie aufgezogen,
Und in stille Lust geführt,
Aus den wilden Meereswogen,
Aus den Dingen, die sie spürt:
Unerträglich leer zu sein,
Wenn die Sinnen dringen ein.

Alles liegt zu ihren Füßen,
Was zu dieser Welt gehört,
Ja sie kann auch leichtlich missen,
Was durch guten Schein bethört;
Denn sie hat den klugen Geist,
Der ihr bessre Güter weist.

Wie ein Trunkner liegt sie stille,
Der wie unempfindlich scheint,
Daß der sonst zertheilte Wille
Aufgeopfert nicht mehr meint,
Als nur Gott und seine Kraft,
Die den Sohn der Liebe schafft.

18. Hochzeitabend.

Nun muß ich ihn lieben, nun muß ich allein
Des göttlichen Bräutgams Verlobete sein!
Ihn lieben ist Freude und selig genug,
Drum folg ich mit Lust dem heiligen Zug.

Was bringet die irdische Liebe als Tod?
Was wirken die fleischlichen Lüste als Noth?

Wie bald ist ein Blick der Freude vorbei?
Da sieht man wie kurz die Eitelkeit sei.

Der göttliche Funken kann nimmermehr ruhn,
Als wenn er zum Ursprung sich wieder kann thun;
Da findet er Lust, da giebt er sich ein,
Da wächset sein Licht vom lieblichsten Schein.

Und wenn er nun wächset, so mehrt sich die Kraft,
Die Gottes liebreizendes Küssen verschafft,
Da stirbet das Fleisch, da lebet der Geist,
Der Christi Verlobte nun ewiglich heißt.

Und ist dem Verliebten nur Reinheit bewußt,
So öffnet sich rein paradiesische Lust;
Da kämpfet und siegt vereinigte Stärk,
Wird täglich erfrischt zum göttlichen Werk.

Bewegst du o Jesu den innersten Grund,
So öffnet des Glaubens erweiterter Mund,
Erfülle das Herz mit Liebe zu dir,
Und bleibe im Schmerz und Freude bei mir.

Genug hast du Liebe, o Liebe für mich,
Drum such ich sie bei dir mein anderes Ich,
Nun sink ich in deine Vollkommenheit ein,
Ich kann nicht ohn dich, mein Leben, mehr sein.

19. Hochzeit.

Ermuntert euch ihr Frommen,
Zeigt eurer Lampen Schein;
Der Abend ist gekommen,
Die finstre Nacht bricht ein.

Es hat sich aufgemachet
Der Bräutigam mit Pracht;
Auf! betet, kämpft und wachet,
Bald ist es Mitternacht.
Macht eure Lampen fertig,
Und füllet sie mit Oel;
Seid nun des Heils gewärtig,
Bereitet Leib und Seel!
Die Wächter Zions schreien,
Der Bräutigam ist nah,
Begegnet ihm im Reihen
Und singt Halleluja.
Ihr klugen Jungfraun alle,
Hebt nun das Haupt empor,
Mit Jauchzen und mit Schalle
Zum frohen Engelchor.
Die Thür ist aufgeschlossen,
Die Hochzeit ist bereit,
Auf! auf ihr Reichsgenossen,
Der Bräutgam ist nicht weit.
Er wird nicht lang verziehen,
Drum schlaft nicht wieder ein;
Man sieht die Bäume blühen,
Der schöne Frühlingsschein
Verheißt Erquickungszeiten,
Die Morgenröthe zeigt
Den schönen Tag von weiten
Vor dem das Dunkle weicht.

Wer wollte denn nun schlafen?
Wer klug ist, der ist wach;
Gott kommt, die Welt zu strafen,
Zu üben Grimm und Rach
An allen, die nicht wachen,
Und die des Thieres Bild
Anbeten, sammt dem Drachen:
Drum auf, der Löwe brüllt.

Begegnet ihm auf Erden,
Ihr, die ihr Zion liebt,
Mit freudigen Geberden,
Und seid nicht mehr betrübt!
Es sind die Freudenstunden
Gekommen und der Braut
Wird, weil sie überwunden,
Die Krone nun vertraut.

Hier sind die Siegespalmen,
Hier ist das weiße Kleid;
Hier stehn die Weizenhalmen,
Im Frieden nach dem Streit
Und nach den Wintertagen,
Hier grünen die Gebein,
Die dort der Tod erschlagen,
Hier schenkt man Freudenwein.

Hier ist die Stadt der Freuden,
Jerusalem der Ort,
Wo die Erlösten weiden,

Hier ist die sichre Pfort.
Hier sind die goldnen Gassen,
Hier ist das Hochzeitmahl;
Hier soll sich niederlassen,
Die Braut im Rosenthal.

20. Triumph der erwählten Seele.

Triumph, Triumph! Es kommt mit Pracht
Der Siegesfürst heut aus der Schlacht;
Wer seines Reiches Unterthan,
Schau heute sein Triumphfest an!
Triumph! Triumph! Victoria!
Und ewiges Halleluja.

Vor Freuden Thal, Berg, Wald erklingt,
Die Erde schönes Blumwerk bringt,
Der Zierrath, die Tapezerei
Zeigt, daß ihr Schöpfer Sieger sei.
Triumph u. s. w.

Die Sonne sich aufs Schönste schmückt,
Und wieder durch das Blaue blickt;
Die vor pechschwarz im Trauerkleid
Beschaut den blutgen Todesstreit,
Triumph u. s. w.

Das stille Lamm jetzt nicht mehr schweigt,
Sich muthig als ein Löw erzeigt;
Kein harter Fels ihn hält und zwingt,
Grab, Siegel, Riegel vor ihm springt.
Triumph u. s. w.

Der andre Adam heut erwacht
Nach seiner harten Todesnacht;
Aus seiner Seite er erbaut
Uns seine theur erlöste Braut.
Triumph u. s. w.

Wie Aarons Ruthe schön ausschlug,
Am Morgen blüht und Mandeln trug;
So träget Frucht der Seligkeit
Des hohen Priesters Leichnam heut.
Triumph u. s. w.

Nun ist die Herrlichkeit erkämpft,
Der Sünden Pest und Gift gedämpft;
Der schweren Handschrift Fluch und Bann
Vertritt hier mein Erlösersmann.
Triumph u. s. w.

Du theure Seel bist ausgebürgt,
Der höllische Tyrann erwürgt,
Sein Raubschloß und geschworne Rott
Ist ganz zerstört, der Tod ein Spott.
Triumph u. s. w.

Herr Jesu, wahrer Siegesfürst,
Wir glauben, daß du schenken wirst
Uns deinen Frieden, den du bracht
Mit aus dem Grab und aus der Schlacht.
Triumph! Triumph! Victoria!
Und ewiges Halleluja.

Hans Sachsens Tod.

(Eine Traumweise nach Adam Puschmann, in Hans Sachsens Lebensbeschreibung von Ranisch. S. 326.)

Als man schrieb um Weihnachten
Gleich Sechs und Siebenzig,
Mich da aufwachen machten
Die Nachtraben frostig,
Daß ich nicht mehr konnt schlafen,
Mich trafen
Gedanken allzuviel.
Da kam mir vor mein Wandern,
Und was ich trieb darin,
Mir fiel ein unter andern,
Wie viel Hans Sachs vorhin
Macht Lieder, geistlich Geschichte,
Gedichte,
Fabeln, Gespräch und Spiel,
Und wie es fromm',
Und Nutz draus komm'
Wohl jedem, der sich des annomm'.
Indem entschlief ich wiederum,
Und Morgens drauf mir in den Sinn
Ein fröhlich Traum da fiel.

Mich däucht, ich reist' aus rüstig,
Und kam zur Maienzeit
In eine Stadt groß, lustig,
Von Häusern schön bereit,
Die Wohnung der gedürsten (kühnen)

Reichsfürsten
War mitten in der Stadt.
Und auch ein Berg hoch, grüne,
Darauf ein schöner Gart,
In Freuden war ich kühne,
Weil drin gepflanzet ward
Wohl mancher Baum voll Früchte,
Gezüchte,
Pomranzen und Muskat,
Mehr fand ich drein
Rosinlein fein,
Mandeln, Feigen, allerlei rein
Wohlschmeckend Früchte, groß und klein,
Genoß viel Volk da insgemein,
Das drin spazieret hat.

Mitten im Garten stande
Ein schönes Lusthäuslein,
Darin ein Saal sich fande
Mit Marmor pflastert fein,
Mit schön lieblichen Schilden
Und Bilden,
Figuren frech und kühn.
Ringsum der Saal auch hatte
Fenster geschnitzet aus,
Durch die man all' Frucht thate
Im Garten sehen draus.
Im Saal stand auch ohnecket
Bedecket

Ein Tisch mit Seiden grün.
An selbem saß
Ein Altmann blaß,
In einem großen Buch er las,
Hätt einen langen Bart fürbas
Grauweis, wie eine Taub er saß
Auf einem Blatte grün.
 Das Buch lag auf dem Pulte
Auf seinem Tisch allein,
Und auf den Bänken, gulden,
Mehr andre Bücher fein,
Die alle wohl beschlagen
Da lagen,
Der alt Herr nit ansah.
Wer zu dem alten Herren
Kam in den schönen Saal,
Und grüßet ihn von ferren,
Den sah er an diesmal,
Sagt nichts und thäte neigen
Mit Schweigen
Gen ihn sein alt Haupt schwach.
Dann Rede und
Gehör begunnt
Ihm abzugehn aus Altersgrund,
Als ich nun da im Saale stund,
Und sein alt lieblich Äntlitz rund
Beschaute, dacht ich nach.

De große Stadt und Garten
Ein finstre Wolk bezug,
Daraus blitzt in mein Warten
Ein Feuerstrahl und schlug
Ein Donnerstrahl erbittert,
Es zittert
Alles an dieser Stadt.
Ob diesem harten Knallen
Erschrak der alte Herr,
That in ein Ohnmacht fallen,
Bald ein Platzregen schwer
Ein Wasserfluth thät geben,
Die eben
Sehr großen Schaden thät,
Zween Tag hernach
Der alt Mann schwach
Starb, ihm gab ichs Grabgleit hernach,
Mein Herz mit Weinen laut durchbrach,
Drob mich mein Weib aufweckt, ich sah
Daß ich geträumet hätt.

* * *

Weihnachten, ach Weihnachten,
Du warst der Kinder Trost,
Die noch im Schlafe lachten,
Du Schlaf mir bald entflohst,
Die Stunden hell mir schlagen,
Wem sagen

Sie

Sie an den Tag so schnell?
Mein Wächter ist da drüben,
Er sagt mir an den Tag,
In Schmerzen vorzuüben,
Was hohe Lust vermag.
Zur Kirch bin ich gegangen,
Vergangen
War mir Verzweiflung schnell,
Es bleibt zurück
Ein seinend Glück,
Und in den Traum ein tiefer Blick,
Wie in der Kinder Aug entzückt,
Wie ich sie halb noch schlafend drück,
Süß springt der Augen Quell.
Des Traumes deutend Summen
Ich nun ermessen kann:
Soll alle Lust verstummen,
Erstirbt ein hoher Mann?
Die Thränenfluthen brausen
Mit Grausen,
Der Menschen Haus versinkt!
Der Alte steigt als Taube
Verjünget aus der Fluth,
Mit einem grünen Laube
Im Schnäblein sorgsam gut,
Auf einem Buch sie sitzet,
Das blitzet

Und schwimmt und nicht ertrinkt,
Mit Perlen ist
Beschlagen, wißt,
Das wars, was da der Alte liest,
Als er die arme Neugier grüßt;
Dies Buch such auf du frommer Christ,
Das dir den Frieden bringt.
  Die Schmerzensfluthen weichen,
Der Berg bleibt unverletzt,
Die neuen Menschen gleichen
Den Stämmen, die versetzt,
Es treibt sie edler Leben,
Sie geben
Nun edle Früchte nur.
Es wird aus Erdenschlünden
Das Buch der Vorzeit mein,
Und ihre schweren Sünden
Sind abgewaschen rein,
O wollt das Trauren stillen,
Will füllen
Mosaisch jede Spur,
Am Boden hell
Der Himmelsquell
Ist eingelegt, so Well auf Well,
Die Taube bleibet mein Gesell
Und trinkt des Buches ewgen Quell,
Gottes Wort in der Natur.

Kinderlieder.

Anhang zum Wunderhorn.

Wacht auf ihr schönen Vögelein,
Ihr Nachtigallen kleine,
Die ihr auf grünem Zweigelein,
Noch eh' die Sonn recht scheine,
Anstimmt die tönend Schnäbelein,
Gedreht von Elfenbeine.
Lobt Gott ihr süßen Schwätzerlein,
Ihr sämmtlich keusch und reine,
Ihr Luft- und Wolkensängerlein,
Für ihn bestellt alleine.
Mit euch zum besten Liedelein
Zwei schöne Kindlein reine
Anblasen ihre Pfeifelein,
Es schallt zum Wald hineine,
Hier bei dem Heilgenbildelein
In Einsamkeit alleine,
Da nicken, blicken Blümelein
Und duften also feine,
Und Hirsch und Reh und Häselein
Die horchen in dem Haine,
Wie eure süßen Stimmelein
Erklingen am Gesteine,
Auch fällt ein klares Brünnelein,
Die Blumen schaun hineine,
Da netzet eure Züngelein
Nach Ordnung ein und eine,
Da spület Hals und Gürgelein,
Dann singt ihr noch so reine;
Den Takt schlagt mit den Flügelein,
So schickt sich's recht ihr Feine,
Schwingt freudig auch die Federlein,
Regt Aermelein und Beine,
Erstreckt zum Klang die Hälselein,
Ein Jedes thu das Seine.
Habt ihr kein andres Liedelein,
So lernet nur das meine,
Ist nur ein einzig Seufzerlein
Bei Sonn- und Mondenscheine,
Singt nur allein,
Gelobt sei Gott, Gott Zebaoth alleine.

Wacht auf ihr kleinen Schülerlein
Bei hellem Sonnenscheine,
Zieht an die Festtags-Röckelein
Und macht euch auf die Beine,
Gregorius, das Schulfest heut
Ist wieder angekommen,
Auch schlägt der Frühling auf der Haid'
Die helle Freudentrommen.
Ein alter Brauch bei Christen war,
Daß man zu diesen Zeiten
Die Kinder all in froher Schaar
Zu Schul und Kirch thät leiten.
Ein Kinderbischof wählet man,
Und neben ihn zwei Pfaffen,
Ihm folgen König, Handwerksmann,
Soldat, Hanswurst und Affen.
So zieht einher ein jeder Stand,
In Kleidern schön gezieret,
Und jedes Kind in seiner Hand
Sein Handwerkszeug auch führet.
Dem Bischof wird am Hirtenstab
Die Pretzel vorgetragen,
Was das für ein Bewandniß hab,
Merkt auf, ich wills euch sagen:
Die Pretzel heißt Pretiolum,
Ein Preislein für die Kinder,
Die in der Schule nicht sind stumm
Und dumm gleichwie die Rinder.
Sie hat in sich auch die Figur
Von den Buchstaben allen.
Beiß hier, beiß dort auf rechter Spur,
Gelt das will dir gefallen.
Die Pretzel ist ein liebes Buch,
Du wirst's bald ausstudieren,
Du kennst's von Weitem am Geruch,
Und wirst's drum nicht verlieren.
Du kannst es schon bis zu dem S,
Wird dir's nicht abgenommen,
Du lerntest also ungemäß,
Daß du zum W thät'st kommen.

Das Federspiel, ABC mit Flügeln.

Wohl auf ihr klein Waldvögelein, die ihr in Lüften schwebt,
Stimmt an, lobt Gott den Herren mein, singt all, die Stimm erhebt;
Denn Gott hat euch erschaffen, sich selbst zu Lob und Ehr,
Sang, Feder, Schnabel, Waffen, kommt alles von ihm her.

A a — Adler.

Der aller Vögel König ist, macht billig den Anfang,
Komm Adler! komm hervor, wo bist? stimm an den Vogelsang,
Der Vorzug dir gebühret, kein Vogel ist dir gleich,
Drum dich im Wappen führet der Kaiser und das Reich.

B b — Bachstelz.

Die Bachstelz thut oft schnappen und fängt der Mücken viel,
Es hört nicht auf zu knappen ihr langer Pfannenstiel,

Den Schweif thut sie stets zwingen, sie läßt ihm niemals Ruh,
Wenn andre Vögel singen, schlägt sie den Takt dazu.

C c Canarienvogel.

Das lieb Canarivögelein kömmt her aus fremdem Land,
Es singt gar schön, zart, hell und rein, wie allen ist bekannt,
Den Zucker frißt es gerne, doch nimmt es auch vorlieb,
Wenn man ihm Hanfsamkerne und Rübesamen giebt.

D d Distelfink.

Merk auf wie lockt so lieblich mit, der schöne Distelfink,
Beißt Distel auf und sticht sich nicht, sein Witz ist nicht gering,
Gar wohl ist er gezieret, schön gelb und roth bekleidt,
Sein Stimm er nie verlieret, singt fröhlich alle Zeit.

E e Emmeriz.

Der Emmeriz bis zum Abend spat singt übel, übel hin,
Er sagt, wenns Feld nur Ähren hat, ich auch ein Schnitter bin,
Im Feld thut er sich nähren, bleibt Tag und Nacht darauf,
Was Gott ihm thut bescheeren, das klaubt er fleißig auf.

F f **Fink.**

Des Morgens früh, des Abends spat der Fink hat keine Ruh,
Die Musen er ins Grüne lad't mit seinem Reit her zu,
Früh ist gar gut studiren, wenns kühl, still, ruhig ist,
Steh auf und thu's probiren, du fauler { Prinzipist, Grammatist, Syntaxist, Humanist.

Fröhlich der Fink im Frühling singt, ja ja, ja ja hui Dieb,
Im ganzen Wald sein Stimm erklingt, wenns Wetter nicht zu trüb,
Die Dieb will er verjagen, die rund heraus er schilt,
Dem Sperling thut er sagen, daß er viel Weizen stiehlt.

G g **Gimpel.**

Ein rother, dir gar wohl bekannt, ist schön, doch singt nicht viel,
Er kömmt aus deinem Vaterland, heißt Gimpel in der Still,
All thun sich seiner schämen, weil er ein Gimpel ist,
Thu du ihn zu dir nehmen, weil du sein Landsmann bist.

H h **Henne und Hahn.**

Die Henne fröhlich gaggagagt und macht ein groß Geschrei,
Die Bäurin weiß wohl, was sie sagt, und geht und holt das Ei,

Der Hahn thut früh aufwecken den Knecht und faule Magd,
Sie thun sich erst recht strecken und schlafen bis es tagt.

I i Imme (Biene).

Das honigsüße Immelein sich spät und früh bemüht,
Es sitzt auf allen Blümelein, versuchet alle Blüth,
Sehr emsig fliegts herummer, trägt ein mit großem Fleiß,
Und sucht den ganzen Sommer auch für den Winter Speis'.

K k Königlein (Zaunkönig).

Das winzigkleine Königlein, wie macht es sich so groß,
Wie zwitzerts mit seim Stimmelein, und ist so schlau und los',
Wie lieblich thut es singen nach Wunsch und nach Begehr,
Wie lustig thut es springen, wie hüpft es hin und her.

L l Lerche.

Das Lerchlein in den Lüften schwebt und singt den Himmel an,
Vom grünen Feld es sich erhebt und tröst den Ackermann,
Gar hoch thut es sich schwingen, daß mans kaum sehen mag,
Im Kreis herum thuts singen, lobt Gott den ganzen Tag.

M m Meise.

Die Meise hängt am Tannenast, als ob sie sich verberg,
Singt allezeit, was giebst, was hast, singt ewig Zizerberg,
Man thut ihr freundlich locken, bis sie zum Kloben springt,
Da hüpft sie unerschrocken, bis man sie gar umbringt.

N n Nachtigall.

O Nachtigall, dein edler Schall bringt uns sehr große Freud,
Dein Stimm durchstreift all Berg und Thal zur schönen Sommerzeit,
Wenn du fängst an zu zücken, die Vöglein schweigen still,
Es läßt sich keiner blicken, keiner mehr singen will.

O o Omeis (Ameise).

Du fauler Tropf, der müßig ist, die Ameis' schau wohl an,
Dein Meisterin sie worden ist, die dich viel lehren kann,
Schau wie ist ergeben der Arbeit Tag und Nacht,
Schäm dich, der du dein Leben mit Faulheit zugebracht.

P p Papagai.

Du Vogel auserlesen, der Federn hast du viel,
Wo bist so lang gewesen, warum schweigst du so still?

Papagai Zuckerfresser, ruft dir der Schulknab zu,
Geh in die Schul und lern besser, giebst ihm zur Antwort du.

Q q Qu Qu.

Du qu der Kuckuck immer schreit, das ist an ihm das Best,
Sonst legt er andern allezeit sein Eier in ihr Nest,
Sein Ruf bringt allen Bangen, drum will kein Vögelein
Mit einem Q anfangen den edlen Namen sein.

R r Rabe.

Der Rab thut täglich singen sein groben rauhen Baß.
Heut will ihm nichts gelingen, drum singt er cras, cras, cras, *)
Wer alles schiebt auf morgen, und nichts gerichtet heut,
Der muß stets sein in Sorgen, daß es ihm fehle weit.

Rothkehlchen.

Das Rothkehlchen gar früh aufsteht, und wenn ich dann erwach,
Grüßt es die liebe Morgenröth hoch oben auf dem Dach,

---

*) Unsere Vorfahren hatten ganz Recht, wenn sie sagten, die Vögel sprächen „lateinisch" oder wälsch. cras ist auch lateinisch und heißt morgen.

Wie lieblich ist sein Zücken, wie röthlich seine Kehl,
Mein Herz thut es erquicken, ermuntern meine Seel.

S s Schwalbe.

Schwätzerlein wie schwätzst so toll, und plauderst hin und her,
Früh hast du Kisten und Kasten voll, Abends ist alles le le leer,
Zu morgen, eh die Sonn aufsteht, erzählst du deinen Traum,
Und Abends wenn sie niedergeht, hast du geendet kaum.

St st Staar.

Der Staar schwätzt, pfeift und singet, er ists, der alles kann,
In Kopf er alles bringet, nimmt, was er höret, an,
Er ist gar schlau und lose, und merket auf mit Fleiß,
Wäscht oft sein schwarze Hose und bringt sie nimmer weiß.

T t Turteltaube.

Die Turteltaub ohn allen Trost, will nicht mehr fröhlich sein,
Wenn ihren Gesell der Habicht stoßt, traurt sie und bleibt allein,
Wenn dir das Liebste, was du hast, der Tod nimmt mit Gewalt,
So traure, sei kein frecher Gast, vergiß es nicht so bald.

U u Uhu.

Der Uhu sieht gar ernsthaft aus, als hätt er hoch studirt,
Geht nicht aus seiner Höhl heraus, bis Nacht und finster wird,
All Dunkelheit ist ihm ganz hell, doch sieht er nichts bei Tag,
Drum ist er auch ein solch Gesell, den nie kein Vogel mag.

V v Vogel Strauß.

Der Vogel Strauß hat große Bein, doch klein ist sein Verstand,
Es brütet ihm der Sonnenschein die Eier aus im Sand.
Oft Stein und Eisen er verschluckt, sein Magen der ist gut,
Sein Federn sind der Weiber Schmuck, sie steckens auf den Hut.

W w Wiedhopf.

Der Wiedhopf ist sehr wohlgeziert, doch hat er keine Stimm,
Sein Krönlein er stets mit sich führt, steckt doch nichts hinter ihm,
Wie mancher hat viel Kleider, als wäre er ein Graf,
Sein Vater ist ein Schneider, sein Bruder hüt die Schaf.

Z z Zeisig.

Komm her du schönes Zeiselein, komm fliege her behend,
Sing, spring auf grünem Reiselein, und mach dem Lied ein End,
Lob Gott den Herren mein und dein, thu fröhlich singen ihm,
Ihn preisen alle Vögelein mit ihrer süßen Stimm.

Wohin geht all dies Dichten, du edles Federspiel,
Als daß wir alles richten zu gutem End und Ziel,
Daß wir im Herzen sorgen für einen guten Klang?
Wer weiß ob heut, ob morgen uns rührt der letzt Gesang!
O sagt ihr lieben Vögelein, wer ists der euch erhält,
Wo fliegt ihr hin, wo kehrt ihr ein, wenn Schnee im Winter fällt,
Wo nehmt ihr eure Nahrung, so viel als ihr begehrt?
Es zeigt ja die Erfahrung, daß Gott euch all ernährt.
Ihr habt kein Feld, kein Heller Geld, nichts das die Tasche füllt,
Der Tannebaum ist euer Zelt, trotz dem, der euch was stiehlt,
Euer Pflug ist lustig singen, stets lobt ihr Gott den Herrn,
Die Töne thut ihr schwingen bis zu dem Abendstern.

Ihr habt nicht Koch, nicht Keller, und seid so wohlgemuth,
Ihr trinkt nicht Muskateller, und habt so freudig Blut,
Nichts haben, nichts begehren, ist euer Liverei,
Ihr habt ein guten Herren, er hält euch alle frei.

Gott sei mein Herz auch heimgestellt, was er thut ist gethan,
Wenn Sonn und Mond vom Himmel fällt, er ists, der helfen kann,
Was lebt auf Erd, in Lüften schwebt, was sich im Wasser rührt,
Gott all mit einem Finger hebt, ohn alle Müh regiert.

Kein Sperling von dem Dache fällt, von meinem Haupt kein Haar,
Es sei dann, daß ihms wohl gefällt, der ewig ist und war,
Er ruft dem Storch zu seiner Zeit, der Lerch, der Nachtigall,
Er führ uns all zur Seligkeit, bewahr uns vor dem Fall!

Dort singt die rechte Nachtigall den rechten Vogelsang,
Den ganzen weiten Himmelssaal durchstreicht ihr Freudenklang,
Mit Freud dort ewig singen die Englein auf neun Chör,
Vor Freud thut ewig springen das ganze Himmelsheer.

Musik dort ewig währet, zu lang doch keinem währt,
Je mehr sie wird gehöret, je mehr sie wird begehrt,
Wer Gott hier thut verehren, ihm dient mit Sang und Klang,
Der wird dort ewig hören himmlischen Vogelsang.

Die ABC-Schützen.

Rathe, was ich habe vernommen,
Es sind achtzehn fremde Gesellen ins Land gekommen,
Zu malen schön und säuberlich,
Doch keiner einem andern glich,
All ohne Fehler und Gebrechen,
Nur konnte keiner ein Wort sprechen,
Und damit man sie sollte verstehn,
Hatten sie fünf Dolmetscher mit sich gehn,
Das waren hochgelehrte Leut,
Der erst erstaunt, reißts Maul auf weit,
Der zweite wie ein Kindlein schreit,
Der dritte wie ein Mäuslein pfiff,
Der vierte wie ein Fuhrmann rief,
Der Fünft gar wie ein Uhu thut,
Das waren ihre Künste gut,
Damit erhoben sie ein Geschrei,
Füllt noch die Welt, ist nicht vorbei.

Die zwei Hirten in der Christnacht.

Als das Christkindlein geboren war, saßen die zwei Hirten Damon und Halton Nachts bei ihrer Heerde, und erzählten sich einander, was sie dem Christkindlein für Geschenke machen wollten, es war bei einem Bache, unter einem Palmbaum, ihre Schafe lagen um sie her und schliefen, es war auf einer weiten, weiten Wiese oben auf einem Berge, der Mond war ganz groß, und rechts waren am Himmel eine Menge kleine Wolken, wie Schäfchen so weiß, und der Mond war wie der Schäfer dazu; auf der linken Seite aber stand am Himmel der Morgenstern, ganz hell wie ein Krystall, der stand über dem Stall, worin das Jesuskindlein lag, die Hirten aber saßen unter dem Palmbaum am Bach, der rauschte ganz leis, da haben sie so gesungen:

Halton.

Ich will dem Kindlein schenken
Ein silberweißes Lamm,
So viel ich mich bedenke,
Kein schöners ich bekam;
Es hat zur linken Seite
Wie Blut so roth ein Fleck,
Weiß nicht, was der bedeutet
Und was dahinter steckt.

Damon.

Und ich schenk diesem Kinde
Ein Kälbchen zart und klein,
Mit rothen Bändern binde
Ich ihm die Füßlein fein;
Und so will ich es tragen
Gar schön auf meinem Hals,
Das Kindlein wird da sagen:
Ach Mutter, mir gefallts.

Hal=

Halton.

Und ich will ihm noch schenken
Ein junges Böcklein schön,
Es treibt wohl tausend Schwänke
Und bleibt nicht lange stehn;
Es klettert, stutzt und springet,
Und bleibt an keiner Stell,
An seinem Halse klinget
Ein goldnes Glöcklein hell.

Damon.

Und ich will ihm noch schenken
Ein rothes Hirschkälblein,
Sein Füßlein und Gelenke
Sind gar so zart und fein;
Da mirs auf grüner Straßen
Im Wald entgegen kam,
Ließ sichs ganz gerne fassen,
Gieng mit und wurde zahm.

Halton.

Und ich will ihm noch schenken
Ein schönes Eichhörnlein,
Kann schnell herum sich schwenken,
Ein hurtig Meisterlein;
Das Christkindlein wird lachen,
Wenn es die Nüßlein packt,
Und schnell sie thut aufkrachen,
Trick track wohl nach dem Takt.

Damon.

Und ich will ihm noch schenken
Ein weißes Häselein,
Es ist voll tausend Ränken,
Will stets bei Menschen sein;
Es wird beim Kripplein spielen
Und trommeln eigentlich,
Die Schläge nieder zielen
Mit Füßen meisterlich.

Halton.

Und ich will ihm noch schenken
Ein wachsam Hündelein,
So klug, man solls kaum denken,
Es tanzet ganz allein;
Es kann auch apportiren
Und stehen auf der Wacht,
Sucht, was man thut verlieren,
Was gilts, das Kindlein lacht.

Damon.

Und ich will ihm noch schenken
Ein mausig Kätzelein,
Ihm darf kein Härlein kränken
Halton, dein Hündelein.
Es läßt sich auch nicht beißen,
Gar schnell sich widersetzt,
Thut brüsten sich und spreizen,
Bleibt immer unverletzt.

Halton.

Und ich will ihm noch schenken
Ein Stückchen Einerlei,
Mein, jetzo wirst du denken,
Was dieses doch wohl sei?
Zu deinem Kätzlein eben
Will ich ihm noch dabei
Ein pelzern Mausfall geben,
So hats der Kätzlein zwei.

Damon.

Und ich will ihm noch schenken
Ein muntres Täubelein,
Das lauft auf Tisch und Bänken
Mit seinem Schwesterlein;
Ein Ringlein ihnen beiden
Bezirkelt Hals und Brust,
Aus Pflaum und Feder=Seiden,
Recht farbig nach der Lust.

Halton.

Und ich will ihm noch schenken
Zwo Turteltauben keusch,
Die spreiten, heben, senken
Die Flügel ohn Geräusch;
Ihr Stimmlein, wie man spüret,
Sind lauter Seufzerlein,
Gott weiß, welch Leid sie rühret,
In ihrem Herzelein.

Damon.

Und ich will ihm noch schenken
Ein großen bunten Hahn,
Der Haupt und Hals thut schwenken,
Gleich einem edlen Schwan;
Mit Sporn und Busch er gehet,
Stolz als ein Rittersmann,
Und Morgens fleißig krähet
Der bunte Wettermann.

Halton.

Und ich will ihm noch schenken
Ein Fink und Nachtigall,
Die Kopf und Ohren lenken
Nach meiner Flöte Schall;
Spiel ich die Schäferlieder,
So kommen sie herbei,
Und pfeifen sie mir wieder
In ihrer Melodei.

Damon.

Und ich will ihm noch schenken
Ein weißes Körbelein,
An Balken soll mans henken
Voll kleiner Vögelein;
Ich selber habs geschnitzet
In siebenthalben Tag,
Ist neu und unbeschmitzet,
Nicht gnug man's loben mag.

Halton.

Und ich will ihm noch schenken
Ein schönen Hirtenstab,
Mit Farben ihn besprengen,
Wie es noch keinen gab;
Die Kunst hab ich gelernet
Wie man es machen soll,
Daß ganz er wird gesternet
Und bunter Flecken voll.

Damon.

Und ich will ihm noch schenken
Viel schöne Sachen mehr,
Ja schenken und noch schenken
Je mehr und je noch mehr;
Auch Äpfel, Birn und Nüsse,
Milch, Honig, Butter, Käs',
Ach wenn ich doch könnt wissen,
Was es recht gerne äß.

Halton.

Wohl dann, so laßt uns reisen
Zum schönen Kindelein,
Und unsre Gaben preisen
Dem kleinen Schäferlein;
Ihm alles auf soll heben
Die Mutter mit Bescheid.
Daß es ihm wird gegeben
Hernach zu seiner Zeit.

Ein Wahrheitslied.

Als Gott der Herr geboren war,
Da war es kalt,
Was sieht Maria am Wege stehn?
Ein Feigenbaum.
Maria laß du die Feigen noch stehn,
Wir haben noch dreißig Meilen zu gehn,
Es wird uns spät.

Und als Maria ins Städtlein kam
Vor eine Thür,
Da sprach sie zu dem Bäuerlein:
Behalt uns hier
Wohl um das kleine Kindelein,
Es möcht dich wahrlich sonst gereun,
Die Nacht ist kalt.

Der Bauer sprach von Herzen ja,
Geht in den Stall!
Als nun die halbe Mitternacht kam,
Stand auf der Mann;
Wo seid ihr denn, ihr armen Leut?
Daß ihr noch nicht erfroren seid
Das wundert mich.

Der Bauer gieng da wieder ins Haus
Wohl aus der Scheuer:
Steh auf mein Weib, mein liebes Weib,
Und mach ein Feuer,

Und mach ein gutes Feuerlein,
Daß diese armen Leutelein
Erwärmen sich.
  Und als Maria ins Haus hin kam,
Da war sie froh,
Joseph der war ein frommer Mann,
Sein Säcklein holt;
Er nimmt heraus ein Kesselein,
Das Kind thät ein bischen Schnee hinein,
Und das sei Mehl.
  Es that ein wenig Eis hinein,
Und das sei Zucker,
Es that ein wenig Wasser drein,
Und das sei Milch;
Sie hiengen den Kessel übern Heerd
An einen Haken, ohn Beschwerd
Das Müßlein kocht.
  Ein Löffel schnitzt der fromme Mann
Von einem Spahn,
Der ward von lauter Elfenbein
Und Diamant;
Maria gab dem Kind den Brei,
Da sah man, daß es Jesus sei,
Unter seinen Augen.

Sommerverkündigung.

In einigen Gegenden von Holstein ziehen die Kinder, um den Sommer anzukündigen, von Haus zu Haus; eines trägt in einem Korb einen todten Fuchs voraus, sie singen dazu:

Hans Voß heißt er,
Schelmstück weiß er,
Die er nicht weiß, die will er lehren,
Haus und Hof will er verzehren;
Brod auf die Trage,
Speck auf den Wagen,
Eier ins Nest,
Wer mir was giebt, der ist der Best!
Als ich hier vor diesem war,
War hier nichts als Laub und Gras,
Da war auch hier kein reicher Mann,
Der uns den Beutel füllen kann,
Mit einem Schilling, drei, vier oder mehr,
Wenns auch ein halber Thaler wär.
Droben in der Hausfirst
Hängen die langen Mettwürst,
Gebt uns von den langen,
Laßt die kurzen hangen,
Sind sie etwas kleine
Gebt uns zwei für eine;
Sind sie ein wenig zerbrochen,
So sind sie leichter kochen,

Sind sie etwas fett,
Je besser es uns schmeckt.

Havele Hahne.

Zur Fastnacht gehn die Kinder am Rhein mit einem Korb, in dem ein gebundener Hahn liegt, sie schaukeln mit ihm und singen:

Havele havele Hahne,
Fastennacht geht ane,
Droben in dem Hinkelhaus
Hängt ein Korb mit Eier raus;
Droben in der Firste
Hängen die Bratwürste,
Gebt uns die langen,
Laßt die kurzen hangen,
Ri ra rum,
Der Winter muß herum;
Was wollt ihr uns denn geben,
Ein glückseligs Leben,
Glück schlag ins Haus,
Komm nimmermehr heraus.

Kinderpredigt.

Ein Huhn und ein Hahn,
Die Predigt geht an,
Ein Kuh und ein Kalb,
Die Predigt ist halb,

Ein Katz und ein Maus,
Die Predigt ist aus,
Geht alle nach Haus
Und haltet ein Schmaus.
Habt ihr was, so eßt es,
Habt ihr nichts, vergeßt es,
Habt ihr ein Stückchen Brod,
So theilt es mit der Noth,
Und habt ihr noch ein Brosämlein,
So streuet es den Vögelein.

Das Wappen von Amsterdam.

Ich gieng einmal nach Amsterdam,
Auf der Faullenzer=Straße,
Man fragt mich, ob ich faullenzen kann,
Ich sagte nein und meint doch ja,
Ich setzt mich nieder und faullenzt da,
Es war wohl tausend Gulden werth,
Dafür kauft ich ein schönes Pferd,
Wars kein junges, wars ein alts,
Ohne Kopf und ohne Hals,
Ohne Schenkel, ohne Bein,
Auf dem Pferd ritt ich allein,
Auf dem Pferd ritt ich so lang,
Bis ihm gar der Bauch zersprang
Flog heraus ein Göckerlein,

Krähte grob und krähte fein,
Hatt auf seinem Kopf ein Kamm,
Drauf stand das Wappen von Amsterdam.

Erschreckliche Geschichte vom Hühnchen und vom Hähnchen.

Ein Hühnchen und ein Hähnchen sind mit einander in die Nußhecken gegangen, um Nüsse zu essen, und jedes Nüßchen, welches das Hähnchen fand, hat es mit dem Hühnchen getheilt, endlich hat das Hühnchen auch eine Nuß gefunden, und das Hähnchen hat sie ihm aufgepickt, aber das Hühnchen war neidisch, und hat nicht theilen wollen, und hat aus Neid den Nußkern ganz verschluckt, der ist ihm aber im Halse stecken geblieben, und wollte nicht hinter sich und nicht vor sich, da hat es geschrieen: lauf zum Born und hol mir Wasser.

Hähnchen ist zum Born gelaufen:
Born du sollst mir Wasser geben,
Hühnchen liegt an jenem Berg
Und schluckt an einem Nußkern;
Und da hat der Born gesprochen:
Erst sollst du zur Braut hinspringen
Und mir klare Seide bringen.
Hähnchen ist zur Braut gesprungen:
Braut du sollst mir Seide geben,

Seide soll ich Brunnen bringen,
Brunnen soll mir Wasser geben,
Wasser soll ich Hühnchen bringen,
Hühnchen liegt an jenem Berg
Und schluckt an einem Nußkern.
Und da hat die Braut gesprochen:
Sollst mir erst mein Kränzlein langen,
Blieb mir in den Weiden hangen.
Hähnchen ist zur Weide flogen,
Hat das Kränzlein runter zogen:
Braut ich thu dirs Kränzlein bringen,
Sollst mir klare Seiden geben,
Seide soll ich Brunnen bringen,
Brunnen soll mir Wasser geben,
Wasser soll ich Hühnchen bringen,
Hühnchen liegt an jenem Berg
Und schluckt an einem Nußkern.
Braut gab für das Kränzlein Seide,
Born gab für die Seide Wasser,
Wasser bringt er zu dem Hühnchen,
Aber Hühnchen war erstickt,
Hat den Nußkern nicht verschlickt.

Da war das Hähnchen sehr traurig, und hat ein Wägelchen von Weiden geflochten, hat sechs Vögelchen davor gespannt, und das Hühnchen darauf gelegt, um es zu Grabe zu fahren, und wie es so fort fuhr, kam ein Fuchs:

Wohin Hähnchen?
Mein Hühnchen begraben.
Darf ich aufsitzen?
Sitz hinten auf den Wagen,
Vorne könnens meine Pferdchen nicht vertragen.

Da hat sich der Fuchs aufgesetzt, kam ein Wolf:

Wohin Hähnchen? u. s. w.

kam ein Löwe, kam ein Bär u. s. w., alle hinten drauf, endlich kam noch ein Floh:

Wohin Hähnchen? u. s. w.

aber der war zu schwer, der hat gerade noch gefehlt, das ganze Wägelchen mit aller Bagage, mit Mann und Maus ist im Sumpfe versunken, da braucht er auch kein Grab, das Hähnchen ist allein davon gekommen, ist auf den Kirchthurm geflogen, da steht es noch, und dreht sich überall herum, und paßt auf schön Wetter, daß der Sumpf austrocknet, da will es wieder hin, und will sehen, wie er seinen Leichenzug weiter bringt, wird aber wohl zu spät kommen, denn es ist allerlei Kraut und Gras darüber gewachsen, Hühnerdarm und Hahnenfuß, und Löwenzahn und Fuchsia, und lauter solche Geschichten, wer sie nicht weiß, der muß sie erdichten.

Auf dem Grabstein eines Kindes in einem Kirchhof im Odenwald.

Liebe Eltern gute Nacht!
Ich soll wieder von euch scheiden,
Kaum war ich zur Welt gebracht,
Hab genossen keine Freuden,
Ich das kleinste eurer Glieder
Geh schon fort, doch nicht allein,
Eltern, Schwestern und die Brüder
Werden auch bald bei mir sein,
Weil sie wünschen, bitten, weinen,
Daß ihr Tag mag bald erscheinen.

Kindergebet.

Lieber Gott und Engelein,
Laßt mich fromm und gut sein,
Laßt mir doch auch mein Hemdlein
Recht bald werden viel zu klein.

Wie oft Gott zu danken sei?

Wie viel Sand in dem Meer,
Wie viel Sterne oben her,
Wie viel Thiere in der Welt,
Wie viel Heller unterm Geld,

In den Adern wie viel Blut,
In dem Feuer wie viel Glut,
Wie viel Blätter in den Wäldern,
Wie viel Gräslein in den Feldern,
In den Hecken wie viel Dörner,
Auf dem Acker wie viel Körner,
Auf den Wiesen wie viel Klee,
Wie viel Stäublein in der Höh,
In den Flüssen wie viel Fischlein,
In dem Meere wie viel Müschlein,
Wie viel Tropfen in der See,
Wie viel Flocken in dem Schnee,
So viel Lebendig weit und breit,
So oft und viel sei Gott Dank in Ewigkeit.
Amen.

Abendgebet.

Abends wenn ich schlafen geh,
Vierzehn Engel bei mir stehn,
Zwei zu meiner Rechten,
Zwei zu meiner Linken,
Zwei zu meinen Häupten,
Zwei zu meinen Füßen,
Zwei die mich decken,
Zwei die mich wecken,

Zwei die mich weisen
In das himmlische Paradeischen.

St. Niklas.

Vater.

Es wird aus den Zeitungen vernommen,
Daß der heilige Sankt Niklas werde kommen
Aus Moskau, wo er gehalten werth,
Und als ein Heilger wird geehrt;
Er ist bereits schon auf der Fahrt,
Zu besuchen die Schuljugend zart,
Zu sehn, was die kleinen Mägdlein und Knaben
In diesem Jahre gelernet haben
Im Beten, Schreiben, Singen und Lesen,
Auch ob sie sind hübsch fromm gewesen.
Er hat auch in seinem Sack verschlossen
Schöne Puppen aus Zucker gegossen,
Den Kindern, welche hübsch fromm wären,
Will er solche schöne Sachen verehren.

Kind.

Ich bitte dich Sankt Niklas sehr,
In meinem Hause auch einkehr,
Bring Bücher, Kleider und auch Schuh,
Und noch viel schöne gute Sachen dazu,
So will ich lernen wohl
Und fromm sein, wie ich soll. — Amen.

Sankt

Sankt Niklas.

Gott grüß euch lieben Kinderlein,
Ihr sollt Vater und Mutter gehorsam sein,
So soll euch was Schönes bescheeret sein;
Wenn ihr aber dasselbige nicht thut,
So bringe ich euch den Stecken und die Ruth.
Amen.

Kinderlied zu Weihnachten.

Gott's Wunder, lieber Bu,
Geh, horch ein wenig zu,
Was ich dir will erzählen,
Was geschah in aller Fruh.
Da geh ich über ein Haid,
Wo man die Schäflein weidt,
Da kam ein kleiner Bu gerennt,
Ich hab ihn all mein Tag nicht kennt.
Gott's Wunder, lieber Bu,
Geh, horch ein wenig zu!
Den alten Zimmermann
Den schaun wir alle an,
Der hat dem kleinen Kindelein
Viel Gutes angethan.
Er hat es so erkußt,
Es war ein wahre Lust,

Er schafft das Brod, ißt selber nicht,
Ist auch sein rechter Vater nicht.
Gott's Wunder, lieber Bu,
Geh, lausch ein wenig zu.
Hätt' ich nur dran gedenkt,
Dem Kind hätt ich was g'schenkt;
Zwei Äpfel hab ich bei mir g'habt,
Es hat mich freundlich angelacht.
Gott's Wunder, lieber Bu,
Geh, horch ein wenig zu.

Sterndreherlied.

Wir reisen auf das Feld in eine Sonne,
Des freuet sich die englische Schaar,
Wir wünschen euch allen ein glückselig Neujahr.
Wir wünschen dem Herrn einen goldnen Hut,
Er trinkt keinen Wein, denn er sei gut,
Des freuet sich ꝛc.
Wir wünschen dem Herrn einen tiefen Bronnen,
So ist ihm niemals sein Glück zerronnen,
Des freuet sich ꝛc.
Wir wünschen dem Herrn einen goldnen Mutzen,
Er läßt sich auch von keinem trutzen,
Des freuet sich ꝛc.
Wir wünschen dem Herrn einen goldnen Tisch,
Auf jeder Eck einen gebacknen Fisch,
Des freuet sich ꝛc.

Wir wünschen der Frau einen goldenen Rock,
Sie geht daher als wie eine Dock,
Des freuet sich rc.

Wir wünschen dem Sohn eine Feder in die Hand,
Damit soll er schreiben durchs ganze Land,
Des freuet sich rc.

Wir wünschen der Tochter ein Rädelein,
Damit soll sie spinnen ein Fädelein,
Des freuet sich rc.

Wir wünschen der Magd einen Besen in die Hand,
Damit soll sie kehren die Spinnen von der Wand,
Des freuet sich rc.

Wir wünschen dem Knecht eine Peitsch in die Hand,
Damit soll er fahren durchs ganze Land,
Des freuet sich rc.

Dreikönigslied.

Gott so wollen wir loben und ehrn,
Die heiligen drei König mit ihrem Stern,
Sie reiten daher in aller Eil
In dreißig Tagen vierhundert Meil,
Sie kamen in Herodis Haus,
Herodes sahe zum Fenster raus:
„Ihr meine liebe Herrn, wo wollt ihr hin?"
„Nach Bethlehem steht unser Sinn.

Da ist geboren ohn' alles Leid
Ein Kindlein von einer reinen Maid."
Herodes sprach aus großem Trotz:
„Ei warum ist der hinder so schwarz?"
„O lieber Herr, er ist uns wohl bekannt,
Er ist ein König im Mohrenland,
Und wöllend ihr uns recht erkennen,
Wir dörffend uns gar wohl nennen.
Wir seind die König vom finstern Stern,
Und brächten dem Kindlein ein Opfer gern,
Myrrhen, Weihrauch und rothes Gold,
Wir seind dem Kindlein ins Herz nein hold."
Herodes sprach aus Übermuth:
„Bleibend bei mir, und nehmt für gut,
Ich will euch geben Heu und Streu,
Ich will euch halten Zehrung frei."
Die heiligen drei König thäten sich besinnen:
„Fürwahr, wir wollen jetzt von hinnen."
Herodes sprach aus trutzigem Sinn:
„Wollt ihr nicht bleiben, so fahret hin."
Sie zogen über den Berg hinaus,
Sie funden den Stern ob dem Haus,
Sie traten in das Haus hinein,
Sie funden Jesum in dem Krippelein.
Sie gaben ihm ein reichen Sold,
Myrrhen, Weihrauch und rothes Gold.
Joseph bei dem Kripplein saß,

Bis daß er schier erfroren was.
Joseph nahm ein Pfännelein
Und macht dem Kind ein Müßelein.
Joseph der zog seine Höselein aus
Und macht dem Kindlein zwei Windelein d'raus.
„Joseph, lieber Joseph mein,
Hilf mir wiegen mein Kindelein."
Es waren da zwei unvernünftige Thier,
Sie fielen nieder auf ihre Knie.
Das Öchselein und das Eselein
Die kannten Gott den Herren rein.
Amen.

Christkindleins Wiegenlied.

O Jesulein zart,
O Jesulein zart,
Das Kripplein ist hart,
Wie liegst du so hart,
Ach schlaf, ach thu die Äugelein zu,
Schlaf, und gieb uns die ewige Ruh!
Schlaf Jesulein wohl,
Nichts hindern soll,
Ochs, Esel und Schaf
Sind alle im Schlaf.
Schlaf Kind, schlaf, thu dein Äugelein zu,
Schlaf und gieb uns die ewige Ruh!

Sieh, Seraphim singt
Und Cherubim klingt,
Viel Engel im Stall
Die wiegen dich all.
Schlaf Kind, schlaf, thu dein Äugelein zu,
Schlaf und gieb uns die ewige Ruh!
Sieh Jesulein sieh,
Sankt Joseph ist hie,
Ich bleib auch hiebei,
Schlaf sicher und frei.
Schlaf Kind, schlaf, thu dein Äugelein zu,
Schlaf und gieb uns die ewige Ruh!
Schweig Eselein still,
Das Kind schlafen will,
Ei Öchsle nicht brüll,
Das Kind das schlafen will.
Schlaf Kind, schlaf, thu dein Äugelein zu,
Schlaf und gieb uns die ewige Ruh!

Wiegenlied.

O Jesu liebes Herrlein mein,
Hilf mir wiegen mein Kindelein,
Im Himmelreich und in der lieben Christenheit,
Eia! Eia! schlaf du liebes Kindelein,
Der heilig Christ will bei dir sein
Mit seinen lieben Engelein in Ewigkeit.

O du liebes Jesulein,
Du Tröster mein, erfreu dich fein,
Und mach uns arme Würmelein
Zu Dienern dein!
O Jesu, Gottes Söhnelein,
Und Marien Kindelein,
Laß dir mein Kind befohlen sein
Im Himmelreich und in seim kleinen Wiegelein,
Eia! Eia! schlaf mein liebes Kindelein,
Dein Christ bringt dir gut Äpfelein,
Baut dir ein schönes Häuselein im Himmelreich.
Du trautes Jesulein,
Gottes Lämmelein, erbarm dich mein,
Und faß mich auf dein Rückelein
Und trag mich fein.
O Jesu, liebes Brüderlein,
Du wollst Emanuelchen sein
Und unser ewigs Priesterlein
Im Himmelreich und in der lieben Christenheit.
Eia! Eia! schweig du trautes Kindelein,
Es beißt dich sonst ein Eselein,
Und stößt dich Josephs Öchselein zu Bethlehem.
O du süßes Jesulein,
Erhalt uns rein im Glauben dein,
Bitt für uns arme Sünderlein
Den Vater dein.

Jesus, das zarte Kindelein,
Lag in ein'm harten Krippelein,
Gewindelt in ein Tüchelein,
Zu Bethlehem im finstern Stall beim Öchselein.
Eia! Eia! Joseph kocht ein Müselein,
Maria streichts ihrm Söhnlein ein,
Das Kißlein wärmt ein Engelein;
Nun singet fein: o du liebes Jesulein,
Die Unschuld dein laß unser sein,
Und mach uns arme Leute fein
Heilig und rein.

Frühlingsumgang.

Heut ist mitten in der Fasten,
Da leeren die Bauern die Kasten.
Die Kasten sind alle so leer,
Bescheer uns Gott ein andres Jahr!
Die Früchte im Felde sie kleiden so wohl,
Sie kleiden dem Bäuerlein die Scheuerlein voll.
Wo sind unsere hiesigen Knaben,
Die uns den Sommerkranz helfen rumme tragen?
Sie liegen wohl hinter dem Wingertsberg
Und schaffen ihre Händelein rauh.
Jetzt gehn wir vor des Wirthen Haus,
Da schaut der Herr zum Fenster raus.

Er schaut wohl raus und wieder n'ein,
Er schenkt uns was ins Beutelein n'ein.
Wir schreibens wohl auf ein Lilienblatt,
Wir wünschen dem Herrn einen guten Tag.
Wir wünschen dem Herrn einen goldenen Tisch,
Auf jeder Spitzen gebackene Fisch.
Mitten darinnen eine Kanne voll Wein,
Damit soll er brav lustig sein.
Wir wünschen der Frau eine goldene Wiege,
Damit soll sie ihr Kindelein wiegen.
Wir wünschen der Frau eine goldene Schnur,
Damit bindt sie ihr Kindelein zu.
Wir wünschen dem Herrn einen silbernen Wagen,
Damit soll er ins Himmelreich fahren!

Wenn die Kinder ihre heiße Suppe rühren.

Lirum larum Löffelstiel,
Alte Weiber essen viel,
Junge müssen fasten,
Brod liegt im Kasten,
Messer liegt daneben,
Ei was ein lustig Leben!

Das Sommertagslied.

In der Pfalz und umliegenden Gegenden gehen am Sonntag Lätare, welchen man den Sommertag nennt, die Kinder auf den Gassen herum mit hölzernen Stäben, an welchen eine mit Bändern geschmückte Bretzel hängt, und singen den Sommer an, worüber sich jedermann freut. Auch gehen oft zwei erwachsene junge Bursche verkleidet herum, von welchen einer den Sommer, der andere den Winter vorstellt, diese kämpfen mit einander, und der Winter verliert. Im Kraichgau tragen die Mägdlein bei diesem Fest einen mit Immergrün umwundenen Reif auf einem Stecken, an dem Reife hängen kleine Spiegel, Goldflitter und Bretzeln. Die Knaben aber tragen viele solche kleinere Kränze an ihren Stecken, und geben immer einen als Gegengabe in jedem Hause ab, wo sie für ihren Gesang Geld, Eier, Schmalz oder Mehl erhalten. Dieser Kranz wird in der Mittenstube über dem Tisch an einem Faden aufgehängt, und bleibt bis zum nächsten Jahre hängen. Durch die Ofenwärme, die in die Höhe zieht, bewegt sich der Kranz zuweilen, dann sagen die Kinder: das bedeute was Gutes, wenn aber eine Hexe in die Stube kömmt, sagen die alten Weiber, stehe der Kranz still. Das Sommerlied aber heißt so:

Tra, ri, ro,
Der Sommer der ist do!
Wir wollen naus in Garten,
Und wollen des Sommers warten,
Jo, jo, jo,
Der Sommer der ist do!

Tra, ri, ro,
Der Sommer der ist do!
Wir wollen hinter die Hecken
Und wollen den Sommer wecken,
Jo, jo, jo,
Der Sommer der ist do!
Tra, ri, ro,
Der Sommer der ist do!
Der Sommer, der Sommer!
Der Winter hats verloren,
Jo, jo, jo,
Der Sommer der ist do!
Tra, ri ꝛc.
Zum Biere, zum Biere,
Der Winter liegt gefangen,
Den schlagen wir mit Stangen,
Jo ꝛc.
Tra, ri ꝛc.
Zum Weine, zum Weine,
In meiner Mutter Keller
Liegt guter Muskateller,
Jo ꝛc.
Tra, ri ꝛc.
Wir wünschen dem Herrn
Ein goldnen Tisch,
Auf jeder Eck ein gebacknen Fisch,
Und mitten hinein

Drei Kannen voll Wein,
Daß er dabei kann fröhlich sein.
Jo, jo, jo,
Der Sommer der ist do!

Brunneneier-Liedlein.

In Kreuznach und andern Städten am Rhein werden um Johannistag die Brunnen gereinigt und neue Brunnenmeister erwählt, wobei sich die Nachbarn versammeln, und nachdem sie manche nachbarliche Angelegenheit besprochen, ein kleines Fest geben. An dem Tage dieses Festes ziehen die Kinder in der Nachbarschaft Eier sammlen herum, die sie in einen mit Feldblumen geschmückten Korb auf Blätter legen und sich Abends zu einem eignen Feste backen lassen, bei ihrem Eiersammlen singen sie folgendes Lied. Diese Gelage waren bereits im funfzehnten Jahrhundert.

Gärtlein, Gärtlein, Brunneneier,
Heut han wir Johannistag,
Grün sind die Lilien,
Rufen wir Frau Wirthin an,
Draus auf den Leien (Leie, Schiefer)
Steht ein Korb voll Eier,
Sind sie zerbrochen,
Gebt mir eure Tochter,
Sind sie zu klein,

Gebt mir zwei für ein,
Strih, strah, stroh,
Heut übers Jahr sind wir all mit einander wieder do!

Knecht, Magd, Ochs, Esel und alles was mein ist.

Als ich ein armes Weib war
Zog ich über den Rhein,
Bescheert mir Gott ein Hühnelein,
War ich ein reiches Weib,
Gieng ich über die Wiese,
Fragten alle Leut,
Wie mein Hühnlein hieße,
Bibberlein heißt mein armes Hühnelein.
Als ich ein armes Weib war
Zog ich über den Rhein,
Bescheert mir Gott ein Entelein,
War ich ein reiches Weib,
Gieng ich über die Wiese,
Fragten alle Leut
Wie mein Entlein hieße,
Entequentlein heißt mein Entlein,
Bibberlein heißt mein armes Hühnelein.
Als ich ein armes Weib war,
Zog ich über den Rhein,
Bescheert mir Gott ein Gänselein,

War ich ein reiches Weib,
Gieng ich über die Wiese,
Fragten alle Leut,
Wie mein Gänselein hieße,
Wackelschwänzlein heißt mein Gänslein ꝛc.
  Als ich u. s. w.
Bescheert mir Gott ein Zickelein,
u. s. w.
Klipperbein heißt mein armes Zickelein,
Wackelschwänzlein u. s. w.
  Als ich u. s. w.
Bescheert mir Gott ein Schweinelein,
u. s. w.
Schmortöpflein heißt mein armes Schweinelein,
Klipperbein u. s. w.
  Als ich u. s. w.
Bescheert mir Gott ein Kuh,
Gute Muh heißt mein Kuh,
Schmortöpflein heißt mein Schwein,
u. s. w.
  Als ich u. s. w.
Bescheert mir Gott ein Haus,
Gucke raus heißt mein Haus,
Gute Muh u. s. w.
  Als ich u. s. w.
Bescheert mir Gott ein Mann,

Kegelbahn heißt mein Mann,
u. s. w.
  Bescheert mir Gott ein Kind,
Goldenring heißt mein Kind.
  Bescheert mir Gott ein Magd,
Hatergesagt heißt meine Magd.
  Bescheert mir Gott ein Pferd,
Ehrenwerth heißt mein Pferd.
  Bescheert mir Gott ein Knecht,
Haberecht heißt mein Knecht.
  Bescheert mir Gott ein Hahn,
Wettermann heißt mein Hahn.
  Bescheert mir Gott ein Floh,
HüpsinsStroh heißt mein Floh.
  Nun kennt ihr mich mit Mann und Kind
Und all meinem Hausgesind.

Für die Jüngelcher von unsern Leut.

  Ein Zicklein, ein Zicklein,
Das hat gekauft das Väterlein
Um zwei Schilling Pfennig,
Ein Zicklein!
  Da kam das Kätzlein
Und aß das Zicklein,
Das hat gekauft mein Väterlein

Um zwei Schilling Pfennig,
Ein Zicklein! Ein Zicklein!
Da kam das Hündelein
Und biß das Kätzelein,
Das da hat gegessen das Zicklein,
Das da hat gekauft mein Väterlein
Um zwei Schilling Pfennig,
Ein Zicklein!
Da kam das Stöckelein
Und schlug das Hündlein,
Das da hat gebissen das Kätzlein,
Das da hat gegessen das Zicklein,
Das da hat gekauft mein Väterlein
Um zwei Schilling Pfennig,
Ein Zicklein!
Da kam das Feuerlein
Und verbrennt das Stöckelein,
Das da hat geschlagen das Hündelein,
Das da hat gebissen das Kätzlein,
Das da hat gegessen das Zicklein,
Das da hat gekauft mein Väterlein
Um zwei Schilling Pfennig,
Ein Zicklein!
Da kam das Wasserlein
Und verlöscht das Feuerlein,
Das da hat verbrennt das Stöcklein,
Das da hat geschlagen das Hündlein,

Das da hat gebissen das Kätzlein,
Das da hat gegessen das Zicklein,
Das da hat gekauft mein Väterlein
Um zwei Schilling Pfennig,
Ein Zicklein!
Da kam der Ochse
Und trank das Wasserlein,
Das da hat verlöscht das Feuerlein,
Das da hat verbrennt das Stöckelein,
Das da hat geschlagen das Hündelein,
Das da hat gebissen das Kätzlein,
Das da hat gegessen das Zicklein,
Das da hat gekauft mein Väterlein
Um zwei Schilling Pfennig,
Ein Zicklein!
Da kam der Schòchet (Metzger)
Und schlecht den Ochsen,
Der da hat getrunken das Wasserlein,
Das da hat verlöscht das Feuerlein,
Das da hat verbrennt das Stöckelein,
Das da hat geschlagen das Hündelein,
Das da hat gebissen das Kätzlein,
Das da hat gegessen das Zicklein,
Das da hat gekauft das Väterlein
Um zwei Schilling Pfennig,
Ein Zicklein!

Da kam der Màlach hammòves (Engel des Todes)
Und schlecht den Schòchet,
Daß er hat geschlecht den Ochsen,
Daß er hat getrunken das Wasserlein,
Das da hat verlöscht das Feuerlein,
Das da hat verbrennt das Stöckelein,
Das da hat geschlagen das Hündelein,
Das da hat gebissen das Kätzlein,
Das da hat gegessen das Zicklein,
Das da hat gekauft das Väterlein
Um zwei Schilling Pfennig,
Ein Zicklein!

Da kam unser lieber Herr Gott
Und schlecht den Màlach hammòves,
Der da hat geschlecht den Schòchet,
Der da hat geschlecht den Ochsen,
Daß er hat getrunken das Wasserlein,
Das da hat verlöscht das Feuerlein,
Das da hat verbrennt das Stöckelein,
Das da hat geschlagen das Hündelein,
Das da hat gebissen das Kätzlein,
Das da hat gegessen das Zicklein,
Das da hat gekauft das Väterlein
Um zwei Schilling Pfennig,
Ein Zicklein!

Kinder-Konzert, prima vista.

Kleins Männele, kleins Männele, was kannst du machen?
Ich kann wohl spielen auf meiner Trumm,
Rum bum, bidi bum, so macht meine Trumm.
Rum bum, bidi bum.

Kleins Männele ꝛc., was kannst du machen ꝛc.,
Ich kann wohl spielen auf meiner Flöt,
Dill dill dill, so macht meine Flöt,
Rum bum, bidi bum, so macht meine Trumm.
Rum bum, bidi bum, dill dill dill.

Kleins Männele ꝛc., was kannst du machen ꝛc.,
Ich kann wohl spielen auf meiner Geig,
Ging ging ging, so macht meine Geig,
Dill dill dill, so macht meine Flöt,
Rum bum, bidi bum, so macht meine Trumm.
Rum bum, bidi bum, dill dill dill, ging ging ging.

Kleins Männele ꝛc., was kannst du machen ꝛc.,
Ich kann wohl spielen auf meiner Zitter,
Bring bring bring, so macht meine Zitter,
Ging ging ging, so macht meine Geig,
Dill dill dill, so macht meine Flöt,
Rum bum, bidi bum, so macht meine Trumm.
Rum bum, bidi bum, dill dill dill, ging ging ging, bring bring bring.

Kleins Männele rc., was kannst du machen rc.,
Ich kann wohl spielen auf meiner Laute,
Blum blum blum, so macht meine Laute,
Bring bring bring, so macht meine Zitter,
Ging ging ging, so macht meine Geig,
Dill dill dill, so macht meine Flöt,
Rum bum, bidi bum, so macht meine Trumm.
Rum bum, bidi bum, dill dill dill, ging ging ging,
bring bring bring, blum blum blum.

Kleins Männele rc., was kannst du machen rc.,
Ich kann wohl spielen auf meinem Fagot,
Du du du, so macht mein Fagot,
Blum blum blum, so macht meine Laute,
Bring bring bring, so macht meine Zitter,
Ging ging ging, so macht meine Geig,
Dill dill dill, so macht meine Flöt,
Rum bum, bidi bum, so macht meine Trumm.
Rum bum, bidi bum, dill dill dill, ging ging ging
bring bring bring, blum blum blum, du du du.

Kleins Männele rc., was kannst du machen rc.,
Ich kann wohl spielen auf meiner Leier,
Eng eng eng, so macht meine Leier,
Du du du, so macht mein Fagot,
Blum blum blum, so macht meine Laute,
Bring bring bring, so macht meine Zitter,
Ging ging ging, so macht meine Geig,
Dill dill dill, so macht meine Flöt,

Rum bum, bidi bum, so macht meine Trumm.
Rum bum, bidi bum, dill dill dill, ging ging ging,
bring bring bring, blum blum blum, du du du,
eng eng eng.

Kleins Männele 2c., was kannst du machen 2c.,
Ich kann wohl spielen auf meiner Baßgeig,
Gu gu gu, so macht meine Baßgeig,
Eng eng eng, so macht meine Leier,
Du du du, so macht mein Fagot,
Blum blum blum, so macht meine Laute,
Bring bring bring, so macht meine Zitter,
Ging ging ging, so macht meine Geig,
Dill dill dill, so macht meine Flöt,
Rum bum, bidi bum, so macht meine Trumm.
Rum bum, bidi bum, dill dill dill, ging ging ging,
bring bring bring, blum blum blum, du du du,
eng eng eng, gu gu gu,
in Ewigkeit Amen!

Wiegenlied.

(Ottmars Volkssagen. Bremen 1800. S. 43 und 44.)

Buko von Halberstadt,
Bring doch meinem Kinde was!
Was soll ich ihm bringen?
Rothe Schuh mit Ringen,
Schöne Schuh mit Gold beschlagen,
Die soll unser Kindchen tragen.

Hurraso, Burra fort,
Wagen und schön Schuh sind fort,
Stecken tief im Sumpfe,
Pferde sind ertrunken,
Hurra, schrei nicht Reitersknecht.
Warum fährst du auch so schlecht!

Maikäfer-Lied.

(Mündlich in Hessen. In Niedersachsen sagen sie Pommerland, s. Volkssagen von Ottmar (Nachtigall). Bremen 1800. S. 46.)

Maikäfer flieg,
Dein Vater ist im Krieg,
Die Mutter ist im Pulverland
Und Pulverland ist abgebrannt.
In vierundzwanzig Stunden
Da war das Blut geronnen.
Maikäfer flieg!

Marienwürmchen.

(Mündlich.)

Marienwürmchen setze dich
Auf meine Hand, auf meine Hand.
Ich thu dir nichts zu Leide.
Es soll dir nichts zu Leid geschehn,
Will nur deine bunte Flügel sehn,
Bunte Flügel, meine Freude.

Marienwürmchen fliege weg,
Dein Häuschen brennt, die Kinder schrein
So sehre, wie so sehre!
Die böse Spinne spinnt sie ein,
Marienwürmchen flieg hinein,
Deine Kinder schreien sehre.

Marienwürmchen fliege hin
Zu Nachbars Kind, zu Nachbars Kind,
Sie thun dir nichts zu Leide;
Es soll dir da kein Leid geschehn,
Sie wollen deine bunte Flügel sehn,
Und grüß sie alle beide!

Der wunderliche Kittel.

Ich weiß mir einen Kittel,
Geht vornen nicht zusammen,
Bin ich zu einer Nonn gegangen.
„Ach, liebe Nonn gieb auch dazu,
Daß der Kittel fertig wird!"
Sprach die Nonn: „Das soll geschehn,
Will dir meine Kutte geben." —
Ei so haben wir eine Kutt'!
Hintenzipf,
Freu' dich Mädel, der Kittel wird hübsch!

Ich weiß mir einen Kittel,
Geht vornen nicht zusammen,

Bin ich zu einem Hahn gegangen.
„Ach, lieber Hahn, gieb auch dazu!“
Sprach der Hahn: „Das soll geschehn,
Will dir meinen Kamm geben.“
Ei so haben wir einen Kamm!
Hahnenkamm,
Nonnenkutt,
Hintenzipf,
Freu' dich Mädel, der Kittel wird hübsch!

Ich weiß mir einen Kittel,
Geht vornen nicht zusammen,
Bin ich zu einer Gans gegangen.
„Ach, liebe Gans gieb auch dazu!
Daß der Kittel fertig wird.“
Sprach die Gans: „Das soll geschehn,
Will dir meinen Kragen geben.“
Ei so haben wir einen Kragen!
Ganskragen,
Hahnenkamm,
Nonnenkutt,
Hintenzipf,
Freu' dich Mädel, der Kittel wird hübsch!

Ich weiß mir einen Kittel,
Geht vornen nicht zusammen,
Bin ich zu einer Ent' gegangen.
„Ach, liebe Ent' gieb auch dazu!
Daß der Kittel fertig wird.“

Sprach die Ent': „Das soll geschehn,
Will dir meinen Schnabel geben."
Ei so haben wir einen Schnabel!
Entenschnabel,
Ganskragen,
Hahnenkamm,
Nonnenkutt,
Hintenzipf,
Freu' dich Mädel, der Kittel wird hübsch!
Ich weiß mir einen Kittel,
Geht vornen nicht zusammen,
Bin ich zu einem Haas gegangen.
„Ach lieber Haas gieb auch dazu!
Daß der Kittel fertig wird."
Sprach der Haas: „Das soll geschehn,
Will dir meinen Lauf geben."
Ei so haben wir einen Lauf!
Haasenlauf,
Entenschnabel,
Ganskragen,
Hahnenkamm,
Nonnenkutt,
Hintenzipf,
Freu' dich Mädel, der Kittel wird hübsch!

Was der Gans alles aufgepackt worden ist.

Was trägt die Gans auf ihrem Schnabel?
Federgans?
Einen Ritter mit sammt dem Sabel
Trägt die Gans auf ihrem Schnabel,
Federgans.
Was trägt die Gans auf ihrem Kopf?
Federgans?
Einen dicken Koch mit sammt dem Topf
Trägt die Gans auf ihrem Kopf,
Federgans.
Was trägt die Gans auf ihrem Kragen?
Federgans?
Einen Fuhrmann mit Roß und Wagen
Trägt die Gans auf ihrem Kragen,
Federgans.
Was trägt die Gans auf ihren Flügeln?
Federgans?
Einen stattlichen Ritter mit sammt den Bügeln
Trägt die Gans auf ihren Flügeln,
Federgans.
Was trägt die Gans auf ihrem Rücken?
Federgans?
Ein altes Weib mit sammt den Krücken
Trägt die Gans auf ihrem Rücken,
Federgans.

Was trägt die Gans auf ihren Zehen?
Federgans?
Ein Jungfer, die thut Hemdlein nähen
Trägt die Gans auf ihren Zehen,
Federgans.
Was trägt die Gans auf ihrem Schwanzerl?
Federgans?
Ein Jungfrau in dem Hochzeitskranzerl
Trägt die Gans auf ihrem Schwanzerl,
Federgans.
Was trägt die Gans auf ihrem Bauche?
Federgans?
Ein Weinfaß mit sammt dem Schlauche
Trägt die Gans auf ihrem Bauche,
Federgans.
Was trägt die Gans auf ihren Füßen?
Federgans?
Die Braut, den Bräut'gam zu begrüßen
Trägt die Gans auf ihren Füßen.
Federgans.

Kinder=Predigt.

Quibus, quabus,
Die Enten gehn barfuß,
Die Gäns haben gar keine Schuh,
Was sagen denn die lieben Hühner dazu?
Und als ich nun kam an das kanaljeische Meer,
Da fand ich drei Männer und noch viel mehr,

Der eine hatte niemals was,
Der andre nicht das,
Und der dritte gar nichts,
Die kauften sich eine Semmel
Und einen Zentner holländischen Käse
Und fuhren damit an das kanaljeische Meer.
Und als sie kamen an das kanaljeische Meer,
Da kamen sie in ein Land, und das war leer,
Und sie kamen an eine Kirche von Papier,
Darin war eine Kanzel von Korduan,
Und ein Pfaffe von Rothstein,
Der schrie: Heute haben wir Sünde gethan,
Verleiht uns Gott das Leben, so wollen wir morgen
wieder dran!
Und die drei Schwestern Lazari,
Katharina, Sibilla, Schweigstilla
Weinten bitterlich
Und der Hahn krähete Buttermilch!

Das buckliche Männlein.

Will ich in mein Gärtlein gehn,
Will mein Zwiebeln gießen,
Steht ein bucklicht Männlein da,
Fängt als an zu nießen.

Will ich in mein Küchel gehn,
Will mein Süpplein kochen,
Steht ein bucklicht Männlein da,
Hat mein Töpflein brochen.

Will ich in mein Stüblein gehn,
Will mein Müßlein essen,
Steht ein bucklicht Männlein da,
Hats schon halber gessen.

Will ich auf mein Boden gehn,
Will mein Hölzlein holen,
Steht ein bucklicht Männlein da,
Hat mirs halber g'stohlen.

Will ich in mein Keller gehn,
Will mein Weinlein zapfen,
Steht ein bucklicht Männlein da,
Thut mir'n Krug wegschnappen.

Setz ich mich ans Rädlein hin,
Will mein Fädlein drehen,
Steht ein bucklicht Männlein da,
Läßt mirs Rad nicht gehen.

Geh ich in mein Kämmerlein,
Will mein Bettlein machen,
Steht ein bucklicht Männlein da,
Fängt als an zu lachen.

Wenn ich an mein Bänklein knie,
Will ein bislein beten,
Steht ein bucklicht Männlein da,
Fängt als an zu reden.

Liebes Kindlein, ach ich bitt,
Bet' für's bucklicht Männlein mit!

Einquartierung.

Die Enten sprechen: Soldaten kommen! Soldaten kommen!
Der Enterich spricht: Sackerlot, sackerlot!
Der Haushund spricht: Wo? wo? wo? wo?
Die Katze spricht: Von Bernau, von Bernau!
Der Hahn auf der Mauer: Sie sind schon da!

Kriegsgebet.

Bet', Kinder bet',
Morge kommt der Schwed,
Morge kommt der Oxestern,
Der wird die Kinder bete lern.

Trompeterstückchen.

Heiderlau!
Stirbt meine Frau
Reis' ich in die Wetterau,
Hol mir eine andre,
Die soll sein
Hübsch und fein,
Schöner als die andre.

A Herr verscho o o ne mich,
Jesus Maria a a,

Ist denn kein Kavallerie mehr da,
Jesus Marie,
Wo bleibt denn die Infanterie,
Hätten wir dies,
Hätten wir das,
Hätten wir Heu,
Hätten wir Gras,
So haben wir aber nichts als diese
Alte, alte, alte Schindmährerere.

Kriegslied.

Husaren kommen reiten,
Den Säbel an der Seiten!
Hau dem Schelm ein Ohr ab,
Hau's ihm nicht zu dicht ab,
Laß ihm noch ein Stücklein dran,
Daß man den Schelm erkennen kann.

Vor der rechten Schmiede.

Beschlag, beschlag's Rößle,
Zu Ulm steht ein Schlößle,
Steht ein Schmiedle nah dabei,
Schmiedle beschlag mir's Rößle gleich,
Hab ich Nägele zu tief rein g'schlage,
Muß ichs wieder rausser grabe.

Werda.

Drei Gäns im Haberstroh
Saßen da und waren froh,
Da kam ein Bauer gegangen
Mit einer langen Stangen,
Ruft: Wer do! Wer do!
Drei Gäns im Haberstroh
Saßen da und waren froh!

Proklamation.

Ännele wehr, Ännele wehr,
Buben sind im Garten,
Steck den hintern Riegel für
Und laß die Narren warten!

Engelsgesang.

O du mein Gott, o du mein Gott,
Singen Engelein so fein,
Singen aufe, singen abe,
Schlagen Trillerlein drein!

Mor=

Morgenlied von den Schäfchen.

Schlaf, Kindlein, schlaf,
Der Vater hüt die Schaf,
Die Mutter schüttelt's Bäumelein,
Da fällt herab ein Träumelein,
Schlaf, Kindlein, schlaf!
Schlaf, Kindlein, schlaf,
Am Himmel ziehn die Schaf,
Die Sternlein sind die Lämmerlein,
Der Mond der ist das Schäferlein,
Schlaf, Kindlein, schlaf!
Schlaf, Kindlein, schlaf,
Christkindlein hat ein Schaf,
Ist selbst das liebe Gotteslamm,
Das um uns all zu Tode kam,
Schlaf, Kindlein, schlaf!
Schlaf, Kindlein, schlaf,
So schenk ich dir ein Schaf
Mit einer goldnen Schelle fein,
Das soll dein Spielgeselle sein,
Schlaf, Kindlein, schlaf!
Schlaf, Kindlein, schlaf,
Und blök nicht wie ein Schaf,
Sonst kömmt des Schäfers Hündelein
Und beißt mein böses Kindelein,
Schlaf, Kindlein, schlaf!

Schlaf, Kindlein, schlaf,
Geh fort und hüt die Schaf,
Geh fort du schwarzes Hündelein
Und weck mir nicht mein Kindelein,
Schlaf, Kindlein, schlaf!

Wiegenlied im Freien.

Da oben auf dem Berge
Da rauscht der Wind,
Da sitzet Maria
Und wieget ihr Kind,
Sie wiegt es mit ihrer schneeweißen Hand,
Dazu braucht sie kein Wiegenband.

Reiterlied auf des Vaters Knie.

Troß troß trill,
Der Bauer hat ein Füll,
Das Füllen will nicht laufen,
Der Bauer will's verkaufen,
Verkaufen will's der Bauer,
Das Leben wird ihm sauer,
Sauer wird ihm das Leben,
Der Weinstock der trägt Reben,
Reben trägt der Weinstock,
Hörner hat der Ziegenbock,

Der Ziegenbock hat Hörner,
Im Wald da wachsen Dörner,
Dörner wachsen im Wald,
Der Winter der ist kalt,
Kalt ist der Winter,
Vor der Stadt wohnt der Schinder,
Wenn der Schinder gessen hat,
So ist er satt.

Die arme Bettelfrau singt das kranke Kind in Schlaf.

Eia popeia popole,
Unser Herrgottche wird dich bald hole,
Kömmt er mit dem gulderne Lädche,
Legt dich hinunter ins Gräbche,
Über mich,
Über dich,
Kummer mitnander ins Himmelreich!

Wiegenlied einer alten frommen Magd.

Ich wollte mich zur lieben Maria vermiethen,
Ich sollte ihr Kindlein helfen wiegen;
Sie führt mich in ihr Kämmerlein,
Da waren die lieben Engelein,

Die sangen alle Gloria!
Gelobet sei Maria!

Ammen=Uhr.

Der Mond der scheint,
Das Kindlein weint,
Die Glock schlägt zwölf,
Daß Gott doch allen Kranken helf!
Gott alles weiß,
Das Mäuslein beißt,
Die Glock schlägt Ein,
Der Traum spielt auf den Kissen dein.
Das Nönnchen läut
Zur Mettenzeit,
Die Glock schlägt zwei,
Sie gehn ins Chor in einer Reih.
Der Wind der weht,
Der Hahn der kräht,
Die Glock schlägt drei,
Der Fuhrmann hebt sich von der Streu.
Der Gaul der scharrt,
Die Stallthür knarrt,
Die Glock schlägt vier,
Der Kutscher siebt den Haber schier.
Die Schwalbe lacht,
Die Sonn erwacht,

Die Glock schlägt fünf,
Der Wandrer macht sich auf die Strümpf.
Das Huhn gagackt,
Die Ente quackt,
Die Glock schlägt sechs,
Steh auf, steh auf du faule Hex.
Zum Bäcker lauf,
Ein Wecklein kauf,
Die Glock schlägt sieben,
Die Milch thu an das Feuer schieben.
Thut Butter nein,
Und Zucker fein,
Die Glock schlägt acht,
Geschwind dem Kind die Supp gebracht!

Meelämmchen.

Mee Lämmchen, mee!
Das Lämmchen lauft in Wald,
Da stieß sichs an ein Steinchen,
That ihm weh sein Beinchen,
Da schrie das Lämmchen mee!
Mee Lämmchen, mee!
Das Lämmchen lauft in Wald,
Da stieß sichs an ein Stöckelchen,
That ihm weh sein Köppelchen,
Da schrie das Lämmchen mee!

Da stieß sichs an ein Sträuchelchen,
That ihm weh sein Bäuchelchen.
Da stieß sichs an ein Hölzchen,
That ihm weh sein Hälschen.
Da schrie das Lämmchen mee!

Die Magd an der Wiege.

Hab ich mirs nicht längst gedacht,
Sitz ich an der Wiegen,
Hab den Wedel in der Hand,
Wehr dem Kind die Fliegen.
Wenn die Leut spazieren gehn,
Muß ich an der Wiege stehn,
Muß da machen knick und knack,
Schlaf du kleiner Habersack!

Eia Popeia etcetera.

Eia im Sause,
Zwei Wiegen in einem Hause,
Soll der Vater nicht werden bang
Um zwei Wiegen in einem Gang,
Eia im Sause.
Eia wiwi!
Wer schläft heut Nacht bei mir,
Solls mein liebes Hänschen sein,

Wird es auch hübsch freundlich sein,
Eia wiwi.

Eia pum pum
Unser kleiner Jung,
Will noch nicht alleine schlafen,
Will sich noch rumpumpeln lassen,
Eia pum pum.

Eia polei,
Kocht dem Schelm ein Brei,
Thut brav Zucker und Butter hinein,
So kriegt der Schelm ein geschmeidigen Sinn,
Eia polei.

Eia schlaf süße,
Ich wieg dich mit den Füßen,
Ich wieg dich mit dem schwarzen Schuh,
Schlaf mein Kind, schlaf immer zu.
Eia schlaf süße.

Eia popei,
Willst du immer schreien,
Flenn Eins auf der Geigen,
Kannst du nit geschweigen,
Eia popeien.

Eia popille,
Schweigst du mir nicht stille,
Geb ich dir, du Sünderlein,
Die Ruthe vor dein Hinterlein,
Eia popille!

Wiegenlied.

Eio popeio was rasselt im Stroh,
Die Gänslein gehn barfuß
Und haben keine Schuh,
Der Schuster hats Leder,
Kein Leisten dazu,
Kann er den Gänslein
Auch machen kein Schuh.
Eio popeio schlags Kikelchen todt,
Legt mir keine Eier
Und frißt mir mein Brod,
Rupfen wir ihm dann
Die Federchen aus,
Machen dem Kindlein
Ein Bettlein daraus.
Eio popeio das ist eine Noth,
Wer schenkt mir ein Heller
Zu Zucker und Brod?
Verkauf ich mein Bettlein
Und leg mich aufs Stroh,
Sticht mich keine Feder
Und beißt mich kein Floh.
Eio popeio.

Walte Gott Vater.

Eia popeia!
Schlief lieber wie du,
Willst mirs nicht glauben,
So sieh mir nur zu.
Sieh mir nur zu,
Wie schläfrig ich bin,
Schlafen, zum Schlafen
Da steht mir mein Sinn.
Ei eia popeia.

Hab ich mein Kindele
Schlafen niedergelegt,
Hab ichs mit Walte
Gott Vater! zugedeckt.
Das walte Gott Vater,
Sohn, heiliger Geist,
Der mir mein Kindele
Tränket und speis't.
Ei eia popeia.

Zu Bett.

Zu Bett, zu Bett,
Die ein Kindle hätt,
Die keinen hätt,
Muß auch zu Bett.

Der Vogelfänger.

Hab ein Vögele gefangen
Im Federbett,
Habs in Arm 'nein g'nommen,
Habs lieb gehät!

Gute Nacht, mein Kind!

Guten Abend, gute Nacht,
Mit Rosen bedacht,
Mit Näglein besteckt,
Schlupf' unter die Deck,
Morgen früh, wenns Gott will,
Wirst du wieder geweckt.

Morgenlied.

Steht auf, ihr lieben Kinderlein,
Der Morgenstern mit hellem Schein
Läßt sich sehn frei gleich wie ein Held
Und leuchtet in die ganze Welt.

Sei willkommen, du lieber Tag,
Vor dir die Nacht nicht bleiben mag,
Leucht uns in unsre Herzen fein
Mit deinem himmelischen Schein.

Sämann.

Hutsch he! hutsch he!
Der Ackermann säet,
Die Vögelein singen,
Die Körnlein zerspringen,
Hutsch he! hutsch he!

Mondliedchen.

Wie der Mond so schön scheint,
Und die Nachtigall singt,
Wie lustig mags im Himmel sein
Beim kleinen Jesuskind!

Tanzliedchen im Grünen.

Heidelbeeren, Heidelbeeren
Stehn in unserm Garten,
Mutter gieb mir auch ein Paar,
Kann nicht länger warten.

Tannebaum.

O Tannebaum, o Tannebaum!
Du bist ein edles Reis!

Du grünest in dem Winter
Als wie zur Sommerszeit!
Warum sollt ich nicht grünen,
Da ich noch grünen kann?
Ich hab kein Vater, kein Mutter,
Der mich versorgen kann.

Sonnenlied.

Sonne, Sonne scheine,
Fahr über Rheine,
Fahr über's Glockenhaus,
Gucken drei schöne Puppen raus,
Eine die spinnt Seiden,
Die andre wickelt Weiden,
Die andre geht ans Brünnchen,
Findt ein goldig Kindchen;
Wer solls heben?
Die Töchter aus dem Löwen.
Wer soll die Windeln wäschen?
Die alte Schneppertäschen.

Wo bist du dann gesessen?

Auf'm Bergle bin ich gesessen,
Hab dem Vögele zug'schaut,

Ist ein Federle abe geflogen,
Hab'n Häusle draus baut.

Im Frühling, wenn die Maiglöckchen läuten.

Kling, kling Glöckchen,
Im Haus steht ein Döckchen,
Im Garten steht ein Hühnernest,
Stehn drei seidne Döckchen drin,
Eins spinnt Seiden,
Eins flicht Weiden,
Eins schließt den Himmel auf,
Läßt ein bischen Sonn heraus,
Läßt ein bischen drinn,
Daraus die Liebfrau Maria spinn
Ein Röcklein für ihr Kindelein.

Beim Spaziergang.

Steig auf das Bergle,
Fall aber nit herab,
O herzig liebs Schätzle,
Brichs Füßle nit ab!

Guten Appetit.

Es regnet, Gott segnet,
Die Sonne scheint,
Der Mond greint,
Der Pfaff sitzt aufm Laden,
Frißt all die Palisaden!
Die Nonne geht ins Wirthshaus
Und trinkt die Gläser all, all aus.

Anschauungs-ABC.

A, b, ab,
Thu die Kapp ab.
A b c
Die Katz die läuft in Schnee,
Der Vater hinter her
Mit einem großen Stücke Schmeer.

Wenn der Schelm die ersten Hosen anzieht.

Zimmermäntle, Zimmermäntle,
Leih mir deine Hosen, —
Nein, nein, leih dir sie nit,
Sie hangen hinterm Ofen!

Wenn man die kleinen Jungen mit ihren Schlappertüchlein am Hals zu Tische setzt.

Hau dich nit, stich dich nit, brenn dich nit,
Suppen ist heiß,
Schneider, wenn du reiten willt,
Setz dich auf die Geis.

Wenn das Kind etwas nicht gern ißt.

Bum bam beier,
Die Katz mag keine Eier,
Was mag sie dann?
Speck aus der Pfann!
Ei wie lecker ist unsre Madam!

Wenn das Kind allzu wißbegierig ist.

Warum?
Darum.
Warum denn darum?
Um die Krumm.
Warum denn um die Krumm?
Weil's nicht grad ist!

Wenn die Hühner im Garten sind.

Mein Hinkelchen, mein Hinkelchen,
Was machst in unserm Garten,
Pflückst uns all die Blümchen ab,
Machst es gar zu arg,
Mutter wird dich jagen,
Vater wird dich schlagen,
Mein Hinkelchen, mein Hinkelchen,
Was machst in unserm Garten!

Wenn die Kinder gehen lernen.

Trommel auf dem Bauch, hast ein schweren Ranzen,
Kannst du erst auf Stelzen gehn, so kannst du auch bald tanzen.

Wenn die Kinder auf der Erde herum rutschen.

Guck hinüber, kuck herüber,
Wohl über die Straß hinum,
Kann Deutschland nicht finden,
Rutsch alleweil drauf rum.

Wenn man die Kinder im Schlitten fährt.

Schäfele hat ein Kittele an,
Hänget voller Röllen,
Wann es über d' Gassen geht,
Fangen die Hund an bellen.
Schäfele komm,
Schlag mir die Tromm,
Führ mir mein Fritzle
Im Schlittle herum.

Weinsüppchen.

Anne Margritchen!
Was willst du, mein Liebchen?
Ich trinke so gerne
Gezückerten Wein.
Zwei Pfund Zuckerchen,
Ein Pfund Butterchen,
Zwei Maaße Wein,
So muß es gut sein.
Schütt' es in ein Kesselchen,
Rühr es mit dem Löffelchen,
Anne Margritchen,
Welch Süpplein ist das?
Eine Weinsupp'! eine Weinsupp'!

Wetterprophet.

Drei Wolken am Himmel,
Was soll dies bedeuten?
Der Mesmer soll heimgeh,
Soll Wetter läuten!

Wenn die Kinder üble Laune haben.

Zürnt und brummt der kleine Zwerg,
Nimm er alles überzwerg,
Ein Backofen für ein Bierglas,
Den Mehlsack für ein Weinfaß,
Den Kirschbaum für ein Besenstiel,
Den Flederwisch für ein Windmühl,
Die Katz für eine Wachtel,
Den Sieb für eine Schachtel,
Das Hackbrett für ein Löffel,
Den Hansel für den Stöffel.

Wiegenlied.

Höre mein Kindchen, was will ich dir singen,
Äpfel und Birnen soll Vater mitbringen,
Pflaumen, Rosinen und Feigen,
Mein Kindchen soll schlafen und schweigen.

Schulkrankheit.

Bist so krank als wie ein Huhn,
Magst gern essen und nichts thun.

Den kleinen Kindern in die Hand gepatscht.

Patsche, patsche Küchelchen,
Mir und dir ein Krügelchen,
Mir und dir ein Tellerchen,
Mir und dir ein Hellerchen,
Sind wir zwei Gesellerchen.

Butzemann.

Es tanzt ein Butzemann
In unserm Haus herum di dum,
Er rüttelt sich, er schüttelt sich,
Er wirft sein Säckchen hinter sich,
Es tanzt ein Butzemann
In unserm Haus herum.

Zu Gaste gebeten.

Geh mit mir in die Heidelbeeren,
Heidelbeeren sind noch nit blo, (blau)
Geh mit mir ins Haberstroh,

Haberstroh ist noch nit zeitig,
Geh mit mir ins Besenreisig,
Besenreisig ist noch nit auf,
Geh mit mir die Trepp hinauf,
Trepplein ist verbrochen,
Sind wir nauf gekrochen,
Sind wir in dem Kämmerlein,
Schenk ein Schöpplein Wein ein.

Nicht weit her.

Ein Himmel ohne Sonn,
Ein Garten ohne Bronn,
Ein Baum ohne Frucht,
Ein Mägdlein ohne Zucht,
Ein Süpplein ohne Brocken,
Ein Thurm ohne Glocken,
Ein Soldat ohne Gewehr,
Sind alle nicht weit her.

Ich schenk dir was.

Was ist denn das?
Ein silbernes Wart ein Weilchen
Und ein goldnes Nixchen
In einem Niemahlenen Büchschen.

Hast du auch was gelernt?

Wacker Mägdlein bin ich ja,
Rothe Strümpflein hab ich an,
Kann stricken, kann nähen,
Kann Haspel gut drehen,
Kann noch wohl was mehr!

Was möchtest du nicht?

Ich möcht für tausend Thaler nicht,
Daß mir der Kopf ab wär,
Da spräng ich mit dem Rumpf herum,
Und wüßt nicht, wo ich wär,
Die Leut schrien all und blieben stehn:
Ei guck einmal den! Ei guck einmal den!

Als Hans vom Markt heimgieng, und seinem Schatz ein neu Spinnrad mitgebracht, und sich eine neue Peitsche gekauft hatte, sang er lustig:

Buchsbaumes Rädle,
Ein' flächsene Schwing,
Mein Schatz heißt Antonele,
Wie freut mich das Ding.

Ach und weh, kein Schmalzele meh!

Ich hab' emahl ein Bettelmädele küßt,
'S Schmalz ist ihm aus dem Häsele 'raus g'spritzt.
Bettelmädele schreit Ach und Weh,
Hab ja kein Schmalzele meh!

Wenn ers nur nicht krumm nimmt.

Um um um mein Krummer,
Krummer du bist mein,
Ei du krummer Dingerler,
Wie magst so lustig sein?

Was hast du dann zu dem Schustersbuben gesagt?

Schusterbu!
Flick mir die Schuh,
Gieb mirs Leder auch dazu,
Es ist kein Gerber in der Stadt,
Der ein solches Leder hat.
Ein lustiger Bu
Braucht oft ein Paar Schuh,
Ein trauriger Narr
Hat lang an eim Paar.

Kommt Hühner bibi.

Der Reiter zu Pferd,
Die Köchin am Heerd,
Die Nonne im Kloster,
Der Fischer im Wasser,
Die Mutter backt Kuchen,
Sie läßt mich nicht gucken,
Sie giebt mir ein Brocken,
Soll Hühner mit locken,
Kömmt Hühner bibi,
Die Kuchen ißt sie.

Lied, mit welchem die Kinder die Schnecken locken.

Klosterfrau im Schneckenhäusle,
Sie meint, sie sei verborgen?
Kommt der Pater Guardian,
Wünscht ihr guten Morgen!

An den Storchschnabel.

Storch, Storch, Steiner!
Mit den langen Beiner,
Flieg mir in das Bäckerhaus,
Hol mir ein warmen Weck heraus!

Ist der Storch nit ein schönes Thier,
Hat einen langen Schnabel und säuft kein Bier!

Klapperstorch.

Storch, Storch, Langbein,
Wann fliegst du ins Land herein,
Bringst dem Kind ein Brüderlein.
Wenn der Roggen reifet,
Wenn der Frosch pfeifet,
Wenn die goldnen Ringen
In der Kiste klingen,
Wenn die rothen Appeln
In der Kiste rappeln.

Der Goldvogel.

Goldvogel, flieg aus,
Flieg auf die Stangen,
Käsebrode langen;
Mir eins, dir eins,
Alle gute G'sellen eins.

Maikäferlied.

Maikäferchen, Maikäferchen fliege weg!
Dein Häuschen brennt,

Dein Mütterchen flennt,
Dein Vater sitzt auf der Schwelle,
Flieg in Himmel aus der Hölle.

Petrus und Pilatus auf der Reise.

Bei diesem Liede reichen sich zwei Kinder die Hände kreuzweis und gehen singend auf und ab, und bei: „sprach Pilatus", drehen sie sich durch einen Zug der Hände schnell herum und wandern wieder zurück.

Pilatus wollte wandern,
  Sprach Petrus.
Von einer Stadt zur andern,
Juchheisasa andern.
  Sagt Pilatus.
Jetzt kommen wir vor ein Wirthshaus,
  Sprach Petrus.
Frau Wirthin schenkt uns Wein heraus,
Juchheisasa ꝛc.
  Sagt Pilatus.
Womit willst du ihn bezahlen?
  Sprach Petrus.
Ich hab noch einen Thaler,
Juchheisasa ꝛc.
  Sagt Pilatus.
Wo hast du denn den Thaler bekommen?
  Sprach Petrus.

Ich hab ihn den Bauern genommen,
Juchheisasa ꝛc.
  Sprach Pilatus.
Jetzt hast du keinen Segen
  Sprach Petrus.
Daran ist nichts gelegen,
Juchheisasa ꝛc.
  Sprach Pilatus.
Jetzt kommst du nicht in Himmel ein,
  Sprach Petrus.
So reit ich auf einem Schimmel hinein,
Juchheisasa ꝛc.
  Sprach Pilatus.
So fällst du herunter und brichst das Bein,
  Sprach Petrus.
So rutsch ich auf dem Hintern hinein,
Juchheisasa ꝛc.
  Sprach Pilatus.

Abzählen bei dem Spiel.

Eins, zwei, drei,
In der Dechanei
Steht ein Teller auf dem Tisch,
Kömmt die Katz und holt die Fisch,
Kömmt der Jäger mit der Gabel,
Sticht die Katze in den Nabel,

Schreit die Katz: Miaun miaun,
Wills gewiß nicht wieder thaun.

Eins, zwei, drei,
Hicke, hacke, Heu,
Hicke, hacke, Haberstroh,
Vater ist ein Schnitzler worden,
Schnitzelt mir ein Bolz,
Zieh ich mit ins Holz,
Zieh ich mit ins grüne Gras,
Altvater, was ist das?
Kind, es ist ein weißer Haas!
Puh, den schieß ich auf die Nas.

Jäger bind dein Hündlein an,
Daß es mich nicht beißen kann,
Beißt es mich,
Straf ich dich,
Um sechshundert dreißig.

Aus einem Kindermährchen.

Königstochter jüngste,
Mach mir auf,
Weißt du nicht, was gestern
Du zu mir gesagt,
Bei dem kühlen Brunnenwasser?

Königstochter jüngste,
Mach mir auf!

Linsenlied.

Die Linse,
Wo sin se?
Im Tippe,
Se hippe.
Deck se zu,
So han se Ruh.

Ringelreihe-Lied.

Die Kinder tanzen im Kreis und setzen sich plötzlich zur Erde nieder.

Ringel, Ringel, Reihe!
Sind der Kinder dreie,
Sitzen auf dem Holderbusch,
Schreien alle musch, musch, musch,
Sitzt nieder.
Sitzt ne Frau im Ringelein
Mit sieben kleine Kinderlein,
Was essen's gern?
Fischlein.
Was trinken's gern?
Rothen Wein.
Sitzt nieder.

Spiellied des Königs Töchterlein.

Ein Mägdlein setzt sich in die Mitte, ihren Rock zieht sie über den Kopf in die Höh, die Kinder stehn um sie und halten den Rock, einer geht herum und fragt:

Ringel, Ringel, Thale, ringen,
Wer sitzt in diesem Thurm drinnen?

Das Mägdlein antwortet:

Königs, Königs-Töchterlein.

Der Herumgesandte:

Darf man sie auch anschauen?

Mägdlein:

Nein, der Thurm ist gar zu hoch,
Du mußt ein Stein abhauen.

Nun schlägt er auf eine der Hände, und diese läßt den Rock fallen, nun fragt er von neuem: sind alle Steine herunter, so lauft das Königs-Töchterlein nach, und wer erhascht wird, muß nun in den Thurm.

Erbsenliedchen.

Gieb mir eine Erbse.
„Ich habe keine."
Geh zum Müller und hol dir eine.
„Er giebt mir keine."
So such dir eine.
„Ich finde keine."

So blas ich dich.

„So wehr ich mich."

Nun blasen sich die Kinder ins Gesicht, wer es am längsten, ohne zu lachen, aushält, bekömmt von dem andern eine Erbse.

Abzählen.

Eins, zwei, drei,
Bicke, borne hei,
Bicke borne Pfefferkoren,
Der Müller hat seine Frau verloren,
Hänschen hat sie g'funden.
D' Katzen schlagen d' Tromme,
D' Maus kehren d' Stuben aus,
D' Ratten tragen den Dreck hinaus:
'S sitzt ein Männel unter dem Dach,
Hat sich bald zu krank gelacht.

Gickes gackes Eiermuß,
Gänse laufen barfuß,
Hinterm Ofen steht sie,
Vor dem Ofen geht sie,
Hat sie Schuh,
Sie legt sie an.
Hat sie keine,
So kauft sie ein Paar.

Wenn die Kinder Steine ins Wasser werfen.

Ist ein Mann in Brunnen gefallen,
Haben ihn hören plumpen,
Wär der Narr nit nein gefallen,
Wär er nit ertrunken.

Vöglein auf der Wiege.

Vöglein auf der Wiege,
Singst so klare Züge,
Also klar,
Sieben Jahr,
Sieben Jahr herum.

Maikäferlied.

(Am Überrhein.)

Türkenmännchen, flieg hinweg,
Die Weiber mit den Stangen
Wollen dich empfangen.
Türkenweibchen flieg hinweg,
Die Männer mit den Spießen
Wollen dich erschießen.
Flieg in den Himmel,
Bring mirn Sack voll Kümmel,
Tunk ich meinen Weck hinein,
Bei dem rothen kühlen Wein.

Abzählen, den die letzte Sylbe trifft, der muß nachlaufen.

Ahne, Krahne wickele, wahne,
Wollen wir nit nach England fahren,
England ist verschlossen,
Schlösser sind verrostet,
Schlüssel ist verloren,
Müssen wir ein Loch nein bohren,
Sind wir nein gekrochen,
Haben die Töpf verbrochen,
Wenn der Kessel tief ist,
Wenn die Milch süß ist,
Wenn die Puppen tanzen,
Wollen wir Lanzen pflanzen.

Abzählen.

Eins, zwei, drei, vier, fünf, sechs, sieben, acht, neun,
Geh ich in das Gässel h'nein,
Schlag dem Bauer die Fenster ein,
Kommt der Büttel, setzt mich ein,
Setzt mich in das Narrenhaus,
Geb' ich drei, vier Batzen aus,
Ri ra Ofenloch,
Hätt' ich mein' drei Batzen noch!

Wirst du mir keine schöne Singerin!

Hinter der Donaubrück
Steht ein schön Häusle,
Sitzt ein schön Mädle drin,
Singt als wie ein Zeisle.

Geh, du schwarze Amsel.

Wann ich schon schwarz bin,
Schuld ist nicht mein allein,
Schuld hat mein Mutter gehabt,
Weil sie mich nicht gewaschen hat,
Da ich noch klein,
Da ich wunderwinzig bin gesein.

Vorbereitung zur Tanzstunde.

Mädele bind den Geisbock an,
Gieb ihm brav Heu,
Gieb ihm nur, was er mag,
Daß er brav tanzen kann,
Wie ein Lakai.

Heubündele.

Mädle was hast du,
Was trägst in deinem Bündele?

Mehl und Schmalz und ein Salz
Für mein klein Kindle?

Etikette auf des Bettelmanns Hochzeit.

Widele wedele,
Hinterm Städele
Hat der Bettelmann Hochzeit,
Pfeift ihm Läusle,
Tanzt ein Mäusle,
'S Igele schlägt die Trommel,
Alle die Thier, die Wedele haben,
Sollen zur Hochzeit kommen.

Was haben wir denn zu essen?

Guten Abend Ännele,
Zu essen häben wir wennele,
Zu trinken häben wir unsern Bach,
Häben wir nit die beste Sach?

Wer bist du, armer Mann?

Der Himmel ist mein Hut,
Die Erde ist mein Schuh,
Das heil'ge Kreuz ist mein Schwert,
Wer mich sieht, hat mich lieb und werth.

Was ißt du gern, was siehst du gern?

Geschnittne Nudele eß ich gern,
Aber nur die feine,
Schöne Mädele seh ich gern,
Aber nur die kleine.

Ach wenn ich doch ein Täublein wär.

Dort oben auf dem Berge,
Da steht ein hohes Haus,
Da fliehen alle Morgen
Zwei Turteltäublein raus.
Ach wenn ich nur ein Täublein wär!
Wollt fliegen aus und ein,
Wollt fliegen alle Morgen
Zu meinem Brüderlein!
Ein Haus wollt ich mir bauen,
Ein Stock von grünem Klee,
Mit Buchsbaum wollt ichs decken
Und rothen Nägelein.
Und wenn das Haus gebauet wär,
Beschcert mir Gott was n'ein,
Ein kleines, kleines Kindelein,
Das soll mein Täublein sein.

Rothe Äuglein.

Könnst du meine Äuglein sehen,
Wie sie sind vom Weinen roth,
Ich soll in das Kloster gehen
Und allein sein bis in Tod.
Es sitzen auch zwei Turteltäublein
Drüben auf dem grünen Ast,
Wenn die von einander scheiden,
So vergehen Laub und Gras.

Korbflechterlied.

Ich will ein Körblein flechten,
Ein Körblein hübsch und fein,
Nimm du dein falsches Herze,
Und legs mit größtem Schmerze
In dieses Körblein fein.

Tanzliedchen.

Bin ich nicht ein Bürschlein
In der Welt?
Spring ja wie ein Hirschlein
In dem Feld?
In dem Feld, im grünen Holz
Begegnet mir ein Jungfrau stolz.

Guten Morgen Jungfrau!
  Mach geschwind,
Du sollst mit mir tanzen,
  Munter Kind!
Bischen auf und abgeschwenkt,
Und ein Gläschen eingeschenkt!

Schöne Musikanten,
  Spielet auf!
Spielet mir ein Tänzlein
  Oben drauf;
Aufgeputzt, eingeschnürt,
Lustig dann zum Tanz geführt.
  Heisasa.

Wenns Kind verdrießlich ist.

Der Müller thut mahlen,
Das Rädle geht 'rum,
Mein Schatz ist verzürnet,
Weiß selbst nit warum.

Liebesliedchen.

Mein Schätzle ist fein,
'S könnt feiner nit sein,
Es hat mirs versprochen,
Sein Herzle gehör' mein.

Vom Vöglein.

Grüß dich Gott mein lieb Regerl!
Ich komm aus dem Wald,
Hab gefangen ein schöns Vögerl,
Entwischt wär mirs bald.
Ich thät dirs gern schenken,
Nimms an, sei so gut,
Es wird dich nicht kränken,
Weils schön singen thut.

Ei du mein liebs Regerl,
Ich bitt dich um ein Gnad,
Verschaff doch dem Vögerl
Ein Häusle von Draht,
Thu auch nicht vergessen
Ein Trögerl zum Trank,
Ein Trögerl zum Fressen,
Daß 's dir nit wird krank.

Der gescheidte Hansel.

Hansel am Bach
Hat lauter gut Sach,
Hats Häusel verbrennt,
Hat Lumpen drum gehenkt.

Hansel am Bach
Hat lauter gut Sach,

Hat Fischlein gefangen,
Hat die Schuppen heimbracht.
 Hansel und Gretel,
Zwei lustige Leut,
Der Hansel ist närrisch,
Die Gretel nit gescheit.

Liebeslieder.

 Herzigs Kindlein, Zuckermündlein,
Ich hab ein Wecklein in meinem Säcklein,
Ich will dirs bringen
Bis nach Bingen,
Zerrißne Hemder,
Die Schuh voll Bänder,
Papierne Absätz,
Hölzerne Sohlen;
Knäblein willst du mich,
So thu mich holen.
 Mein Schätzlein, mein Kätzlein,
O warte nur ein Jahr,
Und wann die Weiden Kirschen tragen,
So nehm ich dich fürwahr.
Die Weiden tragen keine Kirschen,
Die Königskerze ist kein Licht,
Also kannst du gedenken,
Daß ich dich nehme nicht.

Und wenn ich dich schon nehme,
So haben wir kein Haus,
Da setzen wir uns in die Kieze
Und schauen oben raus.

Vergiß mein nicht.

Ist es nicht eine harte Pein,
Wenn Liebende nicht beisammen sein,
Drück mich fest in dein Herz hinein,
Wachsen heraus Vergiß nicht mein.

Trotzliedchen.

Mein Schätzle ist klein,
Es bildt sich viel ein,
Jetzt mag es mich nimmer,
'S muß aber nit sein.

Scherzlied.

'S Band aufe, 's Band abe,
Mein Schätzle ist mir lieb,
Dort in dem braunen Kittele,
Schön Sträusle auf dem Hut.

Ei der tausend.

Ich saß auf einem Birnenbaum,
Wollt gelbe Rüben graben,
Da kam derselbe Bauersmann,
Dem diese Zwiebeln waren!

Ach, ach du Schelm, ach, ach du Dieb!
Was machst du in den Nüssen,
So hatt' ich all mein Lebetag
Kein beßre Pflaumen gessen.

Der Esel hat Pantoffeln an,
Kam übers Dach geflogen,
Ach, ach, ich armes Mägdelein,
Wie bin ich doch betrogen!

Scherz- und Liebesliedchen.

Was hilft mir ein rother Apfel,
Wenn er innen faul ist;
Was hilft mir ein schöns Kindlein,
Wenn sein Herzlein falsch ist.

Wenn ich ein schön Mägdlein seh,
Mein ich, es sei mein,
Wenn ich mirs dann holen will,
Läßt michs nicht hinein.

Und wenn mein Kindchen auf dem Tannenbaum wär,
Ich wollt hinauf klettern, wenns' noch so hoch wär.

Ziehs naufi.

Margritchen, Margritchen,
Dein Hemdchen guckt für,
Ziehs naufi, ziehs naufi,
So tanz ich mit dir.

Tanzliedchen.

Tanz Kindlein tanz,
Deine Schühlein sind noch ganz,
Laß dir sie nit gereue,
Der Schuster macht dir neue.

Konterfait und Aussteuer.

Mein Schatz ist kreideweiß,
Hat krumme Glieder,
Geht schief zum Thor hinaus,
Kömmt bucklicht wieder.
Ein ungleich Paar Ochsen,
Eine bucklichte Kuh,
Die giebt mir meine Mutter,
Wenn ich heirathen thu.

Von Adel und Tadel.

Ein silberne Scheide,
Ein goldene Kling,
Mein Schatz ist von Adel,
Wie freut mich das Ding.
Kreideweiße Haare,
Schwarz gewichste Schuh,
Ein Degen an der Seite,
Ein Goldstück dazu.
Mein Schatz ist von Adel,
Von Adel ist er,
Was hat er für einen Tadel?
Kein Waden hat er.

Gelegenheitsverse.

Wenn ein Schiff vom Stapel läuft, so singen in Lübeck die Kinder, die zu ihrem Vergnügen sich darauf befinden:

Laß ihm, laß ihm seinen Willen,
Er hat den Kopf voll Grillen.

Wenn die Knaben beim Spiel das letzte, was sie haben, einsetzen, singen sie:

Die letzte Hand klopft an die Wand,
Die wird mich nicht verlassen.

Schluß.

Dormi Jesu, mater ridet,
Quae tam dulcem somnum videt,
Dormi Jesu blandule.
Si non dormis, mater plorat,
Inter fila cantans orat;
Blande veni somnule!

Berlin, gedruckt bei Trowitzsch und Sohn.

Printed in Great Britain
by Amazon